PapyRossa
Hochschulschriften 83

Maria Hörtner

Die unsichtbaren Kämpferinnen

Frauen im bewaffneten Konflikt in Kolumbien
zwischen Gleichberechtigung und Diskriminierung

PapyRossa Verlag

© 2009 by PapyRossa Verlags GmbH & Co. KG, Köln
Luxemburger Str. 202, D–50937 Köln
Tel.:   ++49 (0) 221 – 44 85 45
Fax: ++49 (0) 221 – 44 43 05
E-Mail: mail@papyrossa.de
Internet: www.papyrossa.de

Alle Rechte vorbehalten

Druck: DIP Digital Print, Witten

Die Deutsche Bibliothek verzeichnet diese Publikation in der
Deutschen Nationalbibliografie; detaillierte bibliografische
Daten sind im Internet über http://dnb.ddb.de abrufbar

ISBN 978-3-89438-424-1

Inhalt

II. Teil
Frauen im bewaffneten Kampf in Kolumbien

Danksagung

Dieses Buch wäre nicht zustande gekommen ohne die Unterstützung vieler Personen, denen ich zu besonderem Dank verpflichtet bin. Zuallererst gilt mein Dank meiner Familie und meinen FreundInnen, die mich von Anfang an in meinem Vorhaben zur Realisierung dieser Forschung unterstützt haben und mich in schwierigen, stockenden Momenten immer wieder dazu antrieben, weiterzumachen und dieses Projekt zu Ende zu bringen. Auch ohne namentliche Auflistung fühlen sich die Betroffenen hoffentlich angesprochen.

Mein Aufenthalt in Kolumbien und die Möglichkeit, mit ehemaligen Kämpferinnen zu sprechen, war nur möglich durch die Hilfe und besondere Unterstutzung zahlreicher KolumbianerInnen. Hervorheben möchte ich hier vor allem: Santiago Suarez Junior und Senior sowie Sixto Quintero Ortega, die mir bei meinen täglichen Problemen zur Seite gestanden sind und mir viel bei der Herstellung von Kontakten geholfen haben; Jairo Díaz Ferrer und Leonel Narváez sowie alle MitarbeiterInnen der Fundación para la Reconciliación, die mich bereitwillig und herzlich aufgenommen haben und mich auf allen Ebenen unterstützt haben; Felipe Alberto Ortíz und Germán Bula vom Centro Mundial de Investigación y Capacitación para la Solución de Conflictos, die mir die Möglichkeit gewährten, bei dem Projekt mitzuarbeiten; sowie auch vor allem Luisa Dietrich, die mir dabei behilflich war erste Kontakte zu knüpfen und so überhaupt die Grundlage zur Realisierung dieses Forschungsvorhabens geliefert hat.

Vom Forschungsaufenthalt in Kolumbien bis hin zu dem hier vorliegenden Buch war es noch ein weiter, manchmal steiniger Weg, den mir wiederum mehrere Personen erleichtert haben. Ich danke vor allem Irene Müller und Juliane Zeiser für die persönliche Begleitung und inhaltliche Auseinandersetzung mit meiner Arbeit, Ken Horvath für die konstruktive Kritik und Unterstützung bei der Schlussredaktion, Werner Hörtner für die Hilfe bei Übersetzung und Korrektur des Manuskripts und Martin Birkner für die Unterstützung bei der Verlagssuche. Stefanie Knauder möchte ich vor allem dafür danken, dass sie während des gesamten Prozesses dieser Forschung voll und ganz hinter mir gestanden ist und mich dazu aufgefordert hat, die Arbeit einer breiten Öffentlichkeit zugänglich zu machen.

Vor allem jedoch gilt mein besonderer Dank den Frauen, die mir ihre Geschichte erzählt haben und durch ihre Bereitschaft, ihr Vertrauen und ihre Offenheit den »unsichtbaren« Kämpferinnen eine Stimme verliehen haben. Ich habe viel von ihnen gelernt. Ihnen – und all jenen Frauen, die, aktiv und oft ohne gehört zu werden, für Gerechtigkeit kämpfen – ist dieses Buch gewidmet.

Einleitung

Kolumbien ist seit mehr als vierzig Jahren Schauplatz eines internen bewaffneten Konflikts – ausgetragen zwischen Guerilla-Gruppierungen, paramilitärischen Organisationen und staatlichen Sicherheitskräften. Obwohl der bewaffnete Konflikt in Kolumbien schon so lange das Land überschattet, findet sich wenig darüber in der internationalen Berichterstattung. Noch weniger Aufmerksamkeit wird der Tatsache geschenkt, dass an diesem Konflikt auch Frauen beteiligt sind – und zwar nicht nur als Opfer der Kriegshandlungen, sondern auch in aktiver Rolle als Kämpferinnen. Frauen sind in allen Konfliktparteien integriert – bei den FARC (*Fuerzas armadas revolucionarias de Colombia/* Revolutionäre Streitkräfte Kolumbiens) beispielsweise, der heute stärksten verbliebenen Guerilla-Organisation auf dem amerikanischen Kontinent, machen sie ungefähr ein Drittel, in manchen Einheiten sogar bis zu 50 Prozent der Kämpfenden aus. Diese *Mujeres Combatientes* – weibliche Kämpferinnen im bewaffneten Konflikt in Kolumbien – stellen auf den nächsten Seiten die Protagonistinnen dar.

Wie kommt es aber zu dieser Ausblendung von kämpfenden Frauen? Was für Faktoren tragen zu dieser »einseitigen« Darstellung bewaffneter Konflikte und deren Akteure bei? Die Rolle von Frauen im Krieg wird hauptsächlich aus einer einseitigen Perspektive betrachtet. Frauen werden – sowohl in der medialen und öffentlichen Aufmerksamkeit als auch im wissenschaftlich-theoretischen Bereich – weitgehend als Opfer von Krieg und bewaffneten Auseinandersetzungen dargestellt; Frauen also allein auf diese Opferrolle beschränkt[1] (Lelièvre Aussel et al. 2004). Diese traditionelle Opferrolle reicht aber nicht aus, um die vielfältigen Prozesse und Transformationen der Kategorie Geschlecht in bewaffneten Auseinandersetzungen zu beschreiben. So verändern sich in kriegerischen Konflikten zum Teil die Geschlechterrollen: traditionell den Männern zugeschriebene Rollen (beispielsweise wie die des Familienoberhaupts und Ernährers) werden verstärkt von Frauen übernommen. Auch vervielfältigen sich die potentiellen Betätigungsfelder hin zu mehr »öffentlichen« politischen Aktivitäten – wie Frauen als Aktivistinnen für den Frieden, Frauen als Unterstützerinnen diverser Konfliktparteien bis hin zur aktiven weiblichen Beteiligung im bewaffneten Kampf (Londoño/Nieto 2006).

Der »Unsichtbarkeit« von weiblichen Kämpferinnen liegen diese immer noch relativ

---

1   Hier sei unbestritten, dass Frauen in mehrfacher und besonderer Art und Weise durch kriegerische Konflikte betroffen sind; geschlechtsspezifische Unterdrückungen intensivieren sich in Konfliktsituationen. Vor allem das Element der (physischen, psychischen und sexuellen) Gewalt wird in kriegerischen Situationen oftmals als Herrschaftsinstrument angewendet, zu erwähnen sei hier vor allem Vergewaltigung als Kriegsstrategie (Grabner/Sprung 1999).

fest in den jeweiligen Gesellschaften und der Wahrnehmung verankerten geschlechts-spezifischen Rollenbilder zugrunde. Frauen werden diesen vorherrschenden Stereo-typen nach als von Natur aus friedlich wahrgenommen, unfähig zu kriegerischen bzw. gewalttätigen Handlungen – somit also als rein passive Opfer von bewaffneten Aus-einandersetzungen (Farr 2005). Konstrukte von weiblichen und männlichen Attributen – wie die »friedfertige« Frau und der »kriegerische« Mann – spielen eine zentrale Rolle im Prozess der Militarisierung einer Gesellschaft. Der Mann wird mit Krieg und die Frau mit Frieden gleichgesetzt. Durch diese Maskulinisierung von Krieg bzw. Armee werden kämpfende Frauen unterschlagen bzw. unsichtbar gemacht (Enloe 1996). Diese konstruierten Geschlechterideologien führen zur Marginalisierung und fehlenden Wahr-nehmung von aktiven Kämpferinnen in bewaffneten Gruppierungen.

Aus diesen Gründen erscheint es wichtig, diese de facto »unsichtbaren Kämpferinnen« in den Mittelpunkt der Analyse zu rücken. Bei Nichtbetrachtung der Rolle von Frauen in bewaffneten Organisationen bleibt nämlich nicht nur ein zahlenmäßig relevanter Teil, sondern gleichzeitig auch eine strukturierende Komponente verborgen. Erst die Sichtbarmachung dieses verborgenen Teils kann die gesamte und komplexe Darstellung eines bewaffneten Konflikts ermöglichen (Enloe 1996). Die Kategorie des Geschlechts muss also als Strukturelement in die Analyse des bewaffneten Konflikts eingebaut werden – einerseits, um diesen in seiner Gesamtheit verstehen zu können, andererseits, um nicht wieder den Fehler einer »traditionell« Männer-zentrierten Darstellung von kriegerischen Auseinandersetzungen zu begehen. Aktive Kämpferinnen als Kernelement und Interessenschwerpunkt der Analyse ermöglicht also nicht nur eine fundiertere und »wahrheitsgetreuere« Darstellung bewaffneter Konflikte, sondern kann (und soll) auch dazu beitragen, verankerte traditionelle Geschlechterbilder herauszufordern.

Vor dem Hintergrund dieser Geschlechterkonstruktionen und geschlechtsspezi-fischen Rollenstereotype beleuchtet die Arbeit die Stellung weiblicher Kämpferinnen sowohl innerhalb der bewaffneten Gruppierungen als auch nach ihrem Austritt aus diesen. Die Forschungs-leitenden Fragen waren: Führt die Rolle von Frauen als Kämpferinnen zu einer Aufweichung von traditionellen Rollenbildern? Oder werden die Rollenzuschreibungen in den bewaffneten Organisationen weiter aufrechterhalten und reproduziert? In diesem Spannungsverhältnis zwischen Veränderung der geschlechts-spezifischen Rollen bzw. Aufrechterhaltung und Reproduktion liegt das zentrale Er-kenntnisinteresse. Der Fokus der Arbeit liegt demnach auf den Kämpferinnen selbst und ihrem Erleben bzw. ihren Erfahrungen im bewaffneten Kampf. Aus diesem Grund wurde nicht auf einer gesamtgesellschaftlichen Ebene die Auswirkungen der Beteiligung analysiert, sondern zu eruieren versucht, welche Konsequenzen die Beteiligung am (männlich dominierten) bewaffneten Kampf und der somit entstandene Bruch in den traditionellen Rollenstereotype für die Kombattantinnen selber haben bzw. hatten.

Zur Beantwortung dieser Fragen ist eine Analyse der Situation und Stellung der Frauen in den jeweiligen bewaffneten Gruppierungen unerlässlich. Zuerst muss herausgefunden werden, welche Rolle Kämpferinnen in der Guerilla bzw. bei den Paramilitärs innehaben, um dann in weiterer Folge die Frage nach einer Rollenübertretung bzw. Rollenveränderung beantworten zu können. Wie ein roter Faden ziehen sich also auch folgende Fragen durch die Arbeit: Wie gestaltet sich die konkrete Situation von Kämpferinnen in bewaffneten Gruppierungen in Hinblick auf Gleichberechtigung und Diskriminierung? Sind Frauen in bewaffneten Organisationen gleichberechtigt und üben dieselben Rollen wie ihre männlichen Kollegen aus? Oder lässt sich auf diesem Gebiet Diskriminierung bzw. Frauenunterdrückung wahrnehmen? Da im Zuge der Feldforschung Interviews mit ehemaligen, bereits demobilisierten Kombattantinnen geführt wurden, konnte weiters auf ihre Situation nach der Wiedereingliederung in das zivile Leben und die damit verbundenen Veränderungen eingegangen werden. Diese zweite Etappe kann wesentliche Rückschlüsse auf die Frage nach einer Aufweichung der Geschlechterrollen liefern. Je nachdem, wie sich die Situation von ehemaligen Kämpferinnen nach ihrer Wiederkehr in das zivile Leben vollzieht und wie sie von der Gesellschaft aufgenommen bzw. wahrgenommen werden, zeigt sich, ob sie einer geschlechtsspezifischen Rollentransformation näher gekommen sind oder nicht.

Die Arbeit wird in einem ersten Teil die theoretische Auseinandersetzung über Frauen und Krieg, vor allem unter Bezugnahme feministischer TheoretikerInnen, beleuchten. Seit einiger Zeit findet die Thematik Krieg und Geschlecht und ihre miteinander verwobenen Faktoren vermehrt Einzug in die wissenschaftlich-theoretische Debatte. Die theoretische Auseinandersetzung mit Fragen der Geschlechterkonstruktionen, der Rollenstereotype und der Verbindung von Krieg und Männlichkeit ist eine notwendige Voraussetzung für die weiterführende Analyse, da sie die Ursachen und Hintergründe für die »Unsichtbarkeit« weiblicher KämpferInnen darstellen. Mit der Frage nach der Beteiligung von Frauen am bewaffneten Kampf liegt der Fokus der Arbeit aber auf der historisch-empirischen Ebene. Deshalb wird in Folge anhand eines geschichtlichen Überblicks und internationaler Beispiele der weiblichen Beteiligung an kriegerischen Auseinandersetzungen versucht, das Fallbeispiel Kolumbien in einen breiteren Kontext zu setzen und einen generellen Einblick in die Präsenz von Frauen im Krieg zu liefern.

Mit dem konkreten Hintergrund des hier behandelten Fallbeispiels beschäftigt sich das zweite Kapitel, bestehend aus einer Analyse des kolumbianischen Konflikts sowie einem geschichtlichen Überblick über dessen Ursachen, Hintergründe und Entwicklungen. Um die Rolle von Frauen bzw. von Kämpferinnen im (aktuellen) bewaffneten Konflikt besser zu verstehen, ist also eine kurze Darstellung der Rahmenbedingungen und des Kontextes notwendig. Auch die Demobilisierung von ehemaligen KämpferInnen und die diesbezüglichen Regierungsprogramme bedürfen eines näheren Blicks. Die Zeit nach dem

Austritt aus den bewaffneten Gruppierungen und der Reintegration in das zivile Leben stellt sowohl die Aufnahmegesellschaft als auch die betroffenen Ex-KombattantInnen vor enorme Herausforderungen. Dies macht also eine tiefgründigere Auseinandersetzung mit den konkreten Prozessen in Kolumbien, den feministischen Debatten über Gender und Demobilisierung sowie den bisherigen Erfahrungen über (positive wie negative) Konsequenzen für ehemalige Kämpferinnen nötig.

Obwohl, wie bereits erwähnt, die Gender-Perspektive vermehrt Einzug in die Auseinandersetzung mit Kriegen und Konflikten erhält, lässt sich immer noch eine Marginalisierung dieses Themenkomplexes ausmachen. Vor allem in Hinblick auf die bewaffnete Beteiligung von Frauen am Kampf existieren nur vereinzelte ausgewählte Forschungen und Arbeiten – hier vor allem aus afrikanischen Ländern und Zentralamerika. Über das konkrete Beispiel Kolumbien existieren mittlerweile einzelne Forschungen über weibliche KämpferInnen in Guerilla-Organisationen der siebziger bis neunziger Jahre, sowie einzelne Artikel und kürzere Arbeiten. Studien bzw. Daten über aktuelle Kämpferinnen sind jedoch nur sehr vereinzelt vorhanden, speziell Frauen in den paramilitärischen Gruppierungen sind von dieser Unsichtbarkeit betroffen. Aus diesem Grund liegt der Fokus der Arbeit auf einer empirischen Studie. Ein wesentliches Ziel bestand demnach darin, den »unsichtbaren Kämpferinnen« eine Stimme zu verleihen und Gehör zu verschaffen. Auf den nächsten Seiten sollen vor allem sie selbst zu Wort kommen.

Zur Realisierung dieses Vorhabens führte ich eine mehr-monatige Feldforschung in Kolumbien durch. Diese war gekennzeichnet von anfänglichen Hindernissen, da aufgrund des andauernden Konflikts in Kolumbien ehemalige KämpferInnen teilweise mit Sicherheitsproblemen konfrontiert sind, was den Zugang erheblich erschwerte. Abgesehen davon war es auch schwierig, Frauen zum Erzählen ihrer Geschichte zu bewegen, was eine lange Phase des Vertrauensaufbaus erforderte[2]. Nichtsdestotrotz konnten letztendlich sechs qualitative (Leitfaden-)Interviews mit ehemaligen Kämpferinnen der bewaffneten Gruppierungen – Guerilla (FARC-EP und ELN) sowie Paramilitärs (AUC) – in Kolumbien geführt werden. Zwei Charakteristika der Forschung zeichnen sich also hier ab: eine quantitativ relativ niedrige Anzahl an Interviews, begleitet von einem hohen Maß an Offenheit und Intimität bei den schließlich geführten Gesprächen. Die Interviews wurden – nach vorheriger Absprache mit den Interviewpartnerinnen und Versicherung der Anonymität[3] – auf Tonband aufgezeichnet. Alle Gespräche wurden auf Spanisch

---

2   Meine Nähe zu Kolumbien (Halbkolumbianerin), das Beherrschen der Sprache sowie die gründliche
     Kenntnis des Landes waren entgegen dieser Hindernisse hier sicherlich förderliche Faktoren. Auch die
     Mitarbeit bei einem Projekt mit demobilisierten Kämpferinnen war für den intensiven Kontaktaufbau
     mit den Interviewpartnerinnen extrem förderlich.

3   Zur Wahrung der Sicherheit werden in Folge auch nicht die richtigen Namen der interviewten Frauen
     verwendet, sondern Pseudonyme.

geführt und anschließend von mir persönlich ins Deutsche übersetzt. Abgesehen von diesen, mit ehemaligen Kämpferinnen geführten Interviews, konnten noch weitere Gespräche mit ExpertInnen auf dem Gebiet geführt werden: PsychologInnen, welche Demobilisierte betreuen, Angehörige diverser Institutionen im Bereich der Reintegration sowie feministische Wissenschafterinnen und Aktivistinnen. Auf Basis dieses Materials wurden mittels der Methode der qualitativen Inhaltsanalyse (Mayring) Konzepte und Kategorien herausgearbeitet. Die Interpretation der Interviews gemeinsam mit einem, nach jedem Gespräch angefertigten Postscriptum und den Forschungstagebüchern stellt die Grundlage für die folgende Analyse dar.

Die Beteiligung von Frauen am bewaffneten Kampf kann als zeitliches Kontinuum dargestellt werden: vor dem Eintritt in die bewaffnete Gruppierung – während des bewaffneten Kampfes – nach dem Austritt aus der bewaffneten Gruppierung. Die Rahmenbedingungen und die Motivation, in die bewaffnete Gruppierung einzutreten, prägen die Zeit innerhalb des bewaffneten Kampfes. Vor allem die Frage der ideologischen Komponente oder von geschlechtsspezifischen Motivationen ist hier relevant. Der Aufenthalt innerhalb der bewaffneten Gruppierung kann nicht getrennt von diesen beeinflussenden Faktoren analysiert werden. In weiterer Folge prägen auch die Erlebnisse der Kämpferinnen in der jeweiligen bewaffneten Organisation ihr Erleben der Reintegration in das zivile Leben. Erfahrungen von Gleichberechtigung oder geschlechtsspezifischer Diskriminierung können sich auf die Frage nach persönlichem Empowerment und den diesbezüglichen Konsequenzen für das Weiterleben der Ex-Kombattantinnen auswirken.

Konkrete Erfahrungen und Erlebnisse ehemaliger Kämpferinnen im Kontext des bewaffneten Kampfes variieren stark. In Folge soll anhand von ausgewählten Beispielen der Praxis (hauptsächlich der Guerilla) diese divergierenden Aspekte beleuchtet werden. Zwei wesentliche Komponenten der Beteiligung von Frauen am bewaffneten Kampf markieren die Frage nach der geschlechtsspezifischen Arbeitsteilung und des Umgangs mit dem Körper der Frauen und ihrer Intimität. Diese zwei strukturierenden Faktoren sollen Auskunft geben über Elemente von Gleichheit und/oder geschlechtsspezifischer Diskriminierung innerhalb der bewaffneten Gruppierungen.

Ob das Potential der Aufweichung traditioneller Rollenbilder durch die Beteiligung am »männlichen« Terrain des Krieges ausgeschöpft werden konnte – sowohl individuell als auch gesamtgesellschaftlich –, manifestiert sich in voller Stärke erst beim Wiedereintritt bzw. der Rückkehr in das zivile Leben. Durch die Betrachtung dieses Bereichs wird versucht eine Brücke zu schlagen zwischen den Erfahrungen der Kombattantinnen innerhalb der bewaffneten Gruppierungen und den Auswirkungen dieser Partizipation für ihr persönliches Weiterleben. Die rückblickende Bilanz der Kämpferinnen über die Zeit im bewaffneten Kampf und die Frage nach eventuellen Bereicherungen sollen über die Möglichkeit von Empowerment Auskunft geben.

I. THEORETISCHE ÜBERLEGUNGEN UND KONTEXT

1. Frauen und Krieg

1.1. Feministische Analysen zur Thematik Frauen und Krieg

Feministische ForscherInnen und TheoretikerInnen weisen vor allem seit den neunziger Jahren des letzten Jahrhunderts[4] vermehrt auf die Wichtigkeit hin, den *mainstream* bzw. »*malestream*«[5]-Diskurs bezüglich Kriegen und bewaffneten Konflikten kritisch zu hinterfragen und sich analytisch mit der Kategorie des Geschlechts in diesen auseinander zu setzen. Kritik wurde bzw. wird vor allem an der herrschenden Gender-Blindheit und der damit verbundenen »Unsichtbarkeit« von Frauen bzw. Geschlechterverhältnissen innerhalb bewaffneter Auseinandersetzungen geübt.

Hierbei wird vor allem auf die unterschiedlichen Funktionen von Gender in bewaffneten Konflikten zentrales Augenmerk gelegt bzw. der Frage nach dessen Konstruktion nachgegangen (Harders 2002: 10f).

1.1.1. Unterschiedliche Thesen und Stränge innerhalb des Feminismus
Innerhalb der feministischen Auseinandersetzung mit der Thematik existieren unterschiedliche Argumentationen und Erklärungsansätze. Joshua Goldstein differenziert grob zwischen drei Strömungen[6] innerhalb des Feminismus: dem Differenzfeminismus, dem liberalen Feminismus (hier: Gleichheitsfeminismus) und dem postmodernen Feminismus (Goldstein 2001: 38ff). Der *liberale Feminismus* geht vor allem von der Prämisse der Gleichheit unter den Geschlechtern aus und fordert eine Geschlechtergleichstellung auf allen Ebenen. Frauen soll demzufolge das Recht zuteil werden, gleichermaßen in allen gesellschaftlichen Bereichen zu partizipieren. Liberale bzw. Gleichheitsfeministinnen fordern vor diesem Hintergrund beispielsweise den Eintritt von Frauen in Armeen und ihre gleiche Partizipation auch in kriegerischen Auseinandersetzungen. Diese Argumentation wird von Differenz-feministischer Seite stark kritisiert. Kritik erfolgt hauptsächlich aufgrund der Tatsache, dass in Realität jene postulierte und

---

4   Die Zunahme der Beschäftigung mit dieser Thematik erfolgte vor dem Hintergrund des Kriegs im ehemaligen Jugoslawien. Hier wurde erstmals in aller Öffentlichkeit die Präsenz und Relevanz von geschlechtsspezifischen Elementen in kriegerischen Handlungen diskutiert. Sexuelle Gewalt gegen Frauen als Kriegsstrategie kam hier verstärkt zum Einsatz, was internationale Debatten und Diskussionen rund um die Verbindung von Geschlecht und Krieg auslöste (Grabner/Sprung: 161ff).

5   Der Begriff »Malestream« soll auf den vorherrschenden Androzentrismus und die männliche Dominanz innerhalb der Wissenschaft bzw. ihrer einzelnen Disziplinen verweisen (Reimann 2000: 5ff).

6   Hier soll darauf hingewiesen werden, dass diese Strömungen keinesfalls als absolute Postulate betrachtet werden sollten. Vielmehr werden hier Idealtypen skizziert.

geforderte Integration von Frauen in männlich dominierte Bereiche mit einer Anpassung an die »männliche« Identität bzw. die »männliche« Welt endet. Im Gegensatz dazu vertreten *Differenzfeministinnen* die These, dass – entweder aufgrund unterschiedlicher Erfahrungen oder aufgrund biologischer Konstanten – reale Geschlechterdifferenzen existieren. »Weibliche« Charakteristika bzw. Werte müssten mehr Anerkennung finden und in Folge aufgewertet werden. In Bezug auf Krieg weisen diese TheoretikerInnen vor allem auf die Verbindung des weiblichen Geschlechts mit Frieden bzw. Friedfertigkeit hin. Hierin liegt auch der vordergründige Kritikpunkt an Differenzfeministinnen. Die kolportierte Nähe von Frauen mit Frieden wird aufgrund der Perpetuierung des Geschlechterdualismus kritisiert und abgelehnt. Den dritten von Goldstein definierten Strang bezeichnet er als *postmodernen Feminismus*. Entgegen der beiden vorigen Ansätze gehen postmoderne TheoretikerInnen davon aus, dass Geschlecht keine homogene Kategorie darstellt, diese vielmehr konstruiert sei und vom jeweiligen Kontext abhängt. Auch die Verknüpfungen zu anderen Kategorien wie Klasse, *race*, oder Ethnie müssen demnach berücksichtigt werden. Geschlechterrollen im Krieg können vielfältiger Natur sein, willkürlich und auch widersprüchlich (Goldstein 2001: 38ff). Sandra Hedinger definiert (in Anlehnung an Sandra Withworth) eine vierte Schule des Feminismus, benannt als *kritischer Feminismus*. Dieser legt den Schwerpunkt vor allem auf Geschlechterverhältnisse und untersucht, wie diese kreiert bzw. legitimiert werden. Zu diesem Zwecke bedient sich dieser vierte Ansatz einzelner Elemente der drei dargestellten Theorien und versucht diese miteinander zu vereinen (Hedinger 2002: 46).

In Anlehnung an die kolumbianische Feministin Maria Emma Wills Obregón lassen sich diese skizzierten Strömungen in Bezug auf Krieg vor allem auf eine wesentliche Fragestellung zuspitzen: bedeutet die Beteiligung von Frauen am Krieg eine Unterordnung unter die patriarchale Logik oder kann sie vielmehr als ein Zeichen von Empowerment gesehen werden (Wills Obregón 2005)? Ist also aus feministischer Perspektive die Partizipation von Frauen im bewaffneten Kampf »wünschenswert« oder sollte sie eher abgelehnt werden? Basierend auf jener Frage wird auch diese Arbeit versuchen, der Thematik Frauen und Krieg nachzugehen. Da meines Erachtens alle oben dargestellten Ansätze wichtige Aspekte und Analyseinstrumente beinhalten, wird hier nicht auf eine Strömung allein fokussiert werden. Vielmehr besteht der Versuch darin, auf dem skizzierten Spannungsfeld und der daraus resultierten Fragestellung die eigene Forschung aufzubauen, um anhand der Resultate einen möglichen Beitrag zur feministischen Debatte zu leisten.

1.1.2. VON DER »FRIEDLICHEN« FRAU UND DEM »KRIEGERISCHEN« MANN
Jede feministische Analyse bzw. prinzipiell jede Analyse des Themenkomplexes Krieg sollte laut Yvonne Joos an ihren Anfang eine Auseinandersetzung mit der Thematik der Geschlechterkonstruktionen stellen, da sich geschlechtliche Stereotype als extrem »hart-

näckige Klischees« herausstellen (Joos 2004: 1). In diesem Sinne beginnt auch vorliegende Arbeit mit der Thematik der Geschlechterstereotype, da diese einen konstitutiven Bestandteil jeglichen bewaffneten Konflikts darstellen. Wie bereits erwähnt, geht ein Strang innerhalb der feministischen Theorien davon aus, dass geschlechtliche Zuschreibungen kulturell bzw. sozial konstruiert werden und nicht in der Natur verankert sind. Auf dieser Annahme basiert auch diese Forschung.

Geschlechtliche Zuschreibungen prägen durch die Epochen und Kulturen hindurch das Bild bzw. die Wahrnehmung von den Geschlechtern. Männern und Frauen werden Charakteristika zugeschrieben, welche definieren, wie sie sind bzw. zu sein haben. Jedes Geschlecht wird demnach mit unterschiedlichen Eigenschaften ausgestattet, welche sich binär bzw. komplementär gegenüberstehen. Grenzen der Identität werden somit definiert und festgeschrieben (Wills Obregón 2005: 67). Hiermit wird sowohl dem Mann als auch der Frau suggeriert, welchen Platz und welchen Raum in der Gesellschaft sie auszufüllen und zu besetzen haben. Durch die Essentialisierung der zugeschriebenen Attribute werden diese naturalisiert, erscheinen somit in Folge als biologische und reale Konstanten. Dieser Prozess zwingt also die Geschlechter in rigide Kategorien (Goldstein 2001: 252), die konstruierten Typisierungen wirken limitierend und eingrenzend für die einzelnen Individuen.

Gleichzeitig wirkt dieser Prozess der Stereotypisierung auch identitätsbildend. So entstehen Kategorien, in welchen die jeweiligen Mitglieder »gleich« sind, also die selben Eigenschaften und Charakteristika haben. Durch diese Homogenisierung der einzelnen Kategorien fühlen sich die jeweiligen »Mitglieder« auch dazugehörig und *sind* dann in Folge dessen auch so, wie die Zuschreibungen vorgeben. Dieser Prozess führt somit zu einer *»selbsterfüllenden Prophezeihung«* (Wills Obregón 2005: 67): die Kultur schreibt Attribute fest, welche dann in Folge so internalisiert werden, dass sie sozusagen zu einer zweiten Haut werden (Wills Obregón 2006: 67). Wills Obregón fasst diesen komplexen Prozess folgendermaßen zusammen:

»Zusammenfassend bilden die Stereotype relevante Kategorien von Bevölkerungsschichten, beschränken ihren Inhalt, indem sie den einen und anderen Kategorien eine Reihe von Attributen zuschreiben, und erzeugen Grenzen, um die einen Kategorien von den anderen zu unterscheiden. Außerdem sind die Stereotype politisch nicht neutral in dem Maß, in dem sie von und zwischen den Kategorien Hierarchien der Inklusion und der Exklusion erstellen. Daher kommt ihre unerbittliche Verbindung mit der Macht. Während die Stereotype den einen Kategorien erniedrigende Züge zuschreiben, verbinden sie andere mit lobenden Merkmalen und schaffen moralische, ästhetische und politische Hierarchien. Neben diesen Stufen assimilieren die Klischees eine gewisse Art von Kategorien mit spezifischen Bereichen, die ebenfalls gemäß ihrem Grad der Autorität, des Prestiges und der Macht bewertet werden. Mit anderen Worten: die kulturell konstruierten Unterschiede rechtfertigen im allgemeinen

die sozialen und politischen Ungleichheiten und den bevorzugten Zugang spezifischer Kreise an die Schaltstellen der Macht und der Institutionen.« (Wills Obregón 2005: 67f) Der Prozess der Stereotypisierung weist nicht nur Grenzen und Differenzen auf, sondern wirkt gleichzeitig auch hierarchisierend. Die unterschiedlichen Kategorien stehen in einem hierarchischen Verhältnis zueinander und sind durch Machtbeziehungen gekennzeichnet. In Bezug auf Geschlechterverhältnisse bedeutet dies, dass durch diese konstruierten Stereotype nicht nur Geschlechterdifferenzen hergestellt werden, sondern gleichzeitig auch Geschlechterhierarchien (Kreisky 2003: 4).

Eines der ältesten und am weitest verbreiteten Stereotype über Männer und Frauen hängt stark mit kriegerischen Elementen zusammen und wirkt konstitutiv für jene (Joos 2004: 1). Männlichkeit zeichnet sich demnach über Charakteristika wie stark, tapfer und mutig aus; Weiblichkeit hingegen werden die Werte sanft, zärtlich, kompromissfreudig, etc. zugesprochen. Weitergeführt – und auf den »Schauplatz« des Krieges umgelegt – produziert sich hieraus die Darstellung von Männern als kämpferisch bzw. kriegerisch, gewalttätig, aktiv und heldenhaft. Frauen werden mit den entgegengesetzten Attributen friedlich, passiv, verständnisvoll und aufopfernd ausgestattet. Der prototypische Mann wird also als Krieger konstruiert, Frauen als friedlich und schutzbedürftig.

Jean Bethke Elshtain zeichnet in ihrem Buch »Women and War« diese Konstruktion des Männlichkeits- und Weiblichkeitsbildes nach: laut ihr nehmen während des Krieges Männer die Gestalt des *»Just Warrior«* und Frauen jene als *»Beautiful Soul«* an (Elshtain 1987: 4). Sinngemäß übernimmt sie den Terminus der *»Beautiful Soul«* von Hegel, welcher diese als ein Wesen mit reinem Bewusstsein und reiner Einsicht definiert (Hegel 1986: 399f). Sie legt diese Figur in Anlehnung an Hegels Charakterisierung auf das soziale Konstrukt von Frauen um durch die Einsicht, dass *»women in Western culture have served as collective, culturally designated ›beautiful souls‹.«* (Elshtain 1987: 4) Frauen definieren sich demzufolge über ein Image von Unschuld und Reinheit. Dieses entspräche in Realität zwar nicht den Tatsachen, würde jedoch permanent von Frauen reproduziert und von Männern verstärkt (Elshtain 1987: 4). Jene symbolischen Vorstellungen und Konstruktionen des gerechten Kriegers und der unschuldigen, reinen Seele – oder anders ausgedrückt des »kriegerischen Mannes« und der »friedlichen Frau« – wirken also konstitutiv für die jeweilige Genus-Gruppe. Wie bereits erwähnt, entsprechen diese nicht der Realität, sondern fungieren viel mehr als Limitation und Festlegung. Dies dient dazu, die Position von Männern als Kämpfern und Frauen als Nicht-Kämpferinnen zu reproduzieren und zu verfestigen. Durch diese konstruierte Verbindung werden jedoch andere Realitäten »übersehen« bzw. unsichtbar gemacht, Geschlechteridentitäten müssen sich de facto an diese geschlechtlichen »Normen« anpassen. Abweichende Identitäten – wie beispielsweise friedliche Männer und kriegerische Frauen – werden in diesem Prozess marginalisiert und vernachlässigt (Elshtain 1987: 4).

Aktiv kämpfende Frauen in kriegerischen Auseinandersetzungen entsprechen nicht den anerkannten Rollen bzw. dem konstruierten Weiblichkeitsbild; das Heraustreten aus der »normalen« Rolle wird weitgehend als Abweichung aufgefasst und in Folge sanktioniert (Harders 2002: 14f). Somit wird auf der einen Seite der Ausschluss von Frauen aus militärischen Organisationen legitimiert, auf der anderen Seite real kämpfende Frauen unsichtbar gemacht und marginalisiert.

1.1.3. Der Ausschluss von Frauen aus den Armeen

Geschichtlich gesehen kann dieser Prozess der Konstruktion des kriegerischen Mannes und der friedlichen Frau gut nachgezeichnet und skizziert werden. Zahlreiche feministische TheoretikerInnen haben mittlerweile auf das Phänomen des weiblichen Ausschlusses aus Armeen und dem historischen Prozess diesbezüglich aufmerksam gemacht (Kreisky 2003; Eifler 2003; Apelt 2005).

Im frühen neuzeitlichen Europa waren Frauen Teil der damaligen Söldnerheere und bildeten einen funktionalen Bestandteil dieser Armeen (Apelt 2005: 15). Zwar haben sie keine Waffen getragen, waren aber als Helferinnen, Personal, etc. ein wesentlicher Teil der damaligen Heere[7] (Essletzbichler 2003: 30). Erst die »militärische« Revolution[8] Ende des 16. Jahrhunderts setzte einen Prozess in Gange, welcher zu einer sukzessiven Exklusion von Frauen aus der Armee führte. Durch militärische und technologische Errungenschaften in der Kriegsführung kam es zu einer Modernisierung und somit auch Professionalisierung der Armeen (Kreisky 2003: 2). Hiermit wurden Frauen weitgehend aus militärischen Aktivitäten ausgeschlossen. Diese Entwicklung beinhaltete auch die Verfestigung der Trennung von zivilem und militärischem Leben[9], es wurde versucht, eine Vermischung dieser beiden Sphären weitgehend zu verhindern, womit Frauen wiederum in den privaten »zivilen« Bereich gedrängt wurden. Gleichzeitig mit der Herausbildung und Etablierung solcher »regulären« Armeen wurden diese zu »*Instrumenten nationalstaatlicher Machtpolitik*« (Kreisky 2003: 3) und entwickelten sich somit zu einer wichtigen staatlichen Institution.

Die Einführung der allgemeinen (männlichen) Wehrpflicht markierte einen weiteren

---

7   Auch bei zahlreichen anderen Armeen außerhalb Europas (z. B. Mexiko) waren Frauen durch die Jahrhunderte hindurch als der so genannte »Nachtrupp« (span.: *retaguardia*) integrativer Bestandteil. Sie folgten den mobilen Truppen in der Nachhut bzw. im Tross (Essletzbichler 2003: 30).

8   Die »militärische« Revolution brachte eine Reihe von Neuerungen für das »Kriegshandwerk«. Als ein exemplarisches Beispiel, welches Kriege und Armeen nachhaltig beeinflusst, sei hier die Entwicklung der Feuerwaffen zu nennen (Kreisky 2003: 2).

9   Bis dahin war keine genaue Trennung dieser beiden Bereiche auszumachen, vielmehr war das zivile und militärische Leben stark und eng miteinander verknüpft. Wie Kreisky darstellt, waren die Söldnerarmeen des 16. und 17 Jahrhunderts »mobile Städte«, in denen Frauen und Kinder mit zogen und Teil dieser waren (Kreisky 2003: 3).

wesentlichen historischen Punkt in der Verknüpfung von Männlichkeit mit Militär und Krieg. Der Dienst im Militär konstituierte den Mann als politisches Subjekt und Staatsbürger. Mit dieser *»militärisch-politischen Inklusion der Männer war aber gleichzeitig die politische Exklusion von Frauen fixiert worden«* (Kreisky 2003: 3). Der Prozess der Modernisierung von Armeen und die Entwicklung von modernen Nationalstaaten ging also einher mit der Exklusion von Frauen aus diesen[10].

Das Militär konvertiert sich einerseits in die Schule der Nation (durch die Koppelung des Militärdienstes mit der Staatsbürgerschaft) und gleichzeitig in die Schule der Männlichkeit (durch die Verknüpfung von Männlichkeit mit Bildern des Soldaten) (Apelt 2005: 17). Somit markiert das Militär einen Bruch innerhalb der Entwicklung eines Jungen; durch den Eintritt in den Wehrdienst wird der Bub zum »richtigen Mann« (Goldstein 2001: 265). Die Sozialisation innerhalb der Armee wird zum strukturierenden Faktor der »kriegerischen« Männlichkeit.

1.1.4. GESCHLECHT ALS KONSTITUIERENDER FAKTOR VON KRIEGEN

Anhand dieses geschichtlichen Prozesses kann auf einer abstrakt-theoretischeren Ebene wieder der Bogen zu den konstituierenden Geschlechterkonstruktionen des Krieges geschlossen werden. Der weibliche Ausschluss aus staatlichen Armeen »entpuppt« sich nach diesen historischen Perspektiven als Konstrukt aufgrund politischer Interessen und Entwicklungen, keineswegs jedoch aufgrund natürlicher biologischer Konstanten. Gleichzeitig mit diesem Prozess der Professionalisierung und *»Vermännlichung«* der Armeen (Eifler 2003: 27) entwickelt sich nämlich ein weiteres, relevantes, Phänomen. Um den Ausschluss von Frauen legitimieren und argumentieren zu können, benötigte es dazugehöriger »Bewusstseinsarbeit« auf ideologischer Ebene. Der Prozess der Professionalisierung von Armeen ist also gebunden an den Prozess der »Ideologisierung« (Wills Obregón 2005: 74). Diese Notwendigkeit führt zur schon skizzierten Verstärkung und Verbreitung des Bildes vom typischen »männlichen Krieger« bei gleichzeitiger Konstruktion von Frauen als friedfertige schützenswerte Wesen (Eifler 2003: 27).

Krieger zu sein manifestiert sich als zentrales Element von Männlichkeit mit allen dazugehörigen Attributen und Charakteristika. Wesentliche »kriegerische Werte« werden in diesem Prozess eng verknüpft mit Konzepten von Männlichkeit (Goldstein 2001: 266). Männer werden also, so Goldsteins These, durch die Kultur zu Kämpfern geformt, indem »Männlichkeit« mit jenen Attributen versehen wird, welche einen »guten« Krieger ausmachen (Goldstein 2001: 252). *»War does not come*

---

10   Wills Obregón zeichnet nach, wie auch in Kolumbien derselbe Prozess der Professionalisierung der Armee vonstatten ging und wie dieser den Ausschluss von Frauen aus den Armeen konsolidierte (Wills Obregón 2005: 74).

naturally to men (from biology), so warriors require intense socialization and training in order to fight effectively. Gender identity becomes a tool with which societies induce men to fight.« (Goldstein 2001: 252). Diese Argumentation steht im Gegensatz zur These der natürlichen biologischen Neigung zu Gewalt und Krieg von Männern. Schon von klein auf werden Buben zur »Kriegerrolle« sozialisiert, teilweise durch Zwang, Drang oder Indoktrination. Demzufolge lässt sich die Verknüpfung und die Verbindung von Mann und Krieger nicht auf biologische Ursachen zurückführen, sondern erscheint als Produkt der Sozialisation und als Konstrukt der Gesellschaft (Goldstein 2001: 253). Durch Konditionierung und Indoktrination wird aber versucht, diese kulturelle und soziale Konstruktion zu naturalisieren (Enloe 1996).

Auf der anderen Seite benötigt dieses eben beschriebene Konstrukt des männlichen Kriegers auch ein Gegenstück. Mit den Worten von Cynthia Enloe: *»Die Konstruktion der Ideale männlichen Verhaltens kann in keiner Kultur vonstatten gehen ohne ein unterstützendes und komplementäres Bild der Weiblichkeit zu konstruieren.«* (Enloe 1996: 99). Diese tritt in vielfältiger Form auf, als zentrales Element zu nennen sei das Konstrukt der zu beschützenden Frau. In diesem System wird Frauen die Rolle der friedfertigen schutzbedürftigen Frau zugewiesen. Die Schutzbedürftigkeit konstituiert somit eine zentrale Komponente der Kriegsführung (Apelt 2005: 20), indem sie sich als Motivation und Legitimation für den Krieg darstellt (Goldstein 2001: 305). Das »Heim«, also Frauen und Kinder, vor dem Feind zu schützen, markiert eine wichtige Begründung von Kriegen und zugleich militarisierter Männlichkeit (Harders 2002: 10). Krieg und Kampf bekommt also eine klar ge-genderte Konnotation: der Mann zieht in den Kampf, um die Frau zu beschützen.

Andere Rollen, welche Frauen in Kriegszeiten zugewiesen werden, betreffen vor allem den Aspekt der friedfertigen Unterstützung des Krieges bzw. der Krieger. Goldstein charakterisiert die weibliche Rolle in diesem System als Verstärkung der männlichen Kriegerrolle (Goldstein 2001: 301). Die Identität der so genannten *»spartan mother«* (Elshtain 1987: 70) zum Beispiel, welche ihre Söhne zu Kriegern erzieht und diese teilweise dann opfert[11] (Harders 2002: 15), zeigt exemplarisch diese komplementäre »weibliche« Unterstützung des Krieges. Frauen werden auch noch weiterführende Rollen zu-

---

11   Zur Veranschaulichung dieser Rolle der »Spartan Mother« zitiert Elshtain eine Stelle aus Rousseaus Emile, in welchem dieser eine Geschichte von Plutarch wiedergibt: *»A Spartan Women had five sons in the army and was awaiting news of the battle. A Helot arrives; trembling, she asks him for news. ›Your five sons were killed.‹ ›Base slave, did I ask you that?‹ ›We won the victory.‹ The mother runs to the temple and gives thanks to the gods. This is the female citizen.«* (Rousseau 1979: 40, zit. nach Elshtain 1987: 70). Dies als Beispiel, wie die den Frauen zugeschriebenen Rollen gezeichnet wurden (bzw. werden). Auch im aktuellen Konflikt in Kolumbien beispielsweise ist dieses Bild der sich für das Wohl der Nation aufopfernden Mutter von Relevanz – sowohl im öffentlichen Diskurs als auch für die Mütter selber (Castellanos et al. o. J.: 169).

geschrieben, z. B. als Krankenschwestern, (Goldstein 2001: 312), aber immer im zivilen, nicht militärischen Bereich »beheimatet«. Zugeschriebene weibliche Rollen während des Krieges, obwohl unsichtbar und mit Passivität konnotiert, spielen in diesem jedoch eine fundamentale Rolle. Sowohl die »weiblichen« Konstruktionen als auch die »männlichen« sind wesentlich für das Funktionieren des Krieges, mit dem Unterschied, dass dem Mann der aktive, öffentliche Part zugeteilt wird, Frauen hingegen der passive, private Bereich.

Geschlechtliche Kategorien strukturieren das Kriegsfeld – der Kampf wird maskulinisiert, während das »normale« Leben (also der Nicht-Kampf) feminisiert wird (Goldstein 2001: 301). Aus diesem Grund ist es für die Aufrechterhaltung dieses Systems wichtig, beide Bereiche strikt zu trennen und mittels kultureller Konstruktionen bzw. geschlechtlicher Zuschreibungen zu verfestigen. Hierin kommt der Dichotomie der »friedlichen« Frau und des »kriegerischen« Mannes zentrale Bedeutung zu.

1.1.5. AUSSCHLUSS AUS DER GESCHICHTSSCHREIBUNG

Ungeachtet dieses transportierten Bildes der »friedlichen« Frau, haben Frauen schon seit jeher bei kriegerischen Auseinandersetzungen Seite an Seite mit ihren männlichen Kollegen gekämpft. In den unterschiedlichsten Rollen und Positionen waren Frauen Bestandteil kriegerischer Armeen und Befreiungsheere. Diese Tatsache ist jedoch nicht in das kollektive Gedächtnis übergegangen – wenn an Krieg gedacht wird, tauchen (immer noch) meist Bilder von männlichen Kämpfern vor unserem geistigen Auge auf (Goldstein 2001: 59).

Warum existiert also – trotz geschichtlicher Fakten – keine Wahrnehmung von Frauen als Kämpferinnen in Kriegen oder bewaffneten Auseinandersetzungen? Die kolumbianischen Forscherinnen Blair T. und Nieto V. hierzu: »*Weder unsere Epoche, noch der kolumbianische Konflikt haben die kämpfende Frau erfunden. Und auch wenn wir uns versucht sehen, dies zu glauben, ist es nicht unsere Schuld: die Geschichte hat einfach bezüglich einzelner Themen ein schlechtes Gedächtnis und hat Frauen in dieser schlecht wiedergegeben.*« (Blair T./Nieto V. 2004: 22). Dieses Phänomen der Unsichtbarkeit und der Ausblendung von aktiv kämpfenden Frauen ist Teil einer gesellschaftlich konstruierten und produzierten Realität, welche Frauen aus dem öffentlichen Bereich ausschließt und ihnen allein die Rolle im privaten und geheimen Bereich zugesteht. Politisch aktive oder kämpfende Frauen sollen unsichtbar gemacht werden, um das Bild der passiven und sanften Frau aufrecht zu erhalten und zu reproduzieren. Wills Obregón sieht hierin den Versuch, das Bild der apolitischen Frau zu reproduzieren, um deren Ausschluss aus dem öffentlichen Leben zu legitimieren (Wills Obregón 2005: 66). Diese Exklusion von aktiven Frauen aus der Geschichtsschreibung ist jedoch kein »neues« Phänomen, es zieht sich vielmehr wie ein roter Faden durch den Großteil der überlieferten Geschichte.

Geschichte wird demnach von Männern gemacht und von Männern (nieder) geschrieben. Dieser Prozess des Ausschlusses auch aus der Geschichte schreibt wiederum
das Bild der passiven und friedlichen Frau fest, welches sich somit als »Wahrheit« zu
entpuppen scheint. In Worten von Wills Obregón: *»Mit diesem Schritt haben die Stereotype aufgehört, Geschlechterkonzeptionen zu sein, und haben sich in eine angebliche objektive
Realität umgewandelt.«* (Wills Obregón, 2005: 71).

Selbst wenn Frauen jedoch kämpfen, und diese Tatsache trotz einseitiger Geschichtsschreibung an die Öffentlichkeit gelangt, wird dieses Phänomen meistens als Ausnahme
dargestellt, welche die Regel der »nicht-kämpfenden« Frauen bestätigt. Wie Jean Elshtain
nachzeichnet, ist die Geschichte voll von Mythen[12] kämpfender Frauen. Dies hat jedoch
nichts an der symbolischen Struktur von »Weiblichkeitsbildern« und »Männlichkeits-
bildern« im Krieg geändert, diese scheinen stärker und dauerhafter als Fakten zu sein
(Elshtain 1987: 8). So wird beispielsweise akzeptiert, dass es vielleicht einzelne »un-
zivilisierte« Völker bzw. Stämme mit kämpfenden Frauen gegeben hat. Diese zählen
jedoch nicht so sehr, um die dominante Erzählung der »friedlichen« Frauen zu stören
(Elshtain 1987: 165). Somit existieren de facto wenig Chancen, das verfestigte Bild
der »friedlichen« Frau und des »kämpferischen« Mannes zu irritieren oder gar zu transformieren (Elshtain 1987: 179). *»Functioning as a compensatory fantasy or unattainable
ideal, tales of women warriors and fighters are easily buried by standard repetitions. Framed
by the dominant narrative of bellicose men/pacific women, our reflections often lack sufficient
force to break out, remaining at the level of fragile intimations. As representations, the
Ferocious Few are routinely eclipsed by the enormous shadow cast as the Noncombatant Many
step into the light.«* (Elshtain 1987: 180).

Diese einseitigen Darstellungen wirken sich erschwerend auf das Bemühen aus, das
verfestigte Konstrukt und verbreitete Bild der Geschlechterrollen während des Krieges zu
transformieren und aufzubrechen. Basierend auf diesen Argumenten ist es umso zentraler,
nicht auf diesem unmöglich scheinenden Vorhaben stehen zu bleiben, sondern weiterhin
zu versuchen, diesem dominanten Bild auf allen Ebenen etwas entgegen zu setzen.

---

12   Als bekannteste Mythologie gilt sicherlich jene der Amazonen, welche meist als exemplarisches Bei-
      spiel für Kriegerinnen herangezogen wird. Die Amazonen waren dem Mythos zufolge eine Gesellschaft
      von Kriegerinnen, welche gegen die Griechen kämpften (Blair T./Nieto V. 2006: 17). Nicht nur bei
      den alten Griechen, auch in Südamerika sollen – Überlieferungen von spanischen Eroberern zufolge
      – solche Kriegerinnengesellschaften gesichtet worden sein (Goldstein 2001: 16). Obgleich kein wis-
      senschaftlich fundierter Beweis für die reale Existenz weiblicher Armeen existiert, wird das Bild der
      Amazonen von feministischen TheoretikerInnen als Hinweis für deren Existenz genommen. Interes-
      sant erscheint die Frage, weshalb dieses Bild der kämpfenden Frauen entstanden ist und – entgegen der
      hier vertretenen These – doch Teil der Überlieferungen und der Geschichtsschreibung geworden ist.
      Goldstein erklärt dieses Phänomen folgendermaßen: *»Representing women in this way reinforced men's
      construction of their own patriarchal societies as orderly and natural.«* (Goldstein 2001: 17)

Anhand von vereinzelten ausgewählten Beispielen soll hier das »Unmögliche« versucht werden, der herrschenden Geschichtsschreibung mit einer Darstellung der Präsenz von Frauen im bewaffneten Kampf zu begegnen. Es würde an dieser Stelle zu weit führen und ist auch nicht Ziel der Arbeit, einen genauen und detaillierten Überblick über dieses Phänomen zu geben – es soll lediglich ein kurzer Einblick vermittelt werden, um somit auch das konkrete hier behandelte Thema der Beteiligung von Frauen im bewaffneten Kampf in Kolumbien in einen breiteren Kontext zu setzen.

1.2. Frauenbeteiligung am bewaffneten Kampf

Es wurde bereits die Präsenz von Frauen in früheren Armeen und der anschließende sukzessive Ausschluss aus diesen dargestellt. Seit jeher waren Frauen jedoch auch außerhalb regulärer Armeen aktiv im Kampf beteiligt. Joshua Goldstein definiert vier Rollen, in welchen Frauen im Krieg involviert waren: als klassische Rolle des Opfers, als Unterstützerinnen des Krieges, als Frauen, welche männliche Positionen eingenommen haben (ohne ihre »weibliche« Identität abzulegen) und als Frauen, welche sich – als Männer verkleidet – in deren Rollen und Positionen begeben konnten (Goldstein 2001: 60). Auf die Beständigkeit der ersten beiden Rollen (Opfer und Unterstützerin) wurde bereits ausführlich hingewiesen. Entgegen des öffentlichen Ausschlusses ist die Geschichte jedoch auch voll von Beispielen kämpfender Frauen.

1.2.1. Ein kurzer historischer Überblick

Als eines der herausragendsten historischen Beispiele, welches die Existenz ganzer weiblicher Kampfeinheiten beweist, kann wohl jenes von Benin (ehemaliges Dahomey) in der SklavInnenzeit genannt werden. Dort war die gesamte Leibwache des Königs von Frauen getragen und es existierte auch ein eigenes weibliches Regiment innerhalb des Heeres[13]. Diesen weiblichen Soldatinnen wird nachgesagt, genauso stark und tapfer wie ihre männlichen Kollegen gewesen zu sein, diese sogar teilweise an Mut und Tapferkeit übertroffen zu haben[14]. Im Gegensatz zu oftmals kolportierten Darstellungen, haben diese »Amazon corps« (Goldstein 2001: 61) der Effizienz der Armee nicht geschadet, vielmehr stieg diese zu der erfolgreichsten militärischen Organisation der Zeit und in

---

13   Über die quantitativen Angaben herrschen unter den HistorikerInnen keine einheitlichen Meinungen, die Zahlen variieren von 800 bis zu 5.000 zu Höchstzeiten (Mitte des 19. Jhdt.) (Goldstein 2001: 61). Andere TheoretikerInnen sprechen von Daten bis zu 6.000 weiblichen SoldatInnen (Blair T./Nieto V. 2004: 18).

14   So existieren beispielsweise keine Hinweise auf Dahomey-Kämpferinnen, welche vom Schlachtfeld flüchteten. Im Gegensatz dazu sind männliche Fälle von Flucht bekannt (Goldstein 2001: 61).

der Region auf (Goldstein 2001: 60f). Nach der französischen Eroberung im Jahr 1894 wurde dieses Heer dann aufgelöst[15].

Auch andere Bespiele beweisen, dass Frauen, entgegen geläufigen Darstellungen, in der Geschichte genauso in kriegerischen Konflikten gekämpft haben – sowohl in gesamtweiblichen Kampfeinheiten, in gemischt-geschlechtlichen Einheiten oder als einzelne Kämpferinnen. Als herausstechendes Beispiel für gesamt-weibliche Kampfeinheiten gilt das Beispiel der Sowjetunion im Zweiten Weltkrieg. Mit schätzungsweise 800.000 bis 1.000.000 Soldatinnen besaß die sowjetische Armee den wohl größten weiblichen Anteil innerhalb einer regulären Armee; diese machten ungefähr 8 % des gesamten offiziellen Personals aus (Elshtain 1987: 178). Nicht all diese Frauen partizipierten direkt in Kämpfen, doch kann auch abzüglich Frauen in anderen Positionen von der wahrscheinlich größten Anzahl kämpfender Frauen in der modernen Geschichte ausgegangen werden. Diese partizipierten in Infanterie, Artillerie, als Partisaninnen und in den, während des Krieges berühmt gewordenen, rein weiblichen Einheiten von Kampfpilotinnen (Goldstein 2001: 65f). Als weitere, zahlenmäßig jedoch nicht so große, Beispiele gesamt-weiblicher Einheiten können die Taiping Rebellen in China und Russland im Ersten Weltkrieg genannt werden (Goldstein 2001: 76).

Aufgrund des – durch die unterschiedlichen Kulturen und historischen Epochen hindurch – verbreiteten Ausschlusses von Frauen aus regulären Armeen, musste jedoch der Großteil der Frauen, welche in den Krieg ziehen wollten, ihre Geschlechtsidentität aufgeben und sich als Männer verkleiden bzw. verhalten. Es ist nicht klar, wie viele dieser »*Cross-Dresser*« (Goldstein 2001: 106) wirklich existiert und gekämpft haben, da nur jene überliefert sind, welche auch entdeckt wurden. Als Beispiele zu nennen wären hier Deborah Samson (Elshtain 1987: 174) und zahlreiche andere Frauen während des amerikanischen BürgerInnenkrieges. Auch in diversen anderen Revolutionen und Kriegen waren *Cross Dresser* aktiv, so beteiligten sie sich beispielsweise am kolumbianischen Unabhängigkeitskrieg (Essletzbichler 2003: 26). Diese gängige Praxis der *Cross Dresser* illustriert deutlich eine Auswirkung der beschriebenen Geschlechterstereotype. Frauen mussten aufgrund der geschlechtsbezogenen Exklusion aus den Heeren die Geschlechtergrenzen übertreten, um real an Kriegen und Kämpfen partizipieren zu können (Gold-

---

15   In Afrika existieren zahlreiche andere Quellen, welche das Bestehen von weiblichen Kampfeinheiten oder Kämpferinnen nachweisen – so beispielsweise aus Ghana, Uganda und Angola. Blair T. und Nieto V. stellen die These auf, dass dies ein Grund sein kann, weshalb auch in den zeitgenössischen Kriegen (vor allem in den Unabhängigkeitskriegen) in Afrika eine relevante Anzahl an Frauen beteiligt war. Dies verdeutliche nochmals, dass sowohl Krieg an sich als auch das Bild des »Kriegers« eine kulturelle Konstruktion sei. In Kulturen, in denen auch Frauen mit kriegerischen Attributen ausgestattet wurden, erscheint ihre Partizipation an Kriegen oder Kämpfen nichts »unnatürliches« mehr (Blair T./Nieto V. 2004: 18).

stein 2001: 106ff). Die Strategie der Transformation ihrer Geschlechtsidentität wurde somit zur einzigen Alternative, um in dem männlich dominierten Bereich der Armee einzutreten und kämpfen zu können.

Die dritte oben genannte Option der weiblichen Beteiligung – die Inklusion von Kämpferinnen in gemischt-geschlechtliche Einheiten – kann auch exemplarisch dargestellt werden.

Schon bei der Conquista Südamerikas durch die Spanier waren die Frauen der Incas im Kampf gegen die spanischen Conquistadores aktiv[16] (Essletzbichler 2003: 26). Auch später, bei den Befreiungskriegen im 19. Jahrhundert in Lateinamerika, waren Frauen aktiver Teil der bewaffneten Gruppierungen (Blair T./Nieto V. 2004: 18f). In Europa kämpften Frauen genauso in den diversen europäischen Revolutionen – allen voran die französische Revolution[17] – mit Waffen als Teil der Milizen (Wills Obregón 2005: 72). Etwas später partizipierten Frauen zum Beispiel aktiv in zivilen Verteidigungstruppen während des Ersten Weltkriegs (Dombrowski 1999: 3f). Auch während des »Langen Marsches« 1934 machten Frauen einen erheblichem Teil der chinesischen »Roten Armee« aus (Young 1999: 92). Weiters waren auch zahlreiche Frauen während des spanischen BürgerInnenkrieges 1936 im antifaschistischen Widerstand gegen die Truppen Francos aktiv (Iturbe 1974: 106). Eine weitere zeitliche Etappe, in der von einer großen weiblichen Präsenz ausgegangen werden kann, betrifft die Zeit des Zweiten Weltkrieges. Im besetzten Europa der Nazi-Zeit waren Frauen in verschiedenen Widerstandsgruppen tätig. Es gibt hier keine genauen Zahlen über die Präsenz von Frauen, Schätzungen zu Folge kämpften jedoch allein Zehntausende in der französischen Resistance (Elshtain 1987: 176). Konkrete Zahlen existieren über Kämpferinnen bei PartisanInnen-Gruppen während des Zweiten Weltkriegs in zahlreichen Ländern: ca. 35.000 in Italien, an die 100.000 im ehemaligen Jugoslawien (Goldstein 2001: 78f).

Diese hier ausgewählten Beispiele der weiblichen Präsenz in kriegerischen Auseinandersetzungen verbunden mit der oben illustrierten These der Ausblendung aus der herkömmlichen Geschichtsschreibung lassen die Annahme zu, dass die tatsächliche Zahl von aktiven Kämpferinnen durch die Geschichte hindurch größer ist als real dokumentiert.

---

16 Diese Tatsache beweisen zum Beispiel künstlerische Darstellungen der Incas selber, in welchen sie Kämpferinnen zeigen (Essletzbichler 2003: 26).

17 1789 beim Beginn der Französischen Revolution waren Frauen die ersten, welche sich organisierten und nach Versailles marschierten. Erst dann hat sich die nationale Garde angeschlossen und ist ihnen gefolgt (Blair T./Nieto V. 2004: 16).

1.2.2. Frauenbeteiligung in revolutionären Bewegungen

Vor allem seit dem Ende des Zweiten Weltkrieges kam es zu einer rasanten Zunahme an BürgerInnenkriegen, Unabhängigkeitskriegen und revolutionären Bewegungen. Im Zuge dessen stieg gleichzeitig auch die weibliche Partizipation innerhalb dieser signifikant an (Blair T./Nieto V. 2004: 12). Konkrete Zahlen der diversen
revolutionären- und Befreiungsbewegungen seit dem Ende des Zweiten Weltkriegs
veranschaulichen die Größe und die Relevanz der weiblichen Beteiligung. Vor allem
revolutionäre Bewegungen in Afrika und Lateinamerika stechen hervor mit einer Beteiligung von 30 % bis zu 40 %. Unabhängigkeitsbewegungen in Eritrea, Äthiopien
oder Kenia sind hier für Afrika als Beispiele zu nennen sowie zahlreiche revolutionäre
Bewegungen in Lateinamerika: Sendero Luminoso (Peru) 40 %; FSLN/Frente
Sandinista de Liberación Nacional (Nicaragua) 30 %; FMLN/Frente de Liberación
Nacional Farabundo Martí (El Salvador) 40 % (Londoño/Nieto 2005; Reif 1986).
Auch aus Guatemala, Mexiko, Uruguay und Kuba[18] wird von der Präsenz weib-
licher Kämpferinnen berichtet[19] (Fearnley 2003; Reif 1986). Außerhalb dieser geo-
graphischen Breiten sind auch andere Fälle bekannt, so waren beispielsweise bei den
Tamil Tigers in Sri Lanka von den 15.000 KämpferInnen schätzungsweise ein Drittel
Frauen (Goldstein 2001: 83).

Die Tatsache dieser steigenden Beteiligung von Frauen in kriegerischen Auseinandersetzungen kann sowohl auf individuell-persönlicher Ebene interpretiert werden
als auch auf gesellschaftlich-struktureller Ebene. Zu ersterem: laut Panos Institute[20]
korreliert die Identifikation und die Beteiligung von Frauen am Krieg stark mit der
»Natur« des Konflikts. Die individuelle Motivation, sich an kriegerischen Auseinandersetzungen aktiv zu beteiligen, hängt stark von der Wahrnehmung der unterschiedlichen
bewaffneten Gruppierungen seitens der Frauen ab. Als zwei entgegen gesetzte Pole

---

18   Die Daten bezüglich der Beteiligung von Frauen während der Revolution in Kuba variieren markant.
      So wird von einigen TheoretikerInnen geschätzt, dass 1958 eine von zwanzig KämpferInnen Frauen
      waren (Wickham-Crowley, zit. nach: Fearnley 2003), auf der anderen Seite wird eine extrem geringe
      weibliche Präsenz erwähnt, hier ist von nur drei Frauen die Rede, welche aktiv im bewaffneten Kampf
      tätig waren (Reif 1986: 155). Konkrete Aussagen zu machen erscheint in Folge dessen schwierig, da
      großteils nur von Schätzungen ausgegangen wird, also kein real verifizierbares Datenmaterial vor-
      handen ist.

19   Kolumbien wird hier absichtlich nicht erwähnt, da im Folgenden genauer auf dieses Fallbeispiel ein-
      gegangen wird.

20   Panos Institute hat eine der ersten großen Studien auf Basis von ca. 200 Interviews mit Frauen durch-
      geführt, welche über ihre Erfahrungen und Erlebnisse mit diversen Kriegen berichten. Die Palette
      reicht von Frauen in Unterstützungspositionen, Aktivistinnen, vertriebenen Frauen, aber auch Frauen
      im bewaffneten Kampf – wie der englische Originaltitel gut verdeutlicht »Arms tu fight, arms to
      protect« (Panos Institute 1995).

werden der Krieg in Uganda dargestellt – welchen die interviewten Frauen als reinen Machtkrieg zwischen Männern angesehen haben –, und der Unabhängigkeitskrieg der Tigre gegen Äthiopien – in welchem diese ihren eigenen Kampf für soziale, politische und auch Geschlechter-Gerechtigkeit gesehen haben (Panos Institute 1995: 11). Dies zeigt, dass je nach Identifikation der Frauen mit dem Ziel oder dem Projekt der Bewegung ihre Beteiligung variiert. Diese Tendenz ist auch wechselseitig zu betrachten. Bewegungen, welche einen politischen Kampf für Gerechtigkeit führen, tendieren in den meisten Fällen auch dazu, gemeinsam mit Frauen für diesen zu kämpfen und diese in ihren Reihen aufzunehmen. So stellt beispielsweise Linda Reif dar, dass speziell in der revolutionären Phase im Lateinamerika der siebziger Jahre die Bewegungen, welche die Forderung nach geschlechtlicher Gleichberechtigung in den eigenen Reihen promovierten und auch spezielle frauenspezifische Forderungen und Angebote im Programm hatten, gleichzeitig jene mit dem höchsten Frauenanteil waren (Reif 1986: 162).

Auf der anderen Seite lässt sich die steigende Partizipation von Frauen in revolutionären Bewegungen durch strukturelle Transformationen in der Gesellschaft erklären. Diese ermöglichen es Frauen in mehrfacher Hinsicht, stärker als früher an politischen Aktivitäten inklusive dem bewaffneten Kampf tätig zu werden. Bis dahin bestehende strukturelle Barrieren beginnen sich langsam aufzuweichen (Wills Obregón 2005: 76). Als einige dieser Faktoren lassen sich ökonomische Veränderungen[21] sowie politische und ideologische Aspekte[22] ausmachen, welche zu einem Wandel im Geschlechterverhältnis führen (Kampwirth 2002: 6). Ein weiteres Element dieses Prozesses besteht in der sich wandelnden Ausrichtung einiger Guerillas selbst. Vor allem in Lateinamerika mit der Konzeption des »Verlängerten Volkskriegs« (*Prolonged people's war*) änderte sich die militärische Strategie weg von »Elite«-Guerillas hin zu Massenorganisationen, wodurch die aktive Unterstützung auch des weiblichen Teils der Bevölkerung notwendig und strategisch wichtig erschien (Reif 1986: 164). All diese Faktoren in Summe führen zu den strukturellen Transformationen, welche die weibliche Partizipation am bewaffneten Kampf ermöglicht bzw. erleichtert.

---

21 Karen Kampwirth zeigt anhand einer Studie in El Salvador, Nicaragua und Chiapas auf, wie sich diese Veränderungen konkret darstellen. Steigende Migration in die Städte und steigende Armut transformiert in Folge auch die Familienstruktur: durch die Arbeitssuche der Männer und teilweise eigene Notwendigkeit der Arbeit erlangen Frauen mehr Autonomie und Unabhängigkeit, was auch zu einer höheren Organisierungsmöglichkeit führt (Kampwirth 2002: 6ff).

22 Als Beispiel hierfür werden der erstarkende Einfluss revolutionärer Ideologien bzw. der Befreiungstheologie (Kampwirth 2002: 8) und auch das Aufkommen der Frauenbewegung in den 70er Jahren genannt (Wills Obregón 2005: 76).

Im Gegensatz zu diesen *push*-Faktoren, welche die steigende Beteiligung von Frauen in revolutionären bewaffneten Organisationen zur Folge hatte, muss auch auf hemmende Faktoren für Frauen hingewiesen werden. Frauen waren bzw. sind mit wesentlich größeren Hindernissen und Barrieren konfrontiert als Männer, welche sie von der aktiven Beteiligung an politischen oder sonstigen »außerhäuslichen« Aktivitäten abhalten. Häusliche und familiäre Pflichten erschweren Frauen den Schritt in die politische Aktivität. Die gesellschaftlich normierten Rollen und geschlechtsspezifischen Konzeptionen, welche Frauen den Part der reproduktiven Tätigkeiten zuordnet, stellen sich somit als das größte Hindernis ihrer Beteiligung am bewaffneten Kampf dar (Panos Institute 1995: 13). Linda Reif erwähnt in ihrer Studie eine zusätzliche Erschwernis und Barriere speziell für lateinamerikanische Frauen durch die vorherrschende machistische und patriarchale Ideologie, welche die strukturelle Unterordnung der Frauen weiter reproduziert und perpetuiert. Mit ihren Worten: »*Women's role in reproductive activities thus constitutes a major barrier to their involvement in nondomestic political action such as guerrilla struggle.*« (Reif 1986: 148)

Je nach Kontext und abhängig von diversen Faktoren können die Erfahrungen der Kämpferinnen stark variieren. Ausgeübte Rollen, erreichte Positionen bzw. geschlechtsspezifische Aspekte wie der Umgang mit Sexualität und Mutterschaft innerhalb der Organisation differieren je nach historischen Rahmenbedingungen und ideologischen sowie politischen Parametern (Reif 1986: 154). Dies wird anhand folgender Ausführungen von Kolumbien ersichtlich.

1.2.3. Aufrechterhaltung oder Aufweichung geschlechtsspezifischer Rollenstereotype?

Eine zentrale durchziehende Fragestellung bezieht sich auf den Aspekt der ausgeübten Rollen innerhalb der bewaffneten Organisationen und Guerilla-Bewegungen. An diesem Aspekt zeichnet sich die Ambivalenz zwischen Beibehaltung traditioneller Rollen und der Aufweichung eben dieser durch die Partizipation von Frauen ab.

Zahlreiche Forschungen und Studien zu diesem Thema aus diversen Ländern stellen fest, dass Frauen auch beim Eintritt in bewaffnete aufständische Gruppierungen vor allem traditionelle Rollen zugeteilt werden. So beschreibt beispielsweise Ana Cristina Ibañez die Rollenverteilung in der Guerilla in El Salvador und stellt dar, dass Frauen vor allem für Pflegeaufgaben oder andere traditionell »weibliche« Aufgaben zuständig waren (Ibañez 2001: 121). Auch die Studie des Panos Institute kommt zu dem Schluss, dass Frauen in den diversen analysierten Bewegungen großteils Unterstützungsrollen und Aufgaben der Verpflegung (sowohl der männlichen Kollegen als auch der Opfer) übernommen haben. Teilweise waren sie auch als Spioninnen bzw. Nachrichtenübermittlerinnen aktiv (Panos Institute 1995: 13). Dem gegenüber stehen Beschreibungen anderer Länder, beispielsweise der Frauen in der FSLN aus Nicaragua[23]. Hier wird aufgezeichnet, dass Frauen in allen Rollen und Positionen in der bewaffneten Gruppierung tätig waren – als Unterstützerinnen, Aktivistinnen, im Untergrund, als Kämpferinnen, etc. (FSLN 1987: 18) Demzufolge *»(...) gab es kein einziges Schlachtfeld, in welchem unsere Frauen nicht aktiv gewesen wären«* (FSLN 1987: 18), konkreter dargestellt machten Frauen ungefähr 20 % des bewaffneten Kampfes aus (Stoltz Chinchilla 1994: 178).

Genau dieses Spannungsfeld charakterisiert die Beteiligung der Frauen in bewaffneten aufständischen Gruppierungen. Das Festhalten an hauptsächlich traditionellen Rollen versus der Ausübung von untypisch »weiblichen« Rollen. Konkret manifestiert sich dies vor allem in der Beteiligung am bewaffneten Kampf – hier wird ersichtlich, ob traditionelle Geschlechterschemata real herausgefordert werden oder nicht. Laut Panos Institute kann nämlich nachgezeichnet werden, dass, auch wenn Frauen Eintritt in großteils männlich dominierte bewaffnete Aufstandsbewegungen finden, sie selten in real kämpferische Aufgaben eingeteilt werden. Dies bedeutet, dass die traditionelle Aufteilung in »weibliche« und »männliche« Tätigkeiten aufrecht erhalten bleibt und Geschlechterstereotype nicht herausgefordert werden (Panos Institute 1995: 14). Linda Reif weist in ihrer vergleichenden Studie[24] auch eine größere Präsenz von Frauen in Unterstützungsrollen nach. Nach Analyse der diversen Kontexte und Unterschiede zwischen den Gruppierungen kommt sie zu der Schlussfolgerung, dass die ausgeübten Rollen von Frauen mit der Anzahl ihrer Beteiligung korrelieren. So »weiten« sich demzufolge durch eine größere Partizipation von Frauen ihre Rollen aus, bis hin zur Integration von Frauen in Kampfpositionen (Reif 1986: 164).

Nun kann die Frage gestellt werden, weshalb in den beschriebenen Beispielen Frauen selten oder nur marginal in real kämpfenden Einheiten partizipiert haben. Hier existieren wiederum unterschiedliche Thesen und Begründungen seitens feministischer TheoretikerInnen. Reif stellt nach ihrer Analyse der diversen bewaffneten aufständischen Bewegungen die These auf, dass die Guerilla traditionelle »weibliche« Bilder und Zuschreibungen aus strategischen Gründen für ihre Zwecke nutzt. Frauen fallen in kriegerischen Kontexten nicht so sehr auf wie Männer (was eben auf die geschlechtsspezifischen Rollenzuschreibungen der friedlichen und braven

---

23   Es ist jedoch anzumerken, dass diese Daten von einer Publikation der FSLN selber stammen, hier also eine gewisse Verfärbung und »Verfälschung« der Tatsache zu ihren Gunsten nicht ausgeschlossen werden kann. Trotzdem wird auch in anderen Quellen die relative »Gleichheit« der Frauen in der FSLN dargestellt (Stolz Chinchilla 1994).

24   Linda Reif hat eine komparative Studie zwischen fünf lateinamerikanischen Ländern durchgeführt und die Beteiligung bzw. Erfahrung von Frauen in diesen verglichen. Diese Länder sind Kuba, Kolumbien, Uruguay, Nicaragua und El Salvador (Reif 1986).

Frau zurück zu führen ist). *»Guerillas may thus place women in support roles more out of strategic utility than sexism, because they can manipulate patriarchal images to their own advantage. The patriarchal nature of Latin American Society would suggest that images of women as wife, mother, prostitute, and so on are deeply ingrained.«* (Reif 1986: 154). Frauen werden also nicht aus sexistischen Gründen seitens der Guerilla in traditionelle Rollen gedrängt, sondern dieses Phänomen unterliegt laut Reif sehr pragmatischen strategischen Gründen. Andere TheoretikerInnen stellen im Gegenteil dazu jedoch auch in Guerilla-Bewegungen sexistische und machistische Tendenzen fest, welche zur Folge haben, dass Frauen zwar integriert werden und an der Bewegung teilnehmen können, aber nur in beschränktem Ausmaß und wiederum begrenzt auf ihre traditionellen »weiblichen« Rollen und Tätigkeiten. Sie werden zwar in die revolutionäre Bewegung eingebunden, haben aber auch mit zahlreichen Barrieren innerhalb dieser zu kämpfen (Shayne 2004: 8). Shayne analysiert, dass *»(…) women performed the typically feminine role of caretaker even in the context of guerrilla struggle.«* (Shayne 2004: 37)

Trotz dieser Ambivalenz bezüglich der ausgeübten Rolle in den bewaffneten Gruppierungen wird von feministischer Seite jedoch vielfach auf eine Aufweichung bzw. Herausforderung traditioneller Rollenbilder und Rollenverteilung in kriegerischen Auseinandersetzungen hingewiesen. Krieg und Konflikte können somit Frauen mehr Möglichkeiten und einen größeren Handlungsspielraum eröffnen (Leliévre Aussel et al. 2004: 9).

Aufgrund sozialer und ökonomischer Destrukturalisierung und Desorganisation während Kriegen verschärfen sich die Geschlechterdifferenzen innerhalb der Gesellschaft. Paradoxerweise transformieren bzw. potenzieren sich gleichzeitig mit diesem Prozess die Rollen und Positionen von Frauen. Verantwortungen, welche bislang nur dem männlichen Teil der Gesellschaft vorbehalten waren, werden in zunehmendem Maße auch von Frauen ausgeübt (Panos Institute 1995: 19). In Zeiten des Krieges können somit stereotype Rollenbilder wie beispielsweise jene der passiven friedlichen Frau und Opfer des Krieges verändert werden. Diese Aufweichung scheint allerdings nur von kurzer Dauer zu sein. Sobald der kriegerische Konflikt beendet ist, werden Frauen wieder in die für sie vorgesehenen Rollen zurück gedrängt. Somit kann nicht von einem Aufbrechen, sondern bloß einer temporären Aufweichung der Rollen gesprochen werden.

Besonders der Eintritt von Frauen in den bewaffneten Kampf markiert einen Bruch in den angenommen »normalen« geschlechtsspezifischen Rollen. Frauen brechen aus den für sie vorgesehenen traditionellen Rollen aus, indem sie in diese hauptsächlich männlich dominierte Sphäre des bewaffneten Konflikts eintreten.

2. Der Konflikt in Kolumbien

2.1. Der Kontext des Konflikts – die »neuen Kriege«?

Das 20. Jahrhundert und der Beginn des 21. Jahrhunderts waren bzw. sind geprägt von einer steigenden Zahl an innerstaatlichen Konflikten und BürgerInnenkriegen. Eric Hobsbawm spricht in seinem Buch »Das Zeitalter der Extreme« von einer Zunahme der Katastrophen und Kriege: so sei das 20. Jahrhundert das mörderischste der Geschichte aufgrund der Häufigkeit und der Dauer der kriegerischen Konflikte, die es – mit Ausnahme einer kurzen Periode in den 20er Jahren – ohne Unterbrechung geprägt haben (Hobsbawm 1998: 28). Vor allem seit dem Ende des Zweiten Weltkriegs ist eine Zunahme an innerstaatlichen Konflikten zu verzeichnen – ausgetragen, großteils in der »Dritten Welt«. Von den 31 bis 2001 registrierten Kriegen fanden 97 % in der »Dritten Welt« statt, 94 % davon als innerstaatliche Kriege. In der gesamten Zeitspanne von 1945-2000 wurden 93 % aller 218 Kriege in jenen Erdteilen geführt (Gantzel 2002: 2). Zwei Wesenszüge der Kriege nach 1945 können hier heraus gelesen werden: Kriege werden zunehmend nicht mehr zwischen staatlichen Armeen unterschiedlicher Länder geführt, an deren Stelle treten in steigendem Ausmaß innerstaatliche Konflikte. Des weiteren verlagern sich Kriege zunehmend von den bürgerlich-kapitalistischen Zentren hin zur »Peripherie«.

Vor allem in der Struktur der Konflikte und Kriege und damit einhergehend in den Auswirkungen auf die Zivilbevölkerung hat sich in der Zeitspanne dieses Jahrhunderts ein nachhaltiger Wandel vollzogen. Für zahlreiche TheoretikerInnen[25] markieren die achtziger und neunziger Jahre einen weiteren Bruch innerhalb der Kriegsmodi. Das Ende des Kalten Krieges und die damit einhergehenden Veränderungen der gesamtpolitischen Weltlage führen demzufolge zu einer Transformation des Charakters von Konflikten. In Konsequenz führen diese »*neuen Kriege*« zu humanitären Katastrophen, es gibt weniger Schlachten, die Konflikte werden hauptsächlich gegen die Zivilbevölkerung geführt. Anfang des letzten Jahrhunderts kam auf acht tote Militärs einE ZivilistIn, diese Zahl hat sich seit Beginn der neunziger Jahre gewendet auf 1:8 (UNDP 2003: 89). Mary Kaldor, welche den Terminus der »*neuen Kriege*« (Kaldor 2007) geprägt hat, definiert diese folgendermaßen: Im Kontext des internationalen Globalisierungsprozesses und der

---

25 Hier sind vor allem folgende Kriegs- und KonfliktforscherInnen zu erwähnen: Mary Kaldor, welche den Terminus der »neuen Kriege« prägte; Martin van Creveld, ein israelischer Militärhistoriker und Trutz von Trotha, welcher seit dem 11. September 2001 den globalen Kleinkrieg als »neue Form des Krieges« tituliert (Gantzel 2002: 3ff).

damit einhergehenden Degradierung der Autonomie des Staates kommt es zu einem Bruch bzw. einer Untergrabung des staatlichen Monopols über die legitime Gewalt. Dies drückt sich auf zweierlei Ebenen aus: von oben gebrochen durch die globale militärische Integration – die »*Transnationalisierung des Militärs*« – (Kaldor 2007: 20), welche die Fähigkeit, eigenständig gegen andere Staaten militärisch vorzugehen, unterminiert bzw. einschränkt. Von unten vollzieht sich dieser Bruch durch die Privatisierung der Gewalt. Die zunehmende Entwicklung von Paramilitarismus und organisiertem Verbrechen auf der einen Seite bzw. der Verfall der staatlichen politischen Legitimität, hervorgerufen durch Korruption und ökonomische Krisen, auf der anderen Seite, bilden den zweiten Bruch der »neuen Kriege« in Bezug auf die klassischen. Eine wesentliche Charakteristik der neuen Kriege sieht Kaldor weiters in Strategie und Praxis der Kriegsführung. Diese versucht das Austragen von Schlachten weitgehend zu umgehen, indem das Territorium auf anderweitigem Wege eingenommen wird – mittels politischer Kontrolle der Bevölkerung. Zu diesem Zwecke wird in der Bevölkerung »Furcht und Hass« gesät, exekutiert durch das Entfernen »unliebsamer« Personen. Dieser neue Modus der Kriegsführung führt in Folge zu einem der markantesten Wesenszüge zeitgenössischer Kriege. Mit Worten von Mary Kaldor: »*Folglich besteht das strategische Ziel dieser Kriege in der durch verschiedene Mittel wie Massenmord, Zwangsumsiedlungen und eine ganze Reihe politischer, psychologischer und ökonomischer Einschüchterungstechniken bewerkstelligten Massenvertreibung. Das ist der Grund, warum all diese Kriege durch einen dramatischen Anstieg der Flüchtlings- und Vertriebenenzahlen geprägt sind und warum sich die Gewalt in erster Linie gegen Zivilisten richtet.*« (Kaldor 2007: 26)

Der französische Soziologe Daniel Pécaut setzt sich bei der Analyse des kolumbianischen Konflikts vorerst auch mit der Fragestellung nach den »neuen Kriegen« auseinander. Etwas abweichend von Kaldors These, darf seiner Ansicht nach bei der Menge an internen Konflikten nach dem Kalten Krieg jedoch nicht der Fehler einer Pauschalisierung bzw. Verallgemeinerung gemacht werden. Diese Konflikte zeichnen sich durch eine hohe interne Diversität aus – bei den Zielen, der Intensität, den Methoden und daraus folgenden Konsequenzen. Die Gemeinsamkeit, welche all diese Konflikte vereint, ist der Kontext, in welchem sie stattfinden. Einerseits das Ende des Kalten Krieges, welcher die Omnipräsenz des Freund-Feind Antagonismus wegfallen lässt und die Heterogenität der einzelnen Konflikte sichtbarer macht. Auf der anderen Seite der Prozess der Globalisierung, welcher zu einer Schwächung der Nationalstaaten führt und in weiterer Folge zu einer Degradierung der Konflikte. Besonders in Ländern mit prekären Situationen führt die institutionelle Schwächung des Staates zu einer Sichtbarmachung des Fehlens der Gesellschaft als solcher, Gesellschaft und Staat driften durch den Prozess der Globalisierung in zunehmendem Maße auseinander. Dies trägt seiner Ansicht nach in diesen Ländern nicht zur Bildung einer

Zivilgesellschaft, sondern vielmehr zu einer »unzivilen« Gesellschaft bei, welche eine »gute« Basis für Kriege darstellt. Vor diesem Hintergrund müssen also laut Pécaut die aktuellen Konflikte betrachtet und analysiert werden, ohne jedoch alle kollektiv unter die Kategorie der »neuen Kriege« zu subsumieren (Pécaut 2004). Auch Gantzel übt Kritik an jener Pauschalisierung der Kriege der letzten zwei Jahrzehnte. Wie AKUF, die Arbeitsgemeinschaft Kriegsursachenforschung der Universität Hamburg seit langem illustriert, kann bereits seit dem Ende des Zweiten Weltkrieges eine Zunahme an innerstaatlichen Kriegen registriert werden. Daraus folgt, dass die so genannten »neuen Kriege« nichts qualitativ neues darstellen. Vielmehr sind jene Kriege erst durch den Zerfall der ehemaligen Sowjetunion und der damit verbundenen Blöcke vermehrt in das Licht der Öffentlichkeit gerückt. *»Die modische Rede von den ›neuen‹ Kriegen mag daher rühren, dass die Ost-West-Konfrontation bei etlichen Wissenschaftlern zu viel Auf merksamkeit für die sog. kleinen Kriege absorbierte, so dass sie erst seit relativ kurzer Zeit in ihr Blickfeld gerieten. Dabei hat dann wohl auch mitgewirkt, dass die Massenmedien sich den Kämpfen außerhalb der OECD-Staaten mehr zuwandten als vorher und die Gräuel drastisch in die Wohnstuben transportierten.«* (Gantzel 2002: 16)

2.2. Soziologische Analyse des kolumbianischen Konflikts

Im Rahmen dieser skizzierten zeitgenössischen Kriege lässt sich nun der Konflikt in Kolumbien einbetten. Was für Schlussfolgerungen lassen sich aus oben dargestellten Theorien ziehen? Wie lässt sich der kolumbianische Konflikt charakterisieren?

In Anlehnung an oben dargestellte Charakteristika der »neuen Kriege« und der daraus erfolgten Diskussion kann der Schluss gezogen werden, dass auch Kolumbien sich nicht zur Gänze in eben diese einreihen lässt. Der Konflikt in Kolumbien begann schon vor dem Ende des Kalten Krieges und steht nur peripher mit diesem in Zusammenhang (Pécaut 2004: 23). Der kolumbianische Konflikt hat durch die unterschiedlichen Epochen hindurch einen permanenten Wandel vollzogen. Vor allem in den jüngeren Etappen des Konflikts können Gemeinsamkeiten zu der Kategorie der »neuen Kriege« gezogen werden und ähnliche Tendenzen ausgemacht werden. Hier sticht vor allem die dargestellte »Einbindung« der Zivilbevölkerung als eine fundamentale Charakteristik auch des kolumbianischen Konflikts hervor. Auch die Existenz paramilitärischer Gruppen und von Korruption kann als Gemeinsamkeit gesehen werden. Nichtsdestotrotz darf jedoch laut Pécaut nicht der Fehler begangen werden, unreflektiert Verallgemeinerungen bezüglich des kolumbianischen Konflikts zu treffen, weist dieser doch besondere Spezifika auf (Pécaut 2004: 34ff).

Ein Spezifikum des kolumbianischen Konflikts, welches seitens TheoretikerInnen oftmals hervorgehoben wird, besteht in seiner enormen Komplexität. Dieser gründet demnach nicht auf einem Widerspruch allein (sozial, ökonomisch, ethnisch, etc.), sondern ist Produkt unterschiedlicher geschichtlicher Prozesse und Dynamiken. Aus dieser Komplexität ergeben sich innerhalb der kolumbianischen Gesellschaft – und der unterschiedlichen bewaffneten Akteure – konträre Auffassungen hinsichtlich der Ursachen des Konflikts, was wiederum eine verhandelte Lösung erschwert und limitiert (González 2004: 10).

Ein weiterer Faktor, welcher den gesamten kolumbianischen Konflikt durchzieht und charakterisiert, besteht in der Position bzw. Konstruktion des Staates. Seit Beginn der Kolonialisierung war der kolumbianische Staat mit der Schwierigkeit des Aufbaus eines einheitlichen Staates konfrontiert. Vor allem in den marginalisierten Gebieten besaß der Staat kein Machtmonopol. Staatliche Institutionen waren de facto nicht vorhanden, was dem Aufkommen anderweitiger Strukturen und Netzwerke klientelistischen Charakters Platz bereitete (González 2004: 11). Dieses Phänomen der »fehlenden bzw. geringen Präsenz des Staates« in einigen »peripheren«[26] Regionen legte einen wesentlichen Grundstein für den Konflikt und konstituiert bis heute noch einen zentralen Bestandteil der kolumbianischen Gesellschaft. Aus diesem Grund hat sich der Konflikt vor allem in der »Peripherie«, den ruralen und bäuerlichen Regionen Kolumbiens, angesiedelt, ohne jemals real das »Zentrum«, das politische System, angreifen zu können[27] (UNDP 2003: 21). Im Laufe der Zeit expandiert der Krieg jedoch in andere Regionen und penetriert immer mehr Teile Kolumbiens (UNDP 2003: 49ff). Dieser geschichtlich schwache Staat und die enorme Fragmentierung der kolumbianischen Gesellschaft markiert also einen fundamentalen Wesenszug des kolumbianischen Konflikts.

Nun soll kurz der Frage nachgegangen werden, weshalb der kolumbianische Konflikt bereits so lange anhält und nicht beendet werde konnte. Laut UNDP gründet dies vor allem auf dem bisherigen Scheitern aller beteiligten Akteure dieses Krieges. Auf der einen Seite die Guerilla, welche es in vier Jahrzehnten nicht geschafft hat, die »Revolution« zu erreichen und die Macht im Land zu übernehmen. Dem Gegenüber das

---

26   In Folge wird unterschieden zwischen den beiden Kategorien »Zentrum« und »Peripherie«. »Peripherie« bezeichnet hierbei geographisch, politisch und kulturell wenig integrierte Regionen, welche vom »Zentrum« ausgebeutet oder marginalisiert werden. Diese beiden Begrifflichkeiten stellen keine gegensätzlichen Pole dar, sondern sollen vielmehr als beschreibende analytische Kategorien aufgefasst werden (UNDP 2003: 21).

27   Hierbei muss jedoch darauf hingewiesen werden, dass diese (konzeptuellen) Trennlinien zwischen Zentrum und Peripherie zwei Seiten derselben Medaille sind und sich im Laufe der Zeit auch immer mehr auflösen. Die Präsenz des Krieges spüren KolumbianerInnen auf dem gesamten Territorium, können nicht aus diesem ausbrechen (UNDP 2003: 42f). Nichtsdestotrotz muss immer wieder darauf hingewiesen werden, dass die physische Präsenz in ruralen Gegenden verstärkt vorhanden und spürbar ist.

Scheitern des kolumbianischen Staates, welcher seinerseits weder erfolgreich war bei der Aufständischenbekämpfung und Zerschlagung der Guerilla noch bei der Auslöschung der Ursachen des Konflikts. Letztendlich ist es auch ein Scheitern der Paramilitärs, welche mit ihrem Projekt der Vernichtung der Guerilla bisher auch keinen Erfolg hatten. All diese Faktoren und die lange Dauer des Konflikts führen dann in Folge zum Phänomen der »Degradierung«. Der Konflikt dient nicht mehr (ausschließlich) einem politischen Ziel, andere Interessen und Logiken beginnen in diesem zu fungieren (UNDP 2003: 81).

Als ein weiteres konstitutives Element des kolumbianischen Konflikts kann die Ambivalenz und Diskrepanz zwischen einer »formalen« Demokratie[28] auf der einen Seite und dem Vorherrschen entgegengesetzter Prozesse auf der anderen Seite gesehen werden. UNDP erklären dieses Phänomen folgendermaßen: »*Das ist der Kontrast von Kolumbien. Eine stabile und pluralistische wählbare Demokratie neben einem gewalttätigen und beharrlichen Konflikt. Auf der einen Seite das Zentrum, urban und so modern wie die anderen Städte Lateinamerikas, mit einem Kongress, welcher berät, und Richtern, welche urteilen. Auf der anderen Seite, die Peripherie von neuen und nicht mehr so neuen Zonen der Kolonialisierung, wo gewählte Repräsentanten des Staates und die bewaffneten Akteure gegen ihn zusammenleben: die Wahlen mit den Waffen, die Legalität mit dem Abenteuer und dem ›Rette sich wer kann‹, das Bedrängnis und nichtsdestotrotz die Marginalität eines revolutionären Projekts. Und dieser Kontrast ist essentiell, um den kolumbianischen Konflikt zu verstehen.*« (UNDP 2003: 32).

All diese kurz skizzierten Faktoren und Charakteristika in Summe erscheinen also zentral, um die Wesenszüge des kolumbianischen Konflikts nachvollziehen und verstehen zu können.

2.3. Der Konflikt in Zahlen

Insgesamt wurden im Jahr 2006 auf der ganzen Welt 43 Kriege bzw. bewaffnete Konflikte ausgetragen, der Großteil binnenstaatlicher Kriege in der so genannten »Dritten Welt« (AKUF 2006). Kolumbien ist einer davon. In der Weltöffentlichkeit bzw. in den Medien wird – mit einzelnen Ausnahmen – den stattfindenden Konflikten marginale bis keine Beachtung geschenkt. Nur bei einer Eskalation oder einem neu entstehenden Brand-

---

28   Diese Demokratie besteht laut TheoretikerInnen vor allem in der Legitimität und Stabilität des Staates und seiner Institutionen. Offene Wahlen, eine Verfassung unter Einbindung der Bevölkerung, etc. können als Indikatoren hierfür gelten (UNDP 2003: 32; Hernandez-Osorio 2007: 58f). Nichtsdestotrotz muss angemerkt werden, dass Kolumbien ebenso von Elementen einer Nicht-Demokratie gekennzeichnet ist. So herrscht beispielsweise eine hohe Straflosigkeit – 90 % aller Anzeigen führen zu keiner Verurteilung (Hernandez-Osorio 2007: 60).

herd werden diese erwähnt. Die Menschenrechtsorganisation Ärzte ohne Grenzen ver-
öffentlichte vor diesem Hintergrund eine »Top Ten« Liste der größten humanitären
Katastrophen, welche in der medialen Berichterstattung kaum Beachtung finden. Unter
diesen Ländern, welche mit schwerwiegenden internen Konflikten zu kämpfen haben,
streichen die AutorInnen besonders Kolumbien, die Demokratische Republik Kongo
und den Sudan hervor. Kolumbien findet bereits zum siebten Mal einen Platz auf dieser
Liste (www.derstandard.at, 12.01.2006). Diese »*schlimmste humanitäre Krise in der westlichen Hemisphäre*« (Wilkinson, 2005: 16) wird von der Außenwelt nur marginal bis
gar nicht wahrgenommen, ausgedrückt durch fehlende Information und mediale Unter-
repräsentation.

Der derzeitige Konflikt in Kolumbien dauert mittlerweile bereits über 40 Jahre
(AKUF 2006: 5) und ist somit der längste Konflikt des südamerikanischen Kontinents.
Über die Ursachen bzw. die Gründe des Konflikts besteht seitens ForscherInnen und
TheoretikerInnen Uneinigkeit, begründet in seiner Komplexität und der Vielzahl an
Dynamiken im Konflikt. Allein die Auswirkungen auf die Zivilbevölkerung sprechen für
sich. In den letzten 20 Jahren hat der Konflikt laut Amnesty International mindestens
70.000 Personen, der Großteil Zivilbevölkerung, das Leben gekostet (AI 2004: 16).
Hier muss jedoch darauf hingewiesen werden, dass – ausgehend von einer limitierten
Definition des Konflikts – der Prozentsatz der direkt mit dem Konflikt verbundenen
Toten »lediglich« bei 10-15 % liegt. Der Rest der Toten – mehrheitlich zivile Personen
– geht auf das Konto anderweitiger Gewalt, welche natürlich indirekt auch mit dem
BürgerInnenkrieg zusammenhängt. Auch weitere »Nebenwirkungen« betreffen fast ex-
klusiv die Zivilbevölkerung (CERAC 2005). So hat er bereits über 3 Millionen Binnenflüchtlinge gefordert, die weltweit zweitgrößte Zahl nach dem Sudan. UNHCR geht
von schätzungsweise 3,4 Millionen Binnenflüchtlingen in Kolumbien aus[29] – bei einer
Gesamtzahl von 25 Millionen weltweit (Wilkinson, 2005). Andere Quellen beziffern die
Zahlen mit ca. 3,8 Millionen Binnenflüchtlingen (FDCL 2007: 4). Der weibliche Anteil
der Binnenflüchtlinge variiert auch je nach Schätzung und Quelle: CODHES geht von
55 % Frauen aus, einige Frauenorganisationen in Kolumbien sprechen sogar von bis zu
75 % (CODHES 2007: 32).

Der kolumbianische Staat investiert viel Geld und Ressourcen in diesen bewaffneten
Konflikt, mehr als in anderen kriegerischen Auseinandersetzungen üblich. Die Militärausgaben steigen stetig an, so beispielsweise von 2 % des BNP im Jahr 1991 auf ca. 6,5 %

---

29   Neuere Publikationen von UNHCR geben keine genauen Zahlen bezüglich der Binnenflüchtlinge
      mehr an. Dies aufgrund einer herrschenden Diskrepanz zwischen den Angaben kolumbianischer
      Regierungsstellen und den Daten von unabhängigen Institutionen bzw. Nichtregierungsorganisationen
      (UNHCR 2008: 325). Sie weisen jedoch darauf hin, dass allein im Jahr 2006 mehr als 200.000 IDPs
      (internally displaced people) registriert wurden (UNHCR 2008: 324).

im Jahr 2007. Nicht einmal die USA, welche für ein hohes Militärbudget bekannt sind, investieren so viel für ihre Kriege[30]. Das Ausmaß dieser hohen Ausgaben für militärische Zwecke wird ersichtlich, wenn dies mit anderweitigen staatlichen Ausgaben verglichen wird: für Gesundheit, Bildung und Wasserversorgung zusammen wird nicht so viel ausgegeben wie für die Armee Kolumbiens (Rütsche 2008: 2).

In Bezug auf die »Verteilung« der durch den Konflikt geforderten Menschenleben[31] kann gesagt werden, dass die Paramilitärs mehr zivile Opfer verantworten müssen als die Guerilla – wobei diese Schere seit 1998 noch weiter auseinander driftet. Paramilitärische Gruppierungen setzten vor allem auf Massaker[32] der Zivilbevölkerung, diese Strategie machte in der Zeitspanne 1988-2004[33] 70 % der gesamten paramilitärischen Attacken aus. Im Gegensatz dazu zielen ca. die Hälfte[34] der Attacken seitens der Guerilla auf die Zerstörung der Infrastruktur bzw. der Wirtschaft ab. Angriffe mit Sprengkörpern sind jedoch verantwortlich für die Mehrheit der Verletzten in dem BürgerInnenkrieg (CERAC 2005).

2.4. Eine Geschichte voller Konflikte

2.4.1 Von den ersten SiedlerInnen bis zur Unabhängigkeit Spaniens

Um die Anfänge des Konflikts in Kolumbien zu verstehen, bedarf es eines kurzen Einblicks in die Gründung des Staates und die Entwicklungen seit der spanischen Kolonisierung. Auf dem heutigen Staatsgebiet Kolumbiens lebten zur Zeit der ersten Ankunft spanischer Konquistadoren eine große Anzahl an indigenen Völkern. Schätzungen reichen von drei bis zu zehn Millionen Menschen – eine Bevölkerungszahl, die erst wieder Anfang des 20. Jahrhunderts erreicht wurde (Hörtner 2006: 18; Zelik/Azzellini 1999: 43). 1499 legten die Spanier erstmals an der Küste Kolumbiens an und breiteten langsam ihre Streifzüge in das Landesinnere vor. Kolumbien war reich an Gold – Grund, weshalb sich die spanischen Konquistadoren darauf konzentrierten, das vorhandene Gold zu erbeuten

---

30 Die USA geben 4,04 % ihres BIP für Militärausgaben aus, Kolumbien im Vergleich dazu 6,5 % seines BIP (Rütsche 2008: 2).

31 Folgende Daten fußen allesamt auf einer von CERAC (*Centro de Recursos para el Análisis de Conflictos/* Zentrum der Ressourcen zur Analyse von Konflikten), erstellten Datenbank, welche seit 1988 alle mit dem Konflikt zusammenhängende Daten registriert (CERAC 2005).

32 Massaker wird definiert als ein »*Ereignis, bei welchem mindestens vier wehrlose Menschen ermordet werden*« (CERAC 2005).

33 Seit 2005 ändern paramilitärische Gruppierungen zunehmend ihre Strategie hin zur selektiven Ermordung einzelner Personen im Gegensatz zur Verübung von Massakern (CERAC 2005).

34 Konkret teilt sich dieser Prozentsatz wie folgt auf: 15 % Angriffe gegen die Infrastruktur, 12 % Angriffe auf Verkehrsmittel, 20 % Sperren (CERAC 2005).

und zu exportieren, um damit Reichtum für das spanische Königshaus zu erlangen (Hörtner 2006: 19). Das damalige Territorium wurde so zum Goldproduzenten innerhalb der spanischen Kolonien, während beispielsweise Bolivien für die Silberproduktion zuständig war – jedem Land des spanischen Kolonialismus kam eine unterschiedliche Rolle in der Ausbeutung zu (Zelik/Azzellini 1999: 44). 1539 gründeten die spanischen Eroberer die heutige Hauptstadt Kolumbiens, Bogotá, damals *Santa Fe del Nuevo Reino de Granada* genannt[35] (Hörtner 2006: 20).

Im Unterschied zu der Form der Kolonisierung Englands in Nordamerika beschränkten sich die Spanier auf die Ausbeutung der indigenen Bevölkerung, nicht deren Ausrottung. Diese andere Politik – nämlich auf bereits vorhandenen sozialen Strukturen der indigenen Völker aufzubauen statt gänzlich neue Strukturen zu erschaffen – rentierte sich mehr, da die nötigen Strukturen beispielsweise in der Landwirtschaft schon vorhanden waren. Dies führte dazu, dass in Kolumbien nicht die gesamte Urbevölkerung ausgerottet wurde, sondern »lediglich« die Herrschenden, um deren Platz einnehmen zu können. Dieser Prozess stellte sich teilweise als schwierig heraus, da in Kolumbien keine einheitliche Kaste herrschte, sondern je nach Region unterschiedliche Feudalgesellschaften existierten, es gab keinen Zentralstaat, auf dem die Spanier hätten aufbauen können[36] (Zelik/Azzellini 1999: 44).

Die ursprünglichen BewohnerInnen des damaligen *Nueva Granada* wurden als ZwangsarbeiterInnen ausgebeutet und waren für die spanische Krone insofern von Interesse, als sie Tributzahlungen[37] leisten mussten, welche eine weitere Einkommensquelle für die Konquistadoren darstellte (Hörtner 2006: 24). Durch die stetig schwindende indigene Bevölkerung – aufgrund der schlechten Arbeitslage und der Gesundheitsversorgung starben immer mehr Indigene – sahen sich die spanischen Kolonialherren in weiterer Folge dazu gezwungen, afrikanische SklavInnen einzuführen, damit diese an Stelle der indigenen die Zwangsarbeit verrichteten (Hörtner 2006: 26).

Die Bevölkerung ließ sich diese Ausbeutung und Unterdrückung jedoch nicht lange gefallen und organisierte 1781 einen Aufstand[38] – Auslöser war die Erhöhung

---

35   Nueva Granada wurde das damalige Territorium von den spanischen Eroberern genannt, es umfasste die Gebiete des heutigen Kolumbiens, Venezuela, Panama und Teile Ecuadors (Hörtner 2006: 29).

36   Hier wird das Spezifikum des Fehlen des Staates seit Anfang der Kolonisierung Kolumbiens ersichtlich – wie erwähnt, ein Faktor, welcher bis in die Gegenwart die Geschichte Kolumbien prägt.

37   Diese Regelung der Tributzahlungen bestand darin: Im Gegenzug zu einer regelmäßigen Abgabe an den spanischen Kolonialherren wurde ein Land – die so genannte *Encomienda* – zugeteilt bekommen, jedoch ohne rechtlichen Besitzanspruch (Hörtner 2006: 24).

38   Dieser ist der in der kolumbianischen Geschichte sehr bekannte Aufstand der *Comuneros*. Laut Überlieferungen ist dieser Aufstand so entstanden, dass die Marktfrau Manuela Beltrán – bezeichnet auch als die Jeanne d'Arc Kolumbiens – die Massen gegen die Steuern aufbrachte. Dieser »kleine« Aufstand hat sich dann rapide ausgeweitet. Sogar die weiße Oberschicht unterstützt diesen Aufstand zunächst,

der Steuern – gegen die spanischen Kolonialherren, welcher den Anfang des Endes für die Kolonialmacht Spaniens markierte (Zelik/Azzellini 1999: 44ff). Interessenkonflikte zwischen der kreolischen[39] Oberschicht – welche auch betroffen war von den Abgaben und sich aufgrund dessen dem Aufstand der Basis anschloss – und der spanischen Regierung trugen weiters dazu bei, dass die Macht Spaniens zu brechen anfing und der Ruf nach Unabhängigkeit immer lauter wurde (Hörtner 2006: 42).

1810 führte ein weiterer Aufstand zur Vertreibung des Vizekönigs, die Republik wurde ausgerufen und schließlich 1813 die Unabhängigkeit erklärt. Innerhalb der Bestrebungen zur Unabhängigkeit gab es jedoch unterschiedliche Interessen: während die Unterschicht sich durch den erreichten Umsturz bessere Lebensbedingungen und soziale Reformen erhoffte, strebte die kreolische Oberschicht im Grunde nach einer Ablösung der spanischen Herrschenden und der eigenen Machtübernahme zur Wahrung ihrer Privilegien. 1819 gelang den Truppen unter Simón Bolívar der Sturm auf die Hauptstadt und die Ablösung des Königs. Bolívar wurde zum Präsidenten der neuen Republik Großkolumbien erklärt. Interne Streitigkeiten der Oligarchie und der verschiedenen Landesteile (Venezuela, Ecuador und Panama) führten letztendlich zu dem Zerfall der Republik Großkolumbien, die Zentralregierung in Bogotá wurde bis auf weiteres dominiert von der konservativen kreolischen Oligarchie (Hörtner 2006: 42ff).

2.4.2. EIN GEWALTTÄTIGES JAHRHUNDERT

Nach der Geburt der Republik Kolumbien[40] konnten nicht alle herrschenden Probleme gelöst und ein funktionierender Staat aufgebaut werden – im Gegenteil, die Spannungen verschärften sich und die soziale Polarisierung wurde weiter vorangetrieben. Diese verliefen anhand zweier Trennlinien – vertikal sowie horizontal (Zelik/Azzellini 1999: 46). Die vertikale Linie vollzog sich anhand der beiden Großparteien Kolumbiens, welche auch bis in die Gegenwart die Geschichte und Entwicklung Kolumbiens prägen. Auf der einen Seite die Liberale Partei, entstanden vor allem aus der Handelsbourgeoisie, welche sich aus eigenen Interessen für wirtschaftliche Reformen einsetzte. Ihr gegenüber die Konservative Partei, getragen im Wesentlichen von Großgrundbesitzern, welche – in Verbindung mit der katholischen Kirche – für eine Erhaltung des Status quo eintraten (Hörtner 2006: 53f). Die zentralen Streitpunkte dieser beiden Parteien können anhand von drei wesentlichen Punkten dargestellt werden: die Stellung der Religion und

---

wendet sich dann in Folge jedoch aus Angst vor einer zunehmenden Radikalisierung um, was zum blutigen Niederschlagen des Aufstands führt (Zelik/Azzellini 1999: 44).

39 Kreolisch bezeichnet man/frau auf Spanisch die in Lateinamerika geborenen Weißen (Zelik/Azzellini 1999: 44).

40 Anfangs Neugranada genannt, wurde der Staat 1886 nach mehreren Verfassungsänderungen in Republik Kolumbien umbenannt (Hörtner 2006: 50).

der Kirche in der Gesellschaft (säkularer versus katholischer Staat), Föderalismus versus Zentralismus und als dritten Aspekt Protektionismus oder Freihandel (Zelik/Azzellini 1999: 47).

Die horizontale Grenzlinie bildet den zweiten Hintergrund der beginnenden Spannungen und Aufstände dieser Zeit: die soziale Komponente – hier allem voran die Landfrage – spielt eine wesentliche Rolle. Obwohl sich die Hauptkämpfe innerhalb des Zweiparteiensystems abspielen, muss die horizontale Ebene in die Darstellung mit einbezogen werden. Es existierte eine Reihe von sozialen Konflikten, welche von der Liberalen Partei kooptiert wurden, weshalb in der Geschichtsschreibung diese Zeit auf reine Machtkämpfe zwischen den beiden Großparteien reduziert wird. Der Parteienkonflikt überlagert jedoch oftmals den sozialen Kern des Aufstands bzw. des Krieges (Zelik/Azzellini 1999: 46).

EXKURS: GEWALT ALS GRUNDELEMENT DER KOLUMBIANISCHEN GESELLSCHAFT

Ein Grundelement der kolumbianischen Geschichte findet während dieser Zeit ihren Ursprung und prägt seitdem die gesamte Struktur der kolumbianischen Gesellschaft: die Anwendung von Gewalt zur Austragung von Interessenkonflikten. Gewalt wird zentraler Bestandteil des Konflikts (Gamboa 2002). Im Unterschied zu anderen lateinamerikanischen Staaten, in denen das Militär das Gewaltmonopol inne hatte, entwickeln sich in Kolumbien parteiinterne Truppen und bewaffnete Banden, welche über den Weg der Gewalt versuchen, Macht zu erobern und aufrecht zu erhalten. Auf diesem Weg legitimiert sich die Gewalt als Mittel der Politik, und die bäuerliche Bevölkerung wird immer mehr in die Auseinandersetzungen hineingezogen – anfangs durch Zwangsrekrutierungen, im Laufe der Zeit entwickelt sich jedoch eine immer stärkere Parteiloyalität zu der jeweiligen Partei (Liberale versus Konservative). Somit konstituiert sich der Freund-Feind-Antagonismus als ein Fundament der kolumbianischen Gesellschaftsstruktur (Hörtner 2006: 59f).

Als weiterer Effekt ist die »Privatisierung« der Gewalt zu nennen, die zivile Bevölkerung wird zunehmend in die parteiinternen Konflikte involviert. Eine andere Auswirkung dieses Phänomens ist die Durchdringung von Gewalt auf alle Ebenen der kolumbianischen Gesellschaft. Es entwickelt sich eine Internalisierung der Gewalt, Gewalt wird immer mehr zur Form der Austragung von Konflikten privater und persönlicher Natur[41]. Nur durch diese Prozesse lässt sich die Fortsetzung und das Wiederaufflammen des Konflikts im 20. Jahrhundert verstehen.

---

41   Durch diese extreme Verbreitung von Gewalt in der kolumbianischen Gesellschaft hat sich ein eigener Wissenschafts- und Forschungszweig etabliert, – die *Violentología*, welche sich auf die Hintergründe und die Ursachen der Gewalt spezialisiert. Der Name basiert auf dem spanischen Wort für Gewalt, *violencia*.

In dieser Zeit ab Mitte des 19. Jahrhunderts finden die ersten gewalttätigen Auseinandersetzungen ihren Anfang, BürgerInnenkriege zwischen den beiden Parteien bzw. ihren AnhängerInnen prägen die gesamte zweite Hälfte dieses Jahrhunderts. An der Regierungsspitze wechseln sich die Konservative und die Liberale Partei ab, je eine andere übernimmt alternierend die politische Führung des Landes – somit folgt einer Zeit liberaler Reformen eine Periode konservativer Politik[42]. Die jeweils gegnerische Partei agiert ausschließlich durch die Macht der Waffen, Grund für das ständige Wiederaufflammen neuer BürgerInnenkriege (Zelik/Azzellini 1999: 47).

Einer dieser Kriege, der aufgrund seiner Dauer von fast drei Jahren als »*Krieg der 1000 Tage*« in die Geschichte einging, wird 1899 von liberalen Aufständischen initiiert und markiert abermals einen Wendepunkt der kolumbianischen Geschichte. Diesmal untersteht der Regierung ein funktionierendes und gut organisiertes Berufsheer, eingeführt von der konservativen Regierung, auf Seite der Liberalen kämpft die Parteibasis – zunehmend entfernt von der Parteiführung und vermehrt in lokalen Guerillaverbänden (Hörtner 2006: 62). Dieser Krieg der 1000 Tage zeichnet sich durch seine extreme Gewalttätigkeit aus[43] und bildet laut einzelnen HistorikerInnen insofern sowohl den Anfang der Gewalt als Alltagsphänomen als auch den Anfangspunkt der seitdem permanent eskalierenden Konflikte Kolumbiens. Nach der Erfahrung dieses BürgerInnenkrieges mit all seinen Konsequenzen versuchen die Regierenden erstmals politische Stabilität zu gewährleisten und legten 1902 mit einem Friedensabkommen den Grundstein für eine Phase des Friedens (Zelik/Azzellini 1999: 48), welche – nach einem Jahrhundert permanenter Aufstände und BürgerInnenkriege – fast ein halbes Jahrhundert anhielt (Hörtner 2006: 64).

2.4.3. DIE RUHE VOR DEM STURM:
VON DEN SOZIALEN MOBILISIERUNGEN ZUM »BOGOTAZO«

Die Konservative Partei gab jedoch ihre Macht keineswegs ab – sie versuchte nur, durch gewisse Zugeständnisse und eine geringe Einbindung der Liberalen neuerliche Aufstande zu verhindern. Die ersten drei Jahrzehnte des 20. Jahrhunderts behielten die Konservativen ihre Vormachtstellung und regierten das Land mit einem autoritären

---

42 In die Zeit der liberalen Herrschaft fallen eine Reihe an Modernisierungsreformen, wie beispielsweise die Abschaffung der Sklaverei und der Todesstrafe, der Trennung von Staat und Kirche, Pressefreiheit und eine Reihe anderer Maßnahmen, welche Kolumbien modernisierten und liberalisierten. Ein Teil dieser Reformen wird jedoch während der darauffolgenden Zeit der konservativen Regierung wieder zurückgenommen, so wird der Katholizismus beispielsweise als Staatsreligion in der Verfassung festgeschrieben (Hörtner 2006: 57ff).

43 Der Krieg forderte 100.000 Opfer, eine Zahl, welche anhand der geringen EinwohnerInnenzahl Kolumbiens zu dieser Zeit (knapp vier Millionen Menschen) extrem hoch ist (Hörtner 2006: 62).

und repressiven Stil. Aufkommenden sozialen Bewegungen und Kämpfen – zu dieser Zeit formieren sich die ersten linken und gewerkschaftlichen Organisationen[44] vor dem Hintergrund der immer weiter gehenden Industrialisierung – wurde mit Repression begegnet, welche im brutalen Niederschlagen des Streiks der BananenarbeiterInnen der United Fruit Company ihren Höhepunkt und gleichzeitig ihr faktisches Ende erreicht[45] (Zelik/Azzellini 1999: 50f).

Die Liberale Partei leitet unter dem immer größer werdenden Druck der radikalisierten Bevölkerung und dem stattfindenden Linksruck unter Präsident Alfonso López Pumarejo einen Modernisierungsprozess in Kolumbien ein – das Land soll von den herrschenden halb feudalen Strukturen auf den Weg des Kapitalismus gebracht werden (Zelik/Azzellini 1999: 52). Dieser Spagat – einerseits die Masse der Bevölkerung mit sozialen Reformen ruhig zu halten, andererseits die Oligarchie und die gegnerische Partei nicht zu sehr gegen sich aufzulehnen – gelingt Pumarejo nicht: die Liberale Partei spaltet sich in einen linkeren und einen gemäßigten Flügel und die Konservativen übernehmen wieder die Macht im Lande (Hörtner 2006: 77ff).

1946 wird Jorge Eliécer Gaitán (bisheriger Führer des linken Flügels innerhalb der Liberalen Partei) zum Parteichef der Liberalen ernannt, er strebt die Kandidatur zum Präsidenten mit einem sozialreformerischen populistischen Programm an und sein Sieg scheint gesichert – die mobilisierten Massen sehen in ihm einen Hoffnungsträger zur Verbesserung ihrer Lebensbedingungen. Dieser erwartete Wahlsieg bleibt jedoch aus: Gaitán wird am 9. April 1948 auf offener Straße erschossen[46] (Hörtner 2006: 82). Dieses Datum markiert nachhaltig die weitere Geschichte Kolumbiens. Unmittelbar nach der Ermordung kommt es in der Hauptstadt Bogotá zu einem Volksaufstand, dem *»Bogotazo«* – bezeichnet auch als *»der größte urbane Aufstand, den Kolumbien erlebt hat.«* (INER 2003: 9) – welcher sich nach und nach auf das ganze Land ausbreitet. Die aufgebrachte Bevölkerung beginnt zu plündern und überfällt Regierungsgebäude (Zelik/Azzellini 1999: 53); die Armee verliert die Kontrolle und beginnt das Feuer auf die zivile Bevölkerung zu eröffnen. Schätzungsweise 5.000 Tote hat dieser *»Bogotazo«* gefordert. Eine weitere Eskalation des Konflikts steht nun bevor (Hörtner 2006: 83).

---

44   1926 gründet sich beispielsweise die PSR (*Partido Socialista Revolucionario*, Revolutionär-Sozialistische Partei), die spätere kommunistische Partei als Dachorganisation aller sozialen Bewegungen (Zelik/Azzellini 1999: 51).

45   1928 streikten 30.000 ArbeiterInnen der United Fruit Company für bessere Arbeitsbedingungen, mehr Lohn und bessere Gesundheitsbetreuung. Die Regierung schickte die Armee und bei dem darauffolgenden Massaker wurden bis zu 1.500 Menschen getötet (Hörtner 2006: 70f).

46   Der Täter wird sofort gefasst und von der aufgebrachten Menge gelyncht – die Hintermänner der Tat konnten nie aufgedeckt und zur Rechenschaft gezogen werden. Von offizieller Seite wird ein psychopathischer Einzeltäter angenommen, eventuelle Verbindung zum Establishment konnten nicht nachgewiesen werden (Hörtner 2006: 82).

2.4.4. DIE ZEIT DER *VIOLENCIA* UND DER NATIONALE PAKT

Die nunmehr wieder konservative Regierung verhängt den Ausnahmezustand und startet eine *»staatlich geplante Vernichtungskampagne gegen ›Liberale und Kommunisten‹«* (Hörtner 2006: 83), welche als Zeit der *Violencia*, der Gewalt, bezeichnet wird. Verschiedene Akteure in Verbindung mit der Regierung und der Elite – Polizei, Militär, von Großgrundbesitzern eingesetzte Banden, kirchliche Organisationen – gehen gegen Liberale und jegliche andere Opposition vor. Vor diesem Hintergrund beginnt sich vor allem die ländliche Bevölkerung zu bewaffnen, es bilden sich erste Selbstverteidigungsgruppen zum Schutz vor Angriffen, erste liberale bzw. kommunistische Guerillas (Hörtner 2006: 83f).

Extreme Gewalt kennzeichnet diese Zeit: Gewalt des Staates und seiner Organisationen gegen die Landbevölkerung bzw. kritische Schichten; Sanchez und Meertens beschreiben diese Prozesse als *»offizieller Terrorismus«* (Sanchez/Meertens 1983: 38 In: INER 2003: 10). Auch die entstandenen liberalen Gruppierungen zur Selbstverteidigung entwickeln jedoch eine Eigendynamik und verschärfen die entstandene Spirale der Gewalt (Hörtner 2006: 85). 1953 beendet ein Militärputsch diese Etappe der Gewalttätigkeit, die Kriegshandlungen verringern sich und einzelne liberale Guerillas demobilisieren sich[47] (Zelik/Azzellini 1999: 54). Doch auch diese Militärdiktatur besteht nicht lange, bereits nach vier Jahren wird General Gustavo Rojas Pinilla zum Rücktritt gezwungen und die beiden traditionellen herrschenden Parteien gelangen wieder an die Macht. Sie vereinbaren eine Koalitionsregierung, einen »Nationalen Pakt«, welcher das Land wieder stabilisieren und ruhig stellen sollte (Zelik/Azzellini 1999: 55). Insgesamt hat diese Zeit der *Violencia* von 1949 bis 1958 zahlreiche Opfer gefordert, die genaue Anzahl an Toten ist bisher in der wissenschaftlichen Auseinandersetzung eine Streitfrage geblieben[48]. Laut dem Historiker James Henderson kann von mehr als 200.000 Toten ausgegangen werden, welche dieser *»längste und zerstörerischste Bürgerkrieg, welcher irgendeine Nation der westlichen Hemisphäre während des 20. Jahrhunderts jemals erfasst hat«*, gefordert hat. Die exakte Zahl wird aller Wahrscheinlichkeit nach nie eruiert werden können (Henderson 1984: 11). Der BürgerInnenkrieg schien vorerst mit dem Übereinkommen der beiden Großparteien, der »Nationalen Front«, beendet. Dieses besagte im wesentlichen eine rotierende Besetzung des Präsidentenamts für die Dauer von 16

---

47   Die kommunistischen Guerillas behalten die Waffen, sie vertrauen nicht auf die versprochenen Zusicherungen und bestehen weiter als Selbstverteidigungsgruppen. Nach der Rückkehr in das zivile Leben werden zahlreiche der demobilisierten liberalen Guerillaführer erschossen – eine Tatsache, welche unter anderem die Grundlage des bis heute existierenden Misstrauens gegenüber Demobilisierungsprozessen und Verhandlungen seitens der aufständischen Bewegungen bildet (Zelik/Azzellini 1999: 54).

48   Schätzungen variieren von ca. 180.000 (UNDP 2003: 25) bis hin zu maximal 300.000 Toten (Hörtner 2006: 87).

Jahren, Konservative und Liberale teilten sich so die Herrschaft im Lande untereinander auf. Weiters vereinbarten sie ein Proporzsystem, Regierungsposten wurden paritätisch aufgeteilt (Hörtner 2006: 88).

Dieses System der Nationalen Front kennzeichnet die politische Entwicklung bis 1974, ihre Konsequenzen sind jedoch weitreichender und tiefer. Erstens verlor die Bevölkerung jegliche Möglichkeit zur Partizipation und Entscheidung in der Politik; Wahlen verloren de facto ihre Wirkungskraft, wodurch die demokratische Mitbestimmung untergraben wurde. In Folge dessen wuchs das politische Desinteresse der Bevölkerung (merkbar unter anderem durch Wahlbeteiligungen von 30 %, welches sich bis heute nicht merkbar verändert hat). Zweitens wurde durch den Zweiparteienpakt jegliche politische Beteiligung an der Regierung oder der Führung des Landes verunmöglicht, dritten Parteien (wie beispielsweise der Kommunistischen Partei) war es nicht erlaubt eigenständig zu kandidieren (Hörtner 2006: 88). Mögliche Versuche des Aufbrechens dieser Ausschlussmechanismen wurden durch gezielte Maßnahmen verhindert – entweder durch Repression, durch direkten Wahlbetrug oder durch Integration der Opposition in das System (Hörtner 2006: 92). Als weitere Folge verschärfte sich dadurch die klientelistische Form der Machtausübung, Beziehungen zu FunktionärInnen bzw. Bestechungen entwickelten sich zum einzig möglichen Weg, an Posten zu kommen, Korruption wurde dadurch gefördert und zu einem gesellschaftlichen Grundelement der kolumbianischen Gesellschaft (Zelik/Azzellini 1999: 55).

Auf den ersten Blick schien dieses System des Proporzes (vor allem für die beiden Großparteien) gut zu funktionieren, das Land beendete vorerst die Zeit der bewaffneten Auseinandersetzungen, es begann eine Phase der Stabilisierung und Ruhe. Die beiden Parteien konzentrierten sich von nun ab mehr darum, ihre »Klientel« zu betreuen und zu befriedigen, als um zwischenparteiliche Streitigkeiten, politische Differenzen traten vollkommen in den Hintergrund. Doch diese vordergründige Stabilität durchdrang nicht das gesamte Land und alle Bevölkerungsgruppen, im Gegenteil, sie bildete die Grundlage für die weitere Radikalisierung einzelner Bevölkerungsschichten. Die soziale Unruhe existierte weiter, es kam zu ersten Generalstreiks und vor allem auf dem Land ging die bewaffnete Auseinandersetzung weiter. Die Unmöglichkeit der politischen Mitbestimmung auf legalem Weg und der Ausschlussmechanismus verschärften die Unzufriedenheit und forcierten in weiterer Folge das Aufkommen vieler aufständischer Bewegungen, viele sahen keine Möglichkeit einer legalen Partizipation mehr (Hörtner 2006: 91ff).

2.4.5. Das Entstehen der aufständischen Bewegungen
Die Entstehung der Guerilla-Gruppierungen zu dieser Zeit ist auf endogene und exogene Ursachen zurückzuführen. Erstere gründen auf den im vorigen Abschnitt erwähnten Faktoren. Im Kontext dieser gesellschaftlichen Umstände formieren sich eine Reihe von

aufständischen Bewegungen, teilweise aufbauend auf VorläuferInnen aus vergangenen Epochen und Mobilisierungen. Das verschärfte soziale Klima – ausgezeichnet durch eine Schwächung des gesamten politischen Systems, einer Marginalisierung sozialer und politischer Akteure sowie einem Ausschluss der legalen Opposition – begünstigten und legitimierten neue Formen der politischen Aktivität (Archila 2005: 125).

Exogene Ursachen sind vor allem vor dem Hintergrund internationaler gesellschaftlicher Umbrüche dieser Zeit, allen voran der kubanischen Revolution und der steigenden Radikalisierung des gesamten Kontinents, zu sehen. Diese Entwicklung kann auch vor Kolumbien nicht halt machen, und immer mehr Gruppierungen formieren sich unter dem Einfluss linker Ideologien (Hörtner 2006: 101). StudentInnen, BäuerInnen, ArbeiterInnen, und auch Theologen[49] schließen sich in zunehmendem Maße zusammen und bilden die AnführerInnen der Bewegungen (Zelik/Azzellini 1999: 57).

In der Zeitspanne von 1960-1972 entstehen also zahlreiche Guerilla-Gruppierungen mit unterschiedlichen Ideologien und divergierenden Methoden bzw. Zielsetzungen. Die zwei größten und wichtigsten kennzeichnen bis in die heutige Zeit die Geschichte Kolumbiens und sind die prägenden Akteure in dem Dauerkonflikt des Landes – FARC (*Fuerzas Armadas Revolucionarias de Colombia*, revolutionäre Streitkräfte Kolumbiens) und ELN (*Ejército de Liberación Nacional*, Nationales Befreiungsheer)[50].

2.4.6. Repression des Staates und Erstarken der Guerilla

Das Ende der nationalen Front 1974 bedeutet jedoch keineswegs Ruhe oder Entspannung für Kolumbien. Die diversen aufständischen Bewegungen agieren weiterhin, und der Staat reagiert darauf mit einer Welle an Repression und Angriffen, jedoch nicht allein gegen die Guerilla, sondern gegen jegliche Opposition. Diese Zeitspanne markiert für die aufständischen Bewegungen eine Krise, verursacht durch die massiven

---

49 Unter dem Titel der »Theologie der Befreiung« fanden sich zu dieser Zeit vor allem in Lateinamerika eine Reihe an Priestern zusammen, welche revolutionäre Aspekte in die Kirche einbauen und vor allem auch die soziale Lage der Bevölkerung verändern wollten. Der bekannteste Interpret dieser Strömung in Kolumbien war Camilo Torres, ein Priester, welcher aus der Kirche in die Guerilla (ELN) eintrat, um in den Bergen zu kämpfen. In der ersten Auseinandersetzung mit dem Militär kam er ums Leben (Zelik/Azzellini 1999: 56f).

50 Im Zuge der Radikalisierung zu dieser Zeit entstanden jedoch eine Reihe anderer kleinerer Gruppierungen, welche der Vollständigkeit halber hier kurz erwähnt werden: PRT (*Partido Revolucionario de los Trabajadores*, Revolutionäre ArbeiterInnenpartei); EPL (*Ejército Popular de Liberación*, Volksbefreiungsarmee); MAQL (*Movimiento Quintin Lame*, Bewegung Quintin Lame); CER (*Comando Ernesto Rojas*, Kommando Ernesto Rojas); CRS (*Corriente de Renovación Socialista*, Strömung der sozialistischen Erneuerung); FFG (*Frente Francisco Garnica*, Front Francisco Garnica) und M-19 (*Movimiento 19 de Abril*, Bewegung 19. April). Die meisten dieser Guerilla-Bewegungen haben in den achtziger Jahren an Friedensprozessen mit der Regierung teilgenommen und in Folge die Waffen nieder gelegt (INER 2005: 4).

militärischen Angriffe und Niederlagen. Parallel dazu erreichen die sozialen Bewegungen einen Höhepunkt, gewerkschaftliche und politische Organisationen außerhalb des offiziellen Zweiparteiensystems gewinnen an Zulauf. Der Staat reagiert auf diese Entwicklung mit einer starken Repression gegen jegliche Opposition; jede Organisation, welche Interessen gegen den Staat vertritt, wird als aufständisch angesehen und somit die Repression gegen diese legitimiert (Leal Buitrago 1991: 96 in: INER 2005: 19). Legitimation erhält diese Regierungspolitik der offiziellen Gewalt gegen Oppositionelle auf der internationalen Ebene, durch die US-amerikanische Doktrin der Nationalen Sicherheit[51], welche dem damaligen Präsident Turbay Ayala als Grundlage für das 1978 erlassene Sicherheitsstatut dienten. Dieses erhöht die Handlungsspielräume und Aufgabenbereiche der staatlichen Sicherheitskräfte als Repressionsinstrumente und gewährt ihnen immer mehr Einfluss auf alle staatspolitischen Aktivitäten[52] (Zelik/ Azzellini 1999: 64). Soziale Proteste und Bewegungen, gewerkschaftliche Aktivitäten, die gesamte politische Opposition wurde verfolgt – die Strategie des »Verschwinden-lassens« wird angewendet – und in Folge dessen geschwächt. Dies führt zu einem gleichzeitigen Zuwachs der Guerilla, nach ihrer Krise folgt ein massiver Anstieg der Rekrutierungen, die KämpferInnenzahl steigt. Somit führt die staatliche Repression gegen legale politische Aktivitäten zu einer Legitimation der aufständischen illegalen Bewegungen (INER 2005: 20f). INER charakterisiert diese Zeit und ihre zentralen Aspekte folgendermaßen:

»*Dieser allgemeine Kontext markiert den Beginn einer neuen Etappe des Krieges in Kolumbien, der sich in vier hauptsächlichen Achsen entwickelt: erstens die Stärkung der Guerilla-Bewegungen und das Entstehen neuer aufständischer Gruppen; zweitens der Um-wandlungsprozess des Staates und die politische Reform; drittens die Strategie der Aufstän-dischenbekämpfung, die sich in der Regierungszeit von Turbay Ayala mit dem »Sicherheits-statut« auszubreiten beginnt und die sich während der Amtszeit von Belisario Betancur (1982-1986) auf Grund des Entstehens der paramilitärischen Gruppen transformiert; und viertens das Entstehen des Rauschgifthandels.*« (INER 2005: 21)

Während der nächsten Legislaturperiode unter dem bereits erwähnten Präsidenten Belisario Betancur verschärfen sich die internen Widersprüche und öffnen auf diesem Weg die Türen zu einer weiteren Eskalation. So beginnt der Präsident zwar eine Reihe an Friedensverhandlungen mit aufständischen Bewegungen, denen sich auch FARC, ELN und EPL anschließen. Doch gleichzeitig führt die militärische Führung mit Teilen der

---

51   Die Doktrin der Nationalen Sicherheit legitimierte die Verurteilung politischer AktivistInnen durch die kolportierte Notwendigkeit, Sicherheit als oberstes Maß anzusetzen (Zelik/Azzellini 1999: 64).

52   Im Zuge dieses nationalen Sicherheitsstatutes kommt es auch zur Verstärkung und Ausweitung para-militärischer Todesschwadrone, welche als illegaler Arm der staatlichen Sicherheitskräfte agieren (Hörtner 2006: 134).

herrschenden Klasse einen immer schärferen Krieg gegen die politische Opposition[53]. Dies führt zu einer noch weiteren Eskalation des Konflikts, Guerilla-Bewegungen werden in ihrer Annahme der Unmöglichkeit legaler Opposition bestärkt und beschränken sich ab diesem Zeitpunkt auf die Bekämpfung des Staates mit allen Mitteln. Vor allem die FARC ändert ihre Strategie und setzt sich von nun an die Eroberung des Staates mit militärischen Mitteln zum Ziel (INER 2005: 21ff).

2.4.7. PARAMILITÄRS, DROGENHANDEL, DER »SCHMUTZIGE KRIEG« – DIE VERSCHÄRFUNG DES KONFLIKTS

Mit dieser Entwicklung beginnt in Kolumbien das Zeitalter des »Schmutzigen Krieges«. Staatliche Sicherheitskräfte gemeinsam mit paramilitärischen Gruppen beginnen einen Krieg gegen die legale Opposition Kolumbiens. Parastaatliche Strukturen werden geschaffen, welche im Zuge der »Aufständischenbekämpfung« politisch motivierte Morde an sozialen, gewerkschaftlichen, bäuerlichen und menschenrechtlichen Bewegungen durchführen. Dies vor dem Hintergrund der scheinbaren Identität von Guerilla mit jeglicher anderen politischen Opposition, wodurch Morde an diesen Sektoren der Gesellschaft gerechtfertigt werden (INER 2005: 26ff). Im Zuge dieses »schmutzigen Krieges« kamen während einer Zeitspanne von 1985 bis 1995 ca. 25.000 Menschen durch parastaatliche Repression ums Leben (Hörtner 2006: 140). Eine Konsequenz dieser paramilitärischen Methodik und Strategie war die fast vollständige Auslöschung und Vernichtung der legalen linken Opposition in Kolumbien, das Instrument des Terrors und der Angst ließ auch die »Übriggebliebenen« von der politischen Bühne verschwinden.

Wie bereits kurz angeschnitten, betritt während dieser Phase ein weiterer Akteur die Bühne des kolumbianischen Konflikts, welcher zu dessen weiterer Verschärfung und Degradierung beiträgt: der Drogenhandel.

Aufgrund seiner strategisch und geographisch günstigen Lage (es liegt zwischen Atlantik und Pazifik) wird Kolumbien ab den siebziger Jahren vermehrt Schauplatz von Drogenanbau und Handel. Kolumbien wird zum größten Drogenproduzenten, hauptsächlich von Kokain (Zelik/Azzellini 1999: 114). Diese Entwicklung hat enorme Auswirkungen auf den Konflikt und die gesamte kolumbianische Gesellschaft, von nun an durchzieht der Drogenhandel alle gesellschaftlichen Schichten, und die entstandene Drogenmafia verfestigt sich zu einem weiteren Akteur innerhalb des kolumbianischen

---

53 Das markanteste Beispiel ist die Geschichte der UP (Union Patriótica, Patriotische Union), welche die FARC im Zuge der Friedensverhandlungen 1985 als ihren legalen politischen Arm gründete. Der Staat in Verbindung mit paramilitärischen Gruppen fing an, diese systematisch auszurotten. Mitglieder, AktivistInnen, Angehörige, Präsidentschaftskandidaten wurden ermordet. Es werden unterschiedliche Zahlen der Toten angegeben, doch kann davon ausgegangen werden, dass im Zuge dieser Kampagne gegen die UP ca. 3.000 AktivistInnen ermordet wurden (Hörtner 2006: 153).

Konflikts. Den Höhepunkt erreicht diese Anfang der neunziger Jahre, als sich vor allem das Medellin-Kartell unter Pablo Escobar einem Krieg gegen den Staat verschreibt, welcher jahrelang die gesamte Gesellschaft prägt. Nach der Auflösung des Medellin-Kartells[54] endet zwar der extrem gewalttätige Drogenkrieg, doch seine Strukturen lösen sich nicht auf, der Schauplatz verlegt sich viel mehr auf mehrere kleinere Drogenbosse und Ringe (Zelik/Azzellini 1999: 128ff).

Der Einfluss des Drogenhandels auf den Konflikt findet auf vielerlei Ebenen statt. Einerseits existiert ein weiterer bewaffneter Akteur innerhalb des komplexen Gefüges, welcher eigene Interessen vertritt und für die Erreichung dieser kämpft. Andererseits kommt es durch den vermehrten Anbau von Drogen auch zu einer Verschiebung der Interessen und Strategien der aufständischen Bewegungen. Diese – allen voran die FARC – finanzieren sich im Laufe der Zeit vermehrt durch Drogenanbau und Handel, was wiederum zu einer Neuorientierung auf politischer und vor allem militärischer Ebene führt[55]. Weiters kommt es dadurch auch zu einer zunehmenden Einbindung der Zivilbevölkerung in den Konflikt, vor allem die KokabäuerInnen werden in die Auseinandersetzung einbezogen, ihre Anbaufelder geraten in den Mittelpunkt des Interesses der unterschiedlichen Akteure. Auf allen Ebenen durchzieht der Drogenhandel also die weitere Entwicklung des Konflikts und führt zu dessen Verschärfung bzw. Degradierung. Es kommt zu einer immer weiterreichenden Verknüpfung der unterschiedlichen Akteure, was dem Konflikt in Folge seine komplexe und undurchsichtige Note verleiht (UNDP 2003: 88).

Die wesentlichste Konsequenz des Drogenhandels ist jedoch die Verbindung zu paramilitärischen Gruppen bzw. die Beteiligung der Drogenbarone an der Entstehung der Paramilitärs. Anfang der achtziger Jahre, als die Verbreitung der aufständischen Guerilla-Gruppierungen Großgrundbesitzer in Angst versetzen, gründen diese eine Gruppierung mit dem Namen MAS (*Muerte a Secruestadores*, Tod den EntführerInnen), um sich gegen die zunehmenden Entführungen seitens der Guerilla zu verteidigen. Das Militär führt in Eigenregie einen Kampf gegen die Aufständischen – vor dem Hintergrund der »Kampfes gegen den Kommunismus« wird jedoch jegliche kritische Organisation mit dieser Ideologie gleichgesetzt – und schließt sich den Großgrundbesitzern bei ihrem Aufbau der Selbstverteidigungsgruppen an. Der Drogenhandel hat schon an Stärke und Einfluss ge-

---

54   Die Zerschlagung des Medellin-Kartells vollzieht sich vor allem durch die Erschießung des bekanntesten und wichtigsten Drogenbosses Pablo Escobar, welcher von Sicherheitskräften getötet wird. Nach diesem großen Schlag für die Mafia löst sich das Kartell auf, auch das Cali-Kartell wird vom Staat bekämpft (Zelik/Azzellini 1999: 123).

55   Durch die neue Einkommensquelle werden diese zunehmend unabhängig von anderweitigen Finanzierungsmöglichkeiten und können vermehrt ihren Einfluss ausweiten, mehr KämpferInnen rekrutieren und sind somit auch für einen längeren Kampf gegen den Staat ausgerüstet und gewappnet (Gonzales 2004: 13).

wonnen, einige Drogenbosse investieren in den Kauf von Ländereien und nehmen somit immer mehr die Gestalt lokaler Latifundisten an. Anfänglich vor allem in einer Region des Landes, im Magdalena Medio[56], wurden solche paramilitärischen »Selbstverteidigungsgruppen« gegründet, diese breiten sich jedoch rasch über große Teile des kolumbianischen Territoriums aus (Hörtner 2006: 135ff). Die entstandenen paramilitärischen Gruppen führen einen Feldzug gegen die lokale bäuerliche Bevölkerung durch, sie entfachen eine »agrarische Gegenreform«, wodurch zahlreiche Menschen von ihren Ländereien fliehen müssen und diese ihnen in Folge weggenommen werden (INER 2005: 34).

Dieser Zusammenschluss von Militärs, Großgrundbesitzern, Drogenhändlern und lokalen Eliten, führt auf der einen Seite also zum Aufkommen und zur Verbreitung des Phänomens des Paramilitarismus, auf der anderen Seite auch zu einer »Normalisierung« des Drogenhandels, da dieser jetzt in kontrollierter und geschützter Form stattfinden kann (INER 2005: 36).

Das Aufkommen der Paramilitärs in den achtziger Jahren führt zu einem weiteren Transformationsprozess des kolumbianischen Konflikts. Die Akteure vermehren sich, die Hauptstränge des Konflikts verschieben sich und die Gewaltspirale verschärft sich. Dies führt dazu, dass Kolumbiens Konflikt im Laufe der Zeit immer schwieriger nachzuvollziehen und komplexer wird, was in Folge auch eine verhandelte Lösung oder einen Friedensprozess schwieriger werden lässt. Jeder Akteur verfolgt eigene Interessen bzw. die eines bestimmten Gesellschaftssektors. Mit zunehmender Vertiefung dieses Prozesses erscheint es unwahrscheinlicher, dass es zu einer Friedenslösung kommt, die auch anhaltend und langfristig ist.

2.5. Kämpferinnen in der Geschichte Kolumbiens

Die Geschichte Kolumbiens ist – trotz mangelnder Überlieferungen und Bekanntheit – genauso eine Geschichte von Frauen bzw. Kämpferinnen. Durch die unterschiedlichen Epochen hinweg haben sich Frauen an dem politischen Leben und den kämpferischen Auseinandersetzungen Kolumbiens beteiligt. Frauen waren bzw. sind generell sicherlich in einem geringeren Ausmaß an kriegerischen Konflikten beteiligt, nichtsdestotrotz muss – vor dem Hintergrund des kompletten Ausschlusses aus der Geschichtsschreibung – explizit auf diese Frauen hingewiesen werden.

---

56 Einer der Gründe für das Entstehen der Selbstverteidigungsgruppen in dieser Region des Landes besteht unter anderem darin, dass in diesem Gebiet eine Einheit der FARC aktiv war, welche mit autoritären Maßnahmen auf sich aufmerksam machte – zahlreiche Entführungen mit Lösegeldforderungen, die Erhebung von Steuern und Korruptionsvorwürfe machte sie nicht nur bei Großgrundbesitzern, sondern auch bei der breiten Bevölkerung unbeliebt (Zelik/Azzellini 1999: 81).

Wie bereits erwähnt, finden sich erste Frauen während der Unabhängigkeits-
kriege Lateinamerikas gegen die spanischen Konquistadoren am Kampffeld. Viele
kolumbianische Frauen kämpften hier innerhalb der Armeen gegen die spanische Besetzung. 1819, in der Schlacht von Boyacá, beispielsweise ist die Präsenz zahlreicher Frauen
überliefert. So kämpfte Evangelista Tamayo, welche den Rang der Kapitänin innehatte,
unter der Führung von Simón Bolivar. Drei weitere Kämpferinnen sind namentlich
bekannt. Sie verkleideten sich allesamt als Männer, um innerhalb der Truppen zu kämpfen
(Cherpak 1995: 96). Nachdem, wie bereits oben dargestellt, diese »*Cross-Dresser*« lediglich bei einem »Auffliegen« ihrer Verkleidung entdeckt und somit überliefert wurden,
kann von einer höheren Dunkelziffer an Kämpferinnen ausgegangen werden.

Auch in dem »Krieg der Tausend Tage«, welcher Kolumbien Ende des 19. Jahrhunderts heimsuchte, übten Frauen einen aktiven Part aus. Jaramillo Castillo beschreibt
ihre Präsenz in diesem Krieg folgendermaßen: »*Gegensätzlich zu dem, bis zu diesem
Moment, publizierten über die Beteiligung der Frauen in diesem Krieg, welcher uns beschäftigt, können wir sagen, dass diese nicht nur ein essentieller Bestandteil der logistischen
Struktur der Guerilla – und auch der regulären Armeen – waren, sondern, dass sie auch
wertvolle Arbeiten als Kämpferinnen geleistet haben. Die Beteiligung von Frauen im Krieg
ist bis zu dem Punkt vorgedrungen, dass wir ohne Lüge behaupten können, dass es nicht eine
Mutter, nicht eine Frau, nicht eine Geliebte oder Partnerin gegeben hat, welche nicht in diesem
Konflikt präsent gewesen wäre.*« (Jaramillo Castillo 1987: 212). Sie waren zwar großteils
vor allem in den traditionellen Rollen tätig – Unterstützungstätigkeiten für die Truppe
wie Kochen und Waschen gehörten ebenso dazu wie Begleitung der Ehemänner oder als
Prostituierte. Nichtsdestotrotz gibt es auch Beweise für die Präsenz von Kämpferinnen
innerhalb der liberalen Guerillas und irregulären Armeen. Namentlich bekannt sind ungefähr 20 Guerilleras, Schätzungen[57] gehen aber von 6 bis zu 22 % Frauen innerhalb der
bewaffneten Truppen aus (Jaramillo Castillo 1987: 225).

Während der *Violencia* Mitte des zwanzigsten Jahrhunderts kämpften Frauen aktiv in
den liberalen Guerillas. Wieder muss herausgestrichen werden, dass sie vor allem« in den
traditionellen Geschlechterrollen in die bewaffneten Gruppierungen integriert wurden.
Es existieren aber Hinweise auf die Beteiligung mehrerer Frauen an Kampfhandlungen.
Unter zahlreichen anderen Frauen – welche hier bereits mit ihrer »realen« Geschlechtsidentität auftraten – ist vor allem der Name bzw. sind die Taten einer Kämpferin
bekannt: Rosalba Velásquez, bekannt als »Sargento Matacho« oder »die blonde Ofelia«.
Sie kämpfte im Tolima, einer Region Kolumbiens, und ist eine der ersten Frauen, welche

---

57   Durch die fehlenden Überlieferungen und mangelnden Informationen ist es natürlich schwer, genaue
      Aussagen zu treffen. Aus einigen historischen Materialien (z. B. Briefe) können jedoch annähernd diese
      Daten geschätzt werden.

in der Zone von Villarica gekämpft hat (Blair T./Nieto V. 2004: 19). Der Legende nach kämpfte sie mit dem Baby am Rücken und der Waffe in der Hand gegen die Armee (Meertens 2005: 267).

Diese Beispiele zeigen, dass nicht nur im aktuellen Konflikt in Kolumbien Frauen im bewaffneten Kampf aktiv sind. Vor allem in Unabhängigkeits- und Guerillabewegungen haben Frauen immer wieder zur Waffe gegriffen und aktiv für ihre Interessen oder Ziele gekämpft.

2.6. Die unterschiedlichen Akteure im bewaffneten Konflikt

2.6.1. DIE BEWAFFNETEN REVOLUTIONÄREN STREITKRÄFTE KOLUMBIENS (FARC)

Die FARC gilt heutzutage als größte und stärkste verbleibende Guerilla auf dem amerikanischen Kontinent. Zur Zahl ihrer KämpferInnen gibt es unterschiedliche Angaben. Laut Daten des kolumbianischen Verteidigungsministeriums kämpften in der Zeitspanne 2002-2007 16.900 Menschen in den Reihen der FARC (Isaza Delgado/Campos Romero 2007: 6). Andere Zahlen konstatieren einen Rückgang der KämpferInnen im Jahr 2007 auf ca. 9.000 bis 11.000 KombattantInnen (International Crisis Group 2008: 9). Schätzungen über den aktuellen Frauenanteil bei den FARC variieren zwischen 35 % bis 40 % (Wills Obregón 2005: 78), in einzelnen Fronten bis zu 50 % (Londoño/ Nieto 2006: 42). Laut eigenen Angaben der FARC machen Kämpferinnen 40 % ihrer Organisation aus[58] (Dietrich 2006: 18), womit sie die Guerillabewegung mit dem größten Frauenanteil darstellen.

Im Unterschied zu den anderen ehemaligen bzw. teilweise noch existenten Guerilla- bewegungen liegen die Wurzeln der FARC ca. ein Jahrzehnt vor allen anderen Guerilla- Gruppierungen, welche sich vor allem im Zuge der kubanischen Revolution gründen. Während diese in großem Maße von der radikalisierten Linken bzw. der studentischen und intellektuellen Mittelschicht getragen werden – dem urbanen Sektor – entsteht die kommunistische Guerilla vielmehr als Ausdruck der bäuerlichen Selbstverteidigung – zwar auch unterstützt von einer politischen Partei, der KP, doch mit stärkeren sozialen Wurzeln als der Rest (Pizarro 1989: 8). Der Ursprung der FARC lässt sich bis in die

---

58   Bei den Interviews wurde auch die Frage nach der Anzahl von weiblichen KämpferInnen in der jewei- ligen Einheit gestellt. Aus den Antworten lässt sich ein ähnliches Bild zeichnen: als geringsten Anteil geben die Interviewpartnerinnen ca. 25 Frauen bei einer Anzahl von 70 KämpferInnen insgesamt an, bis hin zu einem Prozentsatz von über 50 % Kämpferinnen in einigen Fronten. Fast die Hälfte unse- rer Gruppe dort waren Frauen. Also ungefähr fünfzig Frauen oder ein bisschen mehr (Isabel). Es gibt fast immer ungefähr 50 Prozent Frauen und Männer (Veronica).

50er Jahre des letzten Jahrhunderts zurückführen, als sich inmitten der gewalttätigen Auseinandersetzungen der *Violencia* und der Repression des Staates bäuerliche Selbstverteidigungsgruppen bildeten, um sich gegen die Angriffe des Staates bzw. konservativer Gruppierungen zu wehren. Somit steht die FARC in der Tradition eines bereits lang existierenden nationalen Widerstandes der bäuerlichen Bevölkerung gegen die Oligarchie und Elite des Landes. Sie wird zwar in der jetzigen Literatur bzw. der theoretischen Auseinandersetzung von vielen Seiten als bewaffneter Arm der kolumbianischen kommunistischen Partei mit starker Orientierung nach Moskau katalogisiert, ihr Ursprung in der BäuerInnenbewegung sollte jedoch trotz dieser Parteiennähe nicht in Vergessenheit geraten (Hörtner 2006: 105).

Die Anfänge der kommunistischen Guerilla bis hin zur Gründung der FARC im Jahre 1964 lassen sich charakterisieren durch einen wechselhaften Zyklus ihrer Methoden bzw. Strategien. Abwechselnd etabliert sich je eine Dynamik – Selbstverteidigung/ Guerilla/Selbstverteidigung/Guerilla, welche sich ungefähr mit dem Zyklus der jeweils herrschenden Gewalt dieser Zeit deckt – Gewalt/Amnestie/Rehabilitation/Gewalt. Somit müssen die bewaffneten Aktionen der KP vor dem gesamtgesellschaftlichen Kontext gesehen werden – sowohl in Hinblick auf die Prozesse der Gewalt als auch in Verbindung mit der jeweiligen Politik der Kommunistischen Partei und des Staates (Repression versus Waffenstillstand) (Pizarro 1989: 7).

Der Weg von den ersten Zellen und kleineren Gruppen reiner Selbstverteidigung bis hin zur starken und einflussreichen Guerillabewegung mit dem Anspruch, die Macht im Lande zu erobern, ist ein langer und komplexer. Es würde an dieser Stellt zu weit führen, genau auf alle wichtigen Aspekte einzugehen. Doch soll hier in Anlehnung an UNDP eine Kategorisierung der unterschiedlichen Phasen des Entstehungsprozesses der FARC versucht werden, in dem die zentralsten Elemente und Prozesse herausgearbeitet werden. UNDP definiert fünf Entwicklungsphasen der FARC:

- *Agrarische Kämpfe:* Gewerkschaften und die bäuerliche Liga, welche bereits seit den zwanziger Jahren des letzten Jahrhunderts in einigen Regionen des Landes aktiv sind, nähern sich der Kommunistischen Partei an und radikalisieren sich.
- *Selbstverteidigung:* Beim Ausbruch der *Violencia* gründen diese Bewegungen bewaffnete Gruppen (liberal und kommunistisch), welche sich zwischen den beiden Polen territorialen Verteidigung und mobiler Guerilla bewegen. Während der liberale Flügel 1953 die Amnestie des damaligen Präsidenten Rojas Pinilla annimmt und die Waffen nieder legt, bleibt der kommunistische Teil als bäuerliche Selbstverteidigung bestehen.
- *Guerilla:* Nach einer massiven Attacke der staatlichen Armee auf ein Einflussgebiet der Guerilla (in der Region Tolima) wird die lokale Bevölkerung in andere Regionen des Landes vertrieben, wo sie unter Einfluss der Kommunistischen Partei »unabhängige

Republiken« gründen. Dies alarmiert wiederum den Staat[59], welcher mit neuerlichen Attacken auf diese Gebiete antwortet. Trotz dieser massiven Repression versteht die KP die Guerilla zu dieser Zeit immer noch vorwiegend als Form des Widerstandes und noch nicht als Instrument zur Machteroberung.

- *Radikalisierung der Guerilla:* Doch inmitten eines Klimas extremer Spannungen und Repression deklariert die Kommunistische Partei 1961 erstmals, dass der Weg zur Revolution in Kolumbien aus einer Kombination aller Formen des Kampfes bestehen kann. Die gewalttätige Besetzung 1964 durch die Armee in Marquetalia[60] bildet den Ausgangspunkt eines Wandels der Bewegung – sie verliert sukzessiv die Züge einer bäuerlichen Selbstverteidigung und beginnt sich stattdessen in eine revolutionäre Armee zu verwandeln, bereits mit einem klaren revolutionären Profil. Im selben Jahr kommt es zur Gründung des »Bloque Sur«, welcher sich schließlich 1966 mit der Ankündigung einer *»guerra prolongada por el poder«*, eines verlängerten Kampfes für die Macht, in FARC umbenennen.

- *Radikalisierung der Linken:* Durch die Exklusion der KP bzw. jeglicher dritter Kraft aus dem politischen System zu Zeiten der Nationalen Front und der Verdrängung in die Illegalität schließen sich im Laufe der Zeit immer mehr städtische Teile der Kommunistischen Partei den FARC an. 1982 folgt schließlich die letzte Phase des Entwicklungsprozesses der FARC: sie erklären sich zur »Armee des Volkes« (im Zuge dessen hängen sie an ihren Namen das Kürzel EP, *ejercito popular*/Volksheer an). Das Projekt besteht nun darin, ins politische Zentrum vorzudringen und die Macht im Lande zu erobern (UNDP 2003: 28).

Die Entwicklung der FARC steht in starkem Zusammenhang mit der Politik des Staates und dessen Methoden. Vor dem Hintergrund der stark repressiven Staatsgewalt verwandeln sich die Prioritäten bzw. die Strategien der aufständischen Bewegung. Ging es anfangs vordergründig um Aspekte wie den Schutz der Landbevölkerung, einer Landreform, oder

---

59　Hier sollte der globale Kontext dieser Zeit berücksichtigt werden: Vielmehr als eine Enklave kommunistischer Politik und Ideologie waren diese »unabhängigen Republiken« autarke Gemeinden, welche selbst verwaltet waren und eine lokale Gegenmacht zum Staat aufbauten. In Zeiten des Kalten Krieges schien jedoch das alleinige Wort »Kommunismus« bereits Alarm bei der herrschenden Klasse auszulösen, welche in Folge die vollständige Auslöschung dieser Gemeinden verordnen ließen (Hörtner 2006: 104).

60　Die Geschehnisse rund um Marquetalia bilden einen Wendepunkt im kolumbianischen Konflikt, welcher tiefe Auswirkungen auf die zukünftige Geschichte des Landes hatte. Mit einem Aufgebot von 12.000-16.000 SoldatInnen geht die Armee unter Einsatz von Flugzeugen und Napalm-Bomben gegen diese Gemeinde vor. Die Bevölkerung und die 48 Personen starke Selbstverteidigungsgruppe unter Anführung von Manuel Marulanda (dem späteren langjährigen Führer der FARC) konnte sich in Sicherheit bringen, doch markiert diese Episode bis heute einen Einschnitt in der Geschichte des Konflikts (Hörtner 2006: 104).

sonstiger sozialer Forderungen und nicht um weitreichende politische Partizipation oder Veränderungen – ein eher reformistisches Programm[61] –, wandelt sich dies im Zuge der Reaktion und der Aggressivität des Staates, bis letztendlich als oberstes Ziel die Bekämpfung des Staates und der Aufbau einer militärischen Gegenmacht im Zentrum der Strategie steht. In der ersten Periode wird der bewaffnete Kampf an sich nicht als Instrument zur Machteroberung angesehen, sein allein verteidigender Charakter wird seitens der FARC vielerorts unterstrichen (Pizarro 1989: 13). Doch im Laufe der Zeit bildet sich der revolutionäre und militärische Charakter der Bewegung heraus, und es verfestigt sich die These des verlängerten Krieges zur Machteroberung als zentrale Strategie der FARC.

Nach der Entstehung der Guerilla weitet sich die FARC-EP und in Folge dessen auch der gesamte kolumbianische Konflikt auf große Regionen des Landes aus. Anfangs vor allem in einzelnen Regionen bäuerlicher Siedlungen vorhanden, breiten sie sich in den achtziger Jahren immer mehr auf Gebiete mit Koka-Anbau aus, welches zu einer ihrer zentralen Finanzierungsquellen wird. Zeitgleich versuchen sie den Schritt in die Legalität (mittels ihrer Partei UP) und treten in Friedensverhandlungen mit dem damaligen Präsidenten Belisario Betancur. Doch 1990 attackiert das Militär die Zentrale der FARC *Casa Verde*, das »grüne Haus«. Ein einschneidendes Erlebnis, welches zu einer Änderung ihrer politischen und militärischen Strategie, ausgedrückt durch eine massive Erhöhung der Angriffe seitens der Guerilla und dem Ende des Waffenstillstands führt. Seitdem haben sie ihre Aktionen auf fast das ganze Territorium Kolumbiens ausgeweitet und versuchen sich als stabile Gegenmacht zum Staat zu etablieren[62] (UNDP 2003: 51ff).

Von ihrem Selbstverständnis her agieren die Revolutionären Streitkräfte im Auftrag des Volkes, die Legitimation ihres Kampfes beziehen sie aus dieser Annahme. Sie fühlen sich und agieren als »(...) *Gegenautorität, mit demselben Anspruch auf Machtmonopole, den der Staat erhebt.*« (Hörtner 2006: 114) Diese radikale Rhetorik und Strategie ist zum großen Teil als Antwort auf die repressive Gewalt des Staates zu verstehen und auf den »schmutzigen Krieg«, welcher in den neunziger Jahren mit dem Erstarken der Para-

---

61   Innerhalb der Linken auf nationaler und internationaler Ebene wurde die Politik der FARC damals aufgrund ihrer reformistischen Ausrichtung und ihres moderaten Kurses stark kritisiert. (Zelik/ Azzellini 1999: 178) Dies hat sich in zunehmendem Maße gewandelt, mittlerweile wird vor allem aufgrund ihrer begangenen Menschenrechtsverletzungen und ihrer Methoden (Entführungen, Steurereinhebungen, etc.) Kritik an dieser aufständischen Bewegung ausgeübt.

62   Seit der Amtszeit von Álvaro Uribe Vélez, welcher die Wahlen hauptsächlich mit dem Versprechen eines »harten Vorgehens gegen die Guerilla« gewann, mussten die FARC zahlreiche Rückschläge hinnehmen und haben an Territorium sowie Einfluss verloren. Vor allem im Jahr 2008 haben sie einige Niederlagen (heraus stechend beispielsweise die Befreiung der Geisel Ingrid Betancourt durch das kolumbianische Militär im Juni 2008) erlitten. Weiters sind zahlreiche KomandantInnen getötet oder erfasst worden bzw. auf natürlichem Wege gestorben (wie beispielsweise der langjährige Führer Manuel Marulanda). Sie sind zwar geschwächt, aber nichtsdestotrotz nicht »besiegt« – wie einzelne KommentatorInnen in Kolumbien behaupten (International Crisis Group 2009).

militärs eine Wende in der Weiterentwicklung des Konflikts herbeiführte (Zelik/Azzellini 1999: 179). Ideologisch gesehen können – analog zu den bereits skizzierten temporären – drei unterschiedliche Phasen der FARC ausgemacht werden, wie UNDP sie darstellt.

• radikaler Agrarismus: Dieser hält bis in die sechziger Jahre an, drückt sich vor allem durch Forderungen wie einer Landreform, mehr Investition und Geld für das Land, Schadensersatz für die vertriebenen BäuerInnen etc. aus.

• Marxismus-Leninismus: Ausgerichtet auf die Politik der Sowjetunion, dauert diese Phase bis in die neunziger Jahre. Die FARC vertreten eine verkürzte und stark militarisierte Version dieser Ideologie.

• Bolivarianismus: Nach dem Zusammenbruch der Sowjetunion nähert sich die Ideologie der FARC dem ehemaligen Freiheitskämpfer Simon Bolívar an. Sie vertreten einige seiner Visionen bzw. Ansätze, welche sich unter anderem durch einen starken Antiimperialismus und Militarismus und einen Kampf für ein geeintes Lateinamerika ausdrücken (UNDP 2003: 41).

Vor dem Hintergrund eines immer weiter »depolitisierten« Konflikts in Kolumbien stellen sich zahlreiche TheoretikerInnen die Frage nach der Existenz einer politischen Komponente den FARC. Jedoch sollte trotz der Verschiebung der Interessen bzw. der Strategien nicht davon ausgegangen werden, dass den FARC kein politisches Projekt oder Programm (mehr) zugrunde liege. So können sich mehrere ideologische Phasen ihres revolutionären Projekts darstellen lassen. Weiters bedienen sie sich eines politischen Diskurses, welcher eine Diversität an Themen aufgreift und sich in der Öffentlichkeit damit präsentiert (Neoliberalismus, Globalisierung, partizipative Demokratie, …). Letztendlich ist allein das Selbstverständnis der FührerInnen und einzelnen Militanten[63] innerhalb der Bewegung, welche sich selber als RevolutionärInnen betrachten, von Relevanz, da die Form, in der sich jede Person selber wahrnimmt, wesentlichen Einfluss auf seine/ihre Handlungen hat (UNDP 2003: 40f).

2.6.2. DAS NATIONALE BEFREIUNGSHEER (ELN)

Das Nationale Befreiungsheer ist im Gegensatz zu den FARC ein gutes Beispiel für den Einfluss exogener Faktoren auf die Geschichte Kolumbiens, vor allem der siegreichen kubanischen Revolution. 1964 beginnt eine Gruppe von revolutionären AktivistInnen der Kommunistischen Partei nach einem längeren Aufenthalt und militärischer Ausbildung in Kuba mit der Umsetzung des dort Gelernten in Kolumbien. Inspiriert von

---

63   Der Frage nach politischem bzw. ideologischem Bewusstsein seitens der KämpferInnen zieht sich wie ein roter Faden durch die gesamte Arbeit und wird später noch ausführlicher behandelt.

der Fokus-Theorie[64], welche Che Guevara als Anleihe diente, beginnt diese revolutionäre Gruppe mit dem Aufbau des ersten Fokus in diesem Land. Ihr Ziel war es, zuerst eine ländliche Guerilla aufzubauen, welche sich dann zum richtigen Zeitpunkt in eine Armee verwandelt, um die Regierung anzugreifen und zu stürzen (UNDP 2003: 28). Ein halbes Jahr später tritt diese Gruppe namens ELN erstmals an die Öffentlichkeit mit der Besetzung einer Ortschaft im Norden des Landes. Vor allem im gewerkschaftlichen, studentischen und ländlichen Milieu kann das ELN anfangs eine gewisse Sympathie und Verankerung gewinnen und erhöht immer mehr seinen Einfluss und seine Stärke. Nach einigen Anfangsschwierigkeiten und Niederlagen[65] etabliert es sich relativ bald vor allem in oben genannten Sektoren der Gesellschaft und wächst rasch an. Mit einer Stärke von ca. 3.000 KämpferInnen gilt das Nationale Befreiungsheer als zweitgrößte Guerilla-Bewegung Kolumbiens (Hörtner 2006: 118f). Auch hier liegt – wie bei den FARC – der geschätzte Frauenanteil bei ca. 40 % bis 50 %[66] (Londoño/Nieto 2006: 42).

Ideologisch kann das ELN als castristisch bzw. guevaristisch bezeichnet werden, stark an die Theorien und Lehren der kubanischen Revolutionäre angelehnt. Es gründet sich dezidiert als revolutionäre Guerilla – im Unterschied zu den FARC – und setzt vor allem auf die militärische Ebene zur Erreichung des Ziels. Weiters ist das ELN auch von der Befreiungstheologie beeinflusst, bedingt vor allem durch den Eintritt des Priesters Camilo Torres in ihre Reihen. Besonders durch den Einfluss in Regionen mit Erdöl und Kohle sticht diese Gruppierung hervor, dort haben sie am meisten Unterstützung der ansässigen Bevölkerung (vor allem migrierte ArbeiterInnen und SiedlerInnen) und üben durch Anschläge auf Pipelines Druck auf Unternehmen aus (UNDP 2003: 41; 56).

Während der Zeit der Friedensverhandlungen in den achtziger Jahren ging diese Guerilla-Bewegung nicht auf einen Waffenstillstand ein, sie konnte stattdessen ihren Einfluss bei BäuerInnen und Teilen der indigenen Bevölkerung konsolidieren (UNDP 2003: 56). Laut dem kolumbianischen Soziologen Eduardo Pizarro gründet diese Ablehnung von Verhandlungen auf der ideologischen und strategischen Zielsetzung der Guerilla. Das ELN will demnach eine Revolution mit Waffen und sieht den Staat als den absoluten Feind an, mit dem keine Verhandlungen möglich sind. Diese Bewegung setzt auf totale Konfrontation und aus diesem Grunde sei keine Verhandlungsbasis mit dem Gegner möglich (Pizarro 1991: 16f).

---

64   Die Fokus-Theorie besagt, dass zunächst ein lokal begrenzter Aufstand zu errichten sei, welcher sich dann wie ein Lauffeuer ausweiten soll und zu einer landesweiten Revolution führen solle.

65   Die folgenschwerste Niederlage erlitt das ELN 1973, als die Armee mit 33.000 SoldatInnen gegen ca. 250 bewaffnete KämpferInnen der ELN vorgeht und diese einkreist. Nur an die 70 Mitglieder der Organisation überleben diesen Angriff, der die Bewegung in eine schwere Krise versetzt, von der sie sich erst nach ein paar Jahren wieder erholt (Hörtner 2006: 118).

66   Die interviewte Kämpferin des ELN (Martha) schätzt den Anteil an weiblichen KämpferInnen in ihrer Front bei ca. 30 %. Sie meint es gab ungefähr 30 Frauen bei insgesamt 100 KämpferInnen.

Im Laufe der Zeit scheint es diese Haltung jedoch geändert zu haben, da das ELN vor allem seit den 90er Jahren ihre militärischen Aktionen stark verringert hat. Mittlerweile haben sie ihre Aktivität nur in sechs Departements aufrecht erhalten und nicht weiter ausgebaut. Weiters hat sich die Bewegung bereits an mehreren Versuchen eines Friedensprozesses beteiligt – zuletzt Ende 2005 auf Kuba –, welche jedoch bisher immer scheiterten (Hörtner 2006: 119).

2.6.3. DIE PARAMILITÄRS

Die Paramilitärs[67] sind ein weiterer Akteur, welcher Kolumbiens Konflikt verschärft. Dem Phänomen des Paramilitarismus kommt eine zentrale Rolle im gesamten Schauplatz des Krieges zu.

Die paramilitärischen Gruppen, wie sie bis 2006 existierten, entstehen Anfang der achtziger Jahre im Zuge der zunehmenden Stärke der aufständischen Bewegungen und der damit zusammenhängenden gesellschaftlichen Polarisierung. 1981 gründet eine Gruppe von ca. 200 Mafiosi eine Gruppierung mit dem Namen MAS (*Muerte a Secruestadores*, Tod den EntführerInnen), um sich gegen die zunehmenden Entführungen seitens der Guerilla selbst zu verteidigen. Nach und nach entstehen immer mehr »Selbstverteidigungsgruppen« unterschiedlicher Herkunft und auch Charakters, bis sie sich 1997 zu den AUC (*Autodefensas Unidas de Colombia*, Vereinigte Selbstverteidigungsgruppen Kolumbiens)[68] zusammenschließen (Zelik/Azzellini 1999: 78f).

Das Phänomen des Paramilitarismus selbst kann weiter zurückverfolgt werden bis in die Zeiten des Unabhängigkeitskrieges und der *Violencia*. Schon damals haben Großgrundbesitzer zum Schutz ihrer Habseligkeiten private bewaffnete Gruppierungen aufgestellt, um ihre Interessen vor dem Hintergrund sozialrevolutionärer Bewegungen zu verteidigen. Auch konservative Guerillas, (sogenannte »*pájaros*«, Vögel), welche in Zeiten der *Violencia* gegen liberale und kommunistische Guerillas kämpften, können als Vorreiter der Paramilitärs angesehen werden (UNDP 2003: 29; Hörtner 2006: 132f). Die

---

67 Im Zuge der Fertigstellung dieser Arbeit sind – laut offiziellen Angaben – die Paramilitärs nicht mehr existent. Hier an dieser Stelle wird jedoch weiterhin von den Paramilitärs als solchen die Rede sein, da sie m. E. im Konflikt weiterhin eine wesentliche Rolle spielen und auch bei der Forschung selber von Relevanz sind.

68 Die Gruppen nennen sich selber Selbstverteidigungsgruppen, um den Charakter der Selbstverteidigung gegen die Guerilla als zentrales Element hervorzuheben. Ein zweiter Begriff, um das Phänomen der Gruppierungen zu bezeichnen ist jedoch der Name der Paramilitärs, da dieser ihre zentrale Komponente – als Kampfeinheit parallel zur Staatsarmee und mit Verbindung in dieser – besser darstellt (UNDP 2003: 29). Es kommt in Kolumbien zwar zu einer Mischung beider Phänomene, in Folge wird hier jedoch vor allem der Terminus Paramilitärs verwendet werden, da dieser in der kolumbianischen Öffentlichkeit und der wissenschaftlichen Literatur weiter verbreitet ist und m. E. den zentralen Aspekt dieser Gruppierungen genauer darstellt.

fehlende Präsenz des Staates in vielen Teilen Kolumbiens führte in letzter Konsequenz eben dazu, dass viele gesellschaftliche Sektoren zur Wahrung und Verteidigung ihrer Interessen private Sicherheitsdienste und Verbände einsetzten. Im Laufe der Zeit erweitert sich die Palette der Sektoren, welche bewaffnete private Gruppierungen einstellten, auf Unternehmen und Drogenhändler (Hörtner 2006: 133).

Im Laufe der achtziger Jahre entsteht aber eine andere Form des Paramilitarismus: Paramilitärs als militärisch organisierte, nicht-staatliche Gruppierungen, welche von ihrem Anspruch und auch real oftmals im Auftrag des Staates agieren. Das propagierte Ziel der Paramilitärs ist die Zerschlagung der Guerilla, um die Sicherheit und die Besitztümer der Großgrundbesitzer zu gewährleisten. Doch in der Praxis machen sie vordergründig durch einen anderen Aspekt auf sich aufmerksam: die Zerschlagung der politischen Opposition und der sozialen Bewegungen in Kolumbien. Dies laut Zelik/Azzellini unter anderem aus der Annahme heraus, dass bei der Schwierigkeit eines Sieges über die Guerilla vielmehr ihre soziale Basis bzw. ihr Netzwerk zu zerschlagen sei, operationalisiert hier durch die sozialen Bewegungen bzw. die Opposition. Denn das Ziel der Paramilitärs sei kein rechter Umsturz per se, sondern vielmehr die Aufrechterhaltung des Status Quo (Zelik/Azzellini 1999: 79f). Ein Großteil der Morde von oppositionellen PolitikerInnen geht in Folge dessen auf das Konto paramilitärischer Einheiten – GewerkschafterInnen, linke PolitikerInnen, JournalistInnen, AktivistInnen von sozialen Bewegungen, indigene AnführerInnen, MenschenrechtsaktivistInnen, FrauenaktivistInnen, etc. Sie führen somit die »schmutzige« Arbeit für den Staat durch, erledigen die unangenehmen Arbeiten, welche die staatlichen Sicherheitskräfte nicht ohne Probleme im legalen Rahmen durchführen können. »*Neben seiner Rolle als Instrument zur Durchsetzung privater Herrschaftsansprüche hat der Paramilitarismus in Kolumbien also eine klare Funktion der Regierungspolitik entwickelt, nämlich die, im internen Krieg gegen die Guerilla und gegen tatsächliche und vermeintliche Oppositionelle den staatlichen Sicherheitskräften die ›Schmutzarbeit‹ abzunehmen.*« (Hörtner 2006: 133) In diesem Sinne muss auf die Verantwortung des kolumbianischen Staates an der Entstehung und auch der Verbreitung des Paramilitarismus[69] hingewiesen werden (Bastidas 2007: 24).

Waren die paramilitärischen Gruppierungen anfangs vor allem als Instrument zur

---

69 Die Verbindung zu staatlichen Kräften konnte oftmals nachgewiesen werden und wird auch auf internationaler Ebene von Menschenrechtsorganisationen kritisiert (AI 2007). Bereits am Anfang des Phänomens Paramilitarismus gab der damalige Präsident Betancur Untersuchungen in Auftrag, welche allesamt die Beteiligung von Mitgliedern der Streitkräfte an den Paramilitärs beweisen (Hörtner 2006: 136). Seit 2006 werden auch Verbindungen bis in die höchsten PolitikerInnenreihen offensichtlich – gegen mehr als 20 % der kolumbianischen Kongressabgeordneten wird wegen ihrer Verbindungen zum Paramilitarismus ermittelt, 22 ParlamentarierInnen wurden bereits verhaftet (Torres Bustamante 2008). Dieser Skandal trägt den Namen der »*Parapolitica*«, welcher auf diese Symbiose von Politik und Paramilitarismus verweisen soll.

Verteidigung von Herrschaftsansprüchen der Großgrundbesitzer ohne eigene Interessen entstanden, entwickeln sich diese im Laufe der Zeit vielmehr zu einer eigenständigen Kraft. Vor allem in den neunziger Jahren verselbständigen sich diese und nehmen die Form von SöldnerInneneinheiten an, »(...), *die ihre mörderischen Fähigkeiten in den Dienst verschiedener Auftraggeber stellten: des militärischen Geheimdienstes, von Unternehmen, um gewerkschaftliche Aktivitäten zu verhindern, Grundbesitzern zur Erweiterung ihres Landeigentums und schließlich allerlei Aktivitäten zum Schutz ökonomischer Partikularinteressen, vom Drogenhandel und Smaragdschmuggel bis hin zur Erschließung von Rohstoffquellen.*« (Hörtner 2006: 143)

Somit etablierten sich paramilitärische Gruppen immer mehr als eigenständige Kraft, welche ihre eigenen Interessen vertreten und um dessen Durchsetzung kämpfen. Mit Finanzierung durch den Drogenhandel – und nicht zuletzt auch aufgrund der finanziellen Unterstützung anderer gesellschaftlicher Sektoren: Großgrundbesitzer, Unternehmen, politische FührerInnen und Mitglieder der staatlichen Sicherheitskräfte – konnten sie ihre Position als zentraler Machtfaktor immer weiter ausbauen und beeinflussen in zunehmender Art und Weise die kolumbianische Politik, Gesellschaft und Entwicklung des internen bewaffneten Konflikts. Im Jahre 2002[70] existierten auf kolumbianischem Territorium bereits 22 diverse paramilitärische Gruppierungen in 28 Departements (UNDP 2003: 59ff). Die AUC hatten eine KämpferInnenzahl von ca. 12.000[71], wobei die Anzahl der weiblichen KämpferInnen bei den Paramilitärs wesentlich geringer als jene der Guerilla geschätzt wird. Konkrete Zahlen fehlen, doch wird von einem Prozentsatz zwischen 6 % und 12 % Frauen ausgegangen (Londoño/Nieto 2006: 42). Diese geringe Anzahl von Frauen bei den Paramilitärs kann anhand des geführten Interviews untermauert werden – die Interviewpartnerin (Veronica) spricht von lediglich drei Frauen in ihrer Einheit.

Im Zuge dieser Entwicklung hin zu einem autonomen politischen Akteur – welche durch den Zusammenschluss 1997 zu den AUC auch ihren strukturellen Ausdruck fand – versuchten die *Paras*[72] auch immer mehr einen ideologischen Diskurs zu fahren und sich mit ihrem eigenen politischen Konzept in der Öffentlichkeit zu positionieren. In diesem Prozess haben die *Paras* bereits mehrere Entwicklungsphasen durchdrungen – von der Entstehung und ersten Etablierung in einer Region über die Phase der selektiven Repression bis hin zur Etappe der legalen Organisierung mittels der Einbindung von Bevölkerungsteilen in von den Paramilitärs gegründeten Kooperativen oder Unternehmen bzw. sozialen Vereinen und letztlich zur Endphase der fast vollständigen Kontrolle

---

70 Ende des Jahres 2002 beginnen die AUC Friedensverhandlungen und darauf hin einen »Demobilisierungsprozess« mit dem amtierenden Präsidenten Álvaro Uribe Velez.

71 Auf zahlenmäßige Unstimmigkeiten während der Zeit der Demobilisierung wird später eingegangen.

72 In Kolumbien werden die paramilitärischen Gruppen oftmals auch mit dem Kürzel *paras* benannt.

über das öffentliche Leben der Region. Die ersten zwei Phasen scheinen mittlerweile fast abgeschlossen zu sein, die dritte und vierte Phase steht auf der Tagesordnung – die Etablierung des Paramilitarismus als unabhängige und ernst genommene, politisch einflussreiche Macht (Hörtner 2006: 230ff).

2.6.4. DIE STRUKTUR DER BEWAFFNETEN GRUPPIERUNGEN

Basierend auf den beschriebenen ideologischen und politischen Differenzen unterscheiden sich die bewaffneten Gruppierungen auch auf militärisch-organisatorischer Ebene. Das Leben der Kämpferinnen variiert demzufolge schon allein aufgrund struktureller Faktoren wie der internen Organisationsstruktur.

Struktur, Aufbau und Regeln der Guerilla

Innerhalb der Guerilla – hier sowohl ELN als auch FARC-EP – existiert eine hierarchische, vertikale militärische Struktur. Obgleich sich beide aufständischen bewaffneten Organisationen teilweise in ihren Strukturen und ihrem Aufbau unterscheiden, kann gesagt werden, dass beide gleichermaßen einer rigiden militärischen Struktur und fixen Regelungen unterliegen. Dies ist vor dem Hintergrund nachfolgender Ausführungen bezüglich der individuellen Handlungsspielräume einzelner Kämpferinnen relevant. Konkret gestalten sich die internen Organisationsstrukturen der jeweiligen Guerilla-Gruppierungen folgendermaßen.

Bei den FARC-EP unterteilt sich die hierarchische Struktur auf sieben Ebenen. Auf der untersten Stufe steht die *escuadra*, die kleinste militärische Einheit der FARC. Darauf aufbauend folgt die *guerrilla*, welche zahlenmäßig ca. doppelt so viele KämpferInnen umfasst (ca. 12 KämpferInnen bei der *escuadra*, 24 bei der *guerrilla*). Auf der nächsten Hierarchieebene steht die *compañía* (Kompanie), zusammengesetzt aus ca. 50 KämpferInnen, einem/r KommandantIn und einem/r StellvertreterIn. Mit ca. 110 KämpferInnen ungefähr doppelt so groß, ist die nächste militärische Einheit, die *columna* (Kolonne). Der *frente*, die Front, hat bereits eine zentrale, weiter oben angesiedelte, Stellung innerhalb der Hierarchie der FARC. Zelik/Azzellini beschreiben diese folgendermaßen: Fronten sind *»(...) Einheiten, die in einem mehr oder weniger klar umrissenen Gebiet politische und militärische Arbeit leisten. Eine solche Front umfasst normalerweise 60 bis 300 Personen, die nur in Ausnahmefällen an einem Ort zusammengezogen werden, ansonsten jedoch in kleineren Gruppen ›kommissionieren‹, d. h. militärische Operationen durchführen oder politisch-organisatorische Arbeiten verrichten.«* (Zelik/Azzellini 1999: 158). Unterstellt sind die Mitglieder der Fronten drei oberen Kommandanten[73]. Als größte militärische Einheit der FARC-EP gilt letztend-

---

73   Auf dieser Ebene existieren bei den FARC keine weiblichen Führungskräfte mehr. Darauf wird später noch genauer eingegangen.

lich der *bloque* (Block), mit bis zu 6.000 KämpferInnen und fünf Kommandanten. Auf der obersten Stufe der Hierarchie steht abschließend das Führungsgremium der FARC, das Generalsekretariat. Dieses hat die kollektive Leitung, Strukturierung und Positionierung der gesamten Bewegung inne (Cárdenas Sarrias 2005: 168; Zelik/Azzellini 1999: 158).

Die militärischen Strukturen der ELN lassen sich folgendermaßen charakterisieren: Auf der untersten Ebene steht ebenfalls die *escuadra* als kleinste Einheit der Organisation. Dann folgt das *destacamento* (Kommando bzw. Einsatztruppe), zusammengesetzt aus ca. 30 KämpferInnen. Wie bei den FARC-EP steht an nächster Stelle die *columna* (Kolonne), welche ungefähr 60 KämpferInnen zählt. Über der *compañía* (Kompanie) als nächst größte Einheit steht schließlich die oberste militärische Einheit der ELN, der *frente de guerra* (Kriegsfront) mit bis zu 500 KämpferInnen. Auf der höchsten Stufe der Hierarchie steht das Leitungsgremium der ELN, welches sich aus der *Dirección Nacional* (Nationale Direktion) und dem *Comité Central* (Zentralkomitee) zusammensetzt (Cárdenas Sarrias 2005: 198).

Die Guerilla (FARC-EP wie ELN gleichermaßen) strukturieren das interne Leben der Organisation über strikte rigide Regeln und Normen, welche durch die Statuten der Guerilla-Gruppierungen genau festgesetzt und definiert werden. Bei Nichterfüllen oder Missachten dieser Regelungen drohen Sanktionen, bis hin zur obersten Strafe – dem *consejo de guerra*, Kriegsgericht. Laut den Ausführungen der interviewten Kämpferinnen funktioniert dieses Gerichtsverfahren folgendermaßen: es gibt ein/e RichterIn, dem/r Angeklagten wird ein/e VerteidigerIn zur Seite gestellt, auf der anderen Seite steht ein/e AnklägerIn. Diese führen das Verfahren, wobei am Ende alle KämpferInnen kollektiv – quasi als Jury – die Entscheidung, angesiedelt zwischen Freispruch und Schuldspruch (Exekution) treffen. Als mögliche Gründe für so ein Kriegsgericht gelten Angriff oder Tötung eines/r KämpferIn, Tötung von Zivilpersonen, Vergewaltigung von Kämpferinnen oder zivilen Frauen sowie Desertion. Neben dieser höchsten Form der Strafe existieren noch eine Reihe anderer kleinerer Vergehen, welche mit geringeren Strafen – meistens in Form einer Erhöhung alltäglicher Aufgaben[74] – sanktioniert werden.

Es existieren also innerhalb der bewaffneten Guerilla-Gruppierungen klare hierarchische Strukturen sowie rigide Normen und Regeln. Dies ist im Kontext des bewaffneten Kampfes notwendig, um in kollektiver, strukturierter Art und Weise agieren zu können. Diese vertikalen Strukturen haben jedoch zur Folge, dass wenig Spielraum bzw. begrenzte Mitsprachemöglichkeiten den einzelnen KämpferInnen gewährleistet werden. Nichts-

---

74 Aus einer Genderperspektive erscheint es interessant zu eruieren, wie diese Strafen innerhalb der Geschlechter aufgeteilt werden. Können teilweise unterschiedliche Strafausmaße festgestellt werden oder existieren diesbezüglich keine markanten Unterschiede? Alle interviewten Ex-Kämpferinnen verneinen hierbei diskriminierende Praktiken seitens der KommandantInnen, es wurde demzufolge bei weiblichen und männlichen KämpferInnen »gleich« sanktioniert.

destotrotz muss angemerkt werden, dass es zumindest ein gewisses Maß an »Flexibilität« und »demokratischen Rechten« zu geben scheint (Cárdenas Sarrias 2005: 168). Eine Interviewpartnerin spricht im Zuge der Darstellung des Lebens bzw. des Tagesablaufs innerhalb der FARC diesen Aspekt an.

> (...) und um fünf Uhr am Nachmittag versammeln sie [die KommandantInnen; Anm.: MH] wieder alle, um zu zählen und die Aktivitäten der Nacht einzuteilen. Dort sagt dann der Kommandant: ›wer Vorschläge, Anmerkungen, Regelwidrigkeiten hat.‹ Und dann hebt man/frau die Hand und spricht: ›Schau, Kamerad, mir würde gefallen, wenn die Dinge so oder so wären. Oder schau, mein Kamerad, mir ist das oder jenes mit einem *compañero* passiert. Oder schau, mein Kamerad, ...‹ Du kannst also deine Meinung äußern und Dinge ansprechen. Falls es etwas gibt. Sie hören viel zu. Es ist ja auch nicht so, dass sie Scheusale wären oder so. Nein. Sie hören zu und akzeptieren Meinungen. Und wenn sie sehen, dass diese nützen, dann berücksichtigen sie sie und führen sie aus. (Laura)

Auf der einen oder anderen Ebene existiert also Mitspracherecht für die »Basis«, zumindest die Möglichkeit der Beeinflussung der Entscheidungsfindung ist gegeben. Somit wird inmitten der hierarchischen militärischen Struktur der Guerilla offenbar ein gewisses Maß an demokratischer Struktur gewährleistet.

Struktur, Aufbau und Regeln der Paramilitärs

Im Gegensatz zu diesen dargestellten Strukturen und Regeln der Guerilla obliegen die Paramilitärs keiner klar definierten militärischen Struktur bzw. festgelegten Regelungen, sondern vielmehr einer willkürlichen und autoritären Führung. Der *comando*, wie die Führung bei den Paramilitärs heißt, wird von seinem direkten Vorgesetzten gewählt. Es kann unterschieden werden zwischen folgenden Typen von *comandos*: militärische *comandos* der Fronten (ihm obliegt die gesamte Truppe); politischer *comando*; erster und zweiter *comando* der Gruppe (40 Einheiten) sowie der *escuadra*; *comando* der Finanzen; regionaler Koordinator (verantwortlich für Kontakte zu Polizei oder Militär) sowie der städtische *comando*, welcher sich um die Interessen der Paramilitärs im urbanen Bereich widmet (Cárdenas Sarrias 2005: 217).

Diese jeweiligen *comandos* haben in Folge die Freiheit, individuell Entscheidungen zu treffen; die Existenz eines Mitspracherechts oder Entscheidungsmöglichkeiten der KämpferInnen bei den Paramilitärs sind nicht bekannt. Somit sind die jeweiligen KämpferInnen der Willkür einzelner Personen ausgesetzt. Im Gegensatz zur Guerilla existiert kein Kriegsgericht, bei einzelnen Vergehen wird ohne Option auf Freispruch sofort die Todesstrafe verhängt (Cárdenas Sarrias 2005: 217). Insgesamt scheinen die Strafen auch härter zu sein, so beschreibt die ehemalige Kämpferin der Paramilitärs sie folgendermaßen:

(...) an diesem Tag haben sie mich angebunden. Sie haben mich die ganze Nacht an einem Stock angebunden gelassen. In Unterwäsche. Und du kannst dir nicht vorstellen die Menge an Gelsen. Also Gelsen – die Gelsen, welche es dort gibt sind – du sprichst und sie fliegen dir in den Mund hinein. Also das ist – ich erinnere mich, dass sie mich an diesem Tag zerstochen haben. Stell dir vor. (...) Sie binden uns an. Sie stecken uns in ein Loch. Es gibt ein Loch dort mit ungefähr dieser Größe, wo dir das Wasser bis hier reicht [zeigt mit der Hand an das Ende des Halses; Anm.: MH]. Dort lassen sie dich acht, neun, zehn Stunden, so im Wasser stehend. Kannst du dir vorstellen, wie man dort rauskommt? Das ist sehr arg. (Victoria)

Diese hier illustrierte Praxis der harten Strafen deckt sich auch mit anderweitigen Hinweisen auf einen prinzipiell eher harten und rigid-militärischen Stil innerhalb der Paramilitärs. So scheinen körperliche Misshandlungen von KämpferInnen seitens der Vorgesetzten üblich zu sein – bis hin zur Tötung. Während der Vorbereitungs- und Ausbildungszeit werden extreme Rituale[75] angewendet, um den KämpferInnen die Angst vor dem Tod, dem Feind und dem Krieg bzw. jedweden Skrupel zu nehmen (Cárdenas Sarrias 2005: 215ff). Alle diese Faktoren in Summe zeichnen das Bild eines autoritären, konservativen und strengen Führungsstils, worin sich markante Unterschiede zu den beiden Guerilla-Gruppierungen zeigen.

Unterschiede zwischen den jeweiligen Fronten

Doch nicht nur zwischen den diversen bewaffneten Gruppierungen können Unterschiede ausgemacht werden – auf einzelnen Ebenen existieren auch innerhalb der jeweiligen Organisationen Variationen zwischen den Fronten. Militärische Strukturen und Regelungen markieren zwar die Basis der bewaffneten Gruppierung, in der praktischen Umsetzung hängt jedoch viel von individuellen Entscheidungen und/oder externen Einflüssen[76] ab. Auf dieser Tatsache aufbauend existieren auch markante Unterschiede innerhalb der Erfahrungen ehemaliger Kämpferinnen untereinander, was auf

---

75 Eines dieser Rituale besteht beispielsweise darin, Blut oder Fleisch von Guerilleros bzw. Guerilleras (dem kolportierten Feind) zu essen oder trinken. Manchmal auch von eigenen *companeros* oder *companeras*, welche aufgrund eines Vergehens bei lebendigem Leib zerstückelt wurden (Cárdenas Sarrias 2005: 215f).

76 Als einen strukturellen Grund für diese internen Unterschiede nennt eine Interviewpartnerin (Isabel) finanzielle Ressourcen. Je nach Region und somit möglichen Einkommensquellen (entweder Koka-Anbau, Entführungen oder sonstiges) unterschiedet sich der Lebensstil der *Guerilleros* und *Guerilleras* stark voneinander. Dies beeinflusse und präge ihrer Meinung nach in weiterer Folge Verhaltensweisen und Einstellungen. Abgesehen von diesen strukturellen Gründen spielen laut den Interviewpartnerinnen persönliche Charakteristika – besonders der jeweiligen *commandantes* – noch eine zentrale Rolle.

divergierende Tendenzen der jeweiligen Fronten zurückzuführen ist. Die Interview-partnerinnen sprechen selber diesen Aspekt explizit an, bei diversen Themen – vor allem auch bezüglich Geschlechteraspekten und der Behandlung von Frauen – wird des öfteren die Aussage getätigt, dass dies jeweils von der Front abhänge. Besonders eine ehemalige Kämpferin[77] streicht während des Gespräches diese Thematik der Unterschiede immer wieder hervor. Nach ihren Ausführungen über die Differenzen innerhalb der Guerilla schließt sie mit folgender Feststellung:

> Alles hängt von der Gruppe, der du zugeteilt bist, von der Front und von den Vorgesetzten ab. Man kann nicht sagen, dass die ganze Guerilla gleich ist. Sogar innerhalb der Blöcke gibt es Unterschiede. So kommt man drauf, dass es innerhalb der FARC viele Unterschiede gibt. Man kann eigentlich nicht ver-allgemeinern. Die FARC lässt sich nicht generalisieren. (Isabel)

Die hier dargestellte Aussage untermauert also das Argument der Unterschiede zwischen den Fronten und stellt aufgrund dieser internen Divergenzen eine generelle Charakteri-sierung der FARC de facto als eine Unmöglichkeit dar. Diese Heterogenität erschwert die Entwicklung einer einheitlichen Analyse, da Differenzen zwischen den einzelnen Fronten und Blöcken eine generelle verallgemeinernde Sichtweise der bewaffneten Gruppierung verdecken. Es muss also im Kopf behalten werden, dass sich die Regeln und die Struktur der Guerilla-Gruppierungen und der Paramilitärs aufgrund politisch-ideologischer Fak-toren klar voneinander unterscheiden, jedoch auch innerhalb der jeweiligen bewaffneten Akteure Variationen und divergierende Praktiken vorkommen können.

3. Disarmament, Demobilization, Reintegration – der Prozess der Demobilisierung

Zur vollständigen Erläuterung des Kontextes muss nicht nur der Konflikt in Kolumbien, sondern auch der Prozess der Demobilisierung charakterisiert werden. Nicht nur der bewaffnete Kampf bzw. die bewaffneten Gruppierungen sind für die Fragestellung relevant, sondern auch die Zeit der Demobilisierung und Re-integration. Wichtige Elemente, welche es vor dem Hintergrund des folgenden Fall-

---

77   Besagte Interviewpartnerin (Isabel) ist aufgrund ihrer Funktion relativ viel innerhalb der Fronten und Einheiten gewechselt (sie war insgesamt in ca. 15 Fronten), hat sich aus diesem Grunde selbst ein Bild der markanten Unterschiede machen können und die Fronten untereinander vergleichen.

beispiels herauszuarbeiten gilt, betreffen die Verbindung der Kategorie Geschlecht mit dem Prozess der Demobilisierung, die Frage der Gendersensibilität auf diesem Gebiet und darauf aufbauend die Frage nach einem potentiellen Empowerment ehemaliger Kämpferinnen in der Phase des zivilen Lebens. Basierend auf den folgenden theoretischen Überlegungen können diese Fragestellungen dann detailliert behandelt werden. Zur besseren Kontextualisierung bzw. Verortung des Fallbeispiels Kolumbien folgt zuerst ein Überblick über die Thematik Gender und DDR (*Disarmament, Demobilization, Reintegration*).

Wie bereits kurz dargestellt, stieg die Anzahl der innerstaatlichen Konflikte bzw. Kriege in den letzten Jahrzehnten und damit einhergehend die Wichtigkeit und Relevanz von *Peacebuilding* und *Peacekeeping* in der internationalen Politik in zunehmendem Maße an. In diesem globalen Kontext wurden bzw. werden friedenserhaltende Maßnahmen wie der politische, soziale, ökonomische Wiederaufbau des Landes bzw. deren Institutionen zu einem wesentlichen Bestandteil der Strategien und Maßnahmen für Länder in Post-Konflikt-Situationen. Doch nicht nur jene Maßnahmen sind zu einem erfolgreichen und lang anhaltenden Frieden notwendig – ein weiterer Aspekt ist hierfür relevant: die Demobilisierung und Wiedereingliederung ehemaliger KämpferInnen der diversen bewaffneten Gruppierungen. Laut internationalen Fachleuten wird DDR, wie dieser Prozess aufgrund seiner Abkürzung im Englischen bezeichnet wird, als einer der wichtigsten Schritte in einem Friedensprozess betrachtet, sogar die Weltbank definiert ihn als »*the key to an effective transition from war to peace.*« (Anderlini 2004: 1).

»*The question of how to disarm factions is a key consideration in official peace negotiations, along with the related issue of how to demobilise fighting units, aiding their transition to civilian life. International actors have termed the phase of the peace process that addresses these issues as* **disarmament, demobilization and reintegration (DDR)**.« (Anderlini 2004: 1). DDR beschreibt also den Prozess der Entwaffnung, Demobilisierung und Wiedereingliederung ehemaliger KämpferInnen bewaffneter Gruppierungen in das zivile Leben. Die unterschiedlichen drei Phasen dieses Prozesses können nicht als voneinander abgetrennt betrachtet werden. Vielmehr sind sie komplementär miteinander verbunden, bedingen und überschneiden sich gegenseitig. Grob können die unterschiedlichen Phasen wie folgt aufgeteilt werden:

- *Disarmament* (Entwaffnung): Sammlung von Handfeuerwaffen bzw. leichten und schweren Waffen in einer Konfliktzone.
- *Demobilization* (Demobilisierung): Prozess, in welchem Konfliktparteien ihre militärischen Strukturen auflösen und KämpferInnen ihre Transformation in das zivile Leben beginnen.

• *Reintegration* (Wiedereingliederung): Prozess, welcher es den Ex-KämpferInnen inklusive deren Familien ermöglichen soll, sich ökonomisch und sozial wieder in das
zivile Leben einzugliedern. Dieser wird meistens begleitet durch ein Unterstützungs-
paket in diversen Bereichen (UNIFEM 2004: 2).

Diese Arbeit konzentriert sich hauptsächlich auf den letzten Bereich des Prozesses, die
Reintegration von KämpferInnen, als jenen Aspekt, welcher ausschlaggebend ist für eine
erfolgreiche Wiederkehr in die Gesellschaft und die Möglichkeit einer vollständigen
Integration in das zivile Leben. Diese letzte Phase stellt sowohl die »Aufnahmegesellschaft« als auch die wieder zurückkehrenden ExkämpferInnen vor zahlreiche Herausforderungen, kann also als der komplexeste und langwierigste Prozess angesehen werden.
Speziell hier ist eine engagierte Politik von Nöten, welche sowohl versucht, die ehemaligen KämpferInnen auf bestmöglichem Wege zu unterstützen, als auch diesen Prozess
als Mittel zur Erreichung einer gesamtgesellschaftlichen positiven Transformation zu
nutzen (Farr 2005: 2).

Innerhalb dieses Prozesses der Reintegration ehemaliger KämpferInnen müssen
auf viele Komponenten geachtet und Herausforderungen bewältigt werden. Ein
zentraler Aspekt, welcher über lange Zeit hinweg nicht betrachtet wurde, betrifft
den Genderaspekt innerhalb des DDR-Prozesses. In den seit den neunziger Jahren
stattfindenden DDR-Prozessen wurde marginal bzw. gar nicht auf genderbezogene
Thematiken eingegangen – kämpfende Frauen wurden in diesen ignoriert und waren
de facto unsichtbar (Lelièvre Aussel et al. 2004: 10).

Die Resolution 1325 (2000) der Vereinten Nationen – welche nicht zuletzt durch
jahrelanges erfolgreiches Lobbying diverser Frauenorganisationen und NGOs durchgesetzt wurde (Purkarthofer 2006: 4f) – markiert diesbezüglich einen Wendepunkt.
Seit ihrer Implementierung wird auf diesen Themenkomplex vermehrt Augenmerk
gelegt und auf die Relevanz von Genderaspekten für Friedensprozesse hingewiesen.
Besagte Resolution fordert die Einbindung und Umsetzung einer Genderperspektive
in allen Bereichen des Peacebuilding und Peacekeeping, so auch in DDR-Prozessen.
Paragraph 13: »*The Security Council (…) Encourages all those involved in the planning
for disarmament, demobilization and reintegration to consider the different needs of female
and male ex-combatants and to take into account the needs of their dependants;*« (UNSC
2000)[78]. Aufbauend auf dieser ausschlaggebenden Resolution wird versucht, die Kate-

---

78   An der Resolution wurde von Seiten feministischer TheoretikerInnen auch vermehrt Kritik geübt –
      sowohl auf theoretischer analytischer als auch auf praktischer Ebene. An dieser Stelle kann leider nicht
      auf alle wesentlichen Aspekte und Kritikpunkte eingegangen werden, es wird jedoch versucht, m. E.
      zentrale Elemente dieser Kritik in die Auseinandersetzung mit der Thematik einzubauen (Withworth
      2004; Purkarthofer 2006).

gorie Gender in Programme und Projekte zu Peacebuilding und DDR einzubinden und somit gendersensibel vorzugehen[79].

Speziell für Exkämpferinnen markiert diese Resolution theoretisch einen qualitativen Sprung. Bis dahin wurden weder Frauen im bewaffneten Kampf noch dessen geschlechtsspezifische Komponenten beachtet, der Situation kämpfender Frauen mangelnde bis gar keine Aufmerksamkeit geschenkt (Lelière Aussel et al. 2004: 10). Die Wichtigkeit der Implementierung einer Genderperspektive für den DDR-Prozess sowie den gesamten Friedensprozess wird von zahlreichen Seiten postuliert, ohne eine solche kann kein langfristiger und anhaltender Friede gewährleistet werden (Farr 2005; UNIFEM 2004).

Vor diesem Hintergrund stellt sich die Frage, wie eine solche Implementierung auf praktischer Ebene aussehen kann, wie die Genderperspektive in Prozessen der Reintegration von Exkämpferinnen konkret umgesetzt wird bzw. werden kann.

3.1. »Genderneutralität« versus Genderperspektive in Demobilisierungsprozessen

Wie bereits skizziert, ist – nicht zuletzt aufgrund der Implementierung der Resolution 1325 (2000) der Vereinten Nationen – der Themenkomplex Gender und DDR vermehrt in das Licht der Öffentlichkeit gerückt. Bis zu jenem Zeitpunkt wurde der DDR-Prozess vielmehr als ein »genderneutraler« Prozess verstanden. Von Seiten der zuständigen Politik wurde (bzw. wird) eine »neutrale« Position gegenüber Geschlecht und Geschlechterverhältnissen vermittelt und die DDR-Programme unter diesem Gesichtspunkt erarbeitet (Londoño/Nieto 2006: 81). Viel mehr als eine »neutrale« Position kann dies jedoch als Negation bzw. Nicht- Betrachtung der real-gesellschaftlichen Verhältnisse angesehen werden, da die postulierte »Neutralität« bestehende Ungleichheiten und Machtverhältnisse außer Acht lässt. Dies hat negative Effekte für Frauen, da die Gefahr besteht, strukturelle Asymmetrien aufrecht zu erhalten (Olsson 2005). Statt »neutral« zu sein, rekonstruiert und reproduziert diese Herangehensweise existente Geschlechterungleichheiten. Londoño und Nieto sehen in diesem Vorgehen eine »Bestätigung bzw. Bekräftigung seitens des Männlichen«, da die wesentliche Rolle der Geschlechterkonstruktionen in den Demobilisierungs- und Wiedereingliederungsprozessen nicht betrachtet wird (Londoño/Nieto 2006: 82). »Diese Bestätigung bzw. Bekräftigung reproduziert und nährt dominante Schemata der Ungleichheit und Unter-

---

79 In Kolumbien wurde diese Zielsetzung und Forderung mangelhaft bzw. gar nicht umgesetzt, vielmehr wird mittels der bisherigen »Genderneutralität« operiert – zu diesem Schluss kommt eine Evaluierung der Genderperspektive innerhalb der DDR-Prozesse seitens der IOM, International Migration Organisation (IOM 2006: 6).

ordnung der Geschlechter, mit schwerwiegenden Konsequenzen sowohl für die weiblichen ExkämpferInnen als auch für die Gesellschaften, in welchen diese Prozesse stattfinden.« (Londoño/Nieto 2006: 82)

Laut den Autorinnen bestehen die Konsequenzen für erstere, den Exkämpferinnen, vor allem darin, dass ihre spezifischen Bedürfnisse und Erfahrungen nicht beachtet werden und sie somit in eine benachteiligte Position gegenüber ihren männlichen Kollegen treten. Dies drückt sich sowohl in den realen Möglichkeiten der Wiedereingliederung als auch in den Begünstigungen des Programms der Demobilisierung aus. Für die betroffene Gesellschaft besteht die negative Auswirkung solcher »neutraler« Politiken vor allem in dem Versäumnis des Aufbaus einer generell gerechteren und gleicheren Gesellschaft, welche für einen lang anhaltenden Frieden notwendig sei. Stattdessen werden vorhandene ungerechte Verhältnisse aufrecht erhalten, welche eine Verlängerung und Vertiefung des Konflikts begünstigen (Londoño/Nieto 2006: 82).

Wenn die Demobilisierungs- und Wiedereingliederungsprozesse keine explizite Genderperspektive beinhalten, führt dies nicht nur zu einer Benachteiligung der betroffenen Frauen, sondern hat auch negative Auswirkungen auf die gesamte Gesellschaft und den jeweiligen Friedensprozess. Um einen nachhaltigen und gefestigten Frieden gewährleisten zu können, bedarf es der Partizipation möglichst aller Sektoren der Gesellschaft und nicht der Exklusion eines Teils (der weiblichen Kämpferinnen bzw. des weiblichen Teils der Gesellschaft als solcher) aus eben diesem Prozess. Aus diesen Gründen ist es wesentlich, in alle Programme zur Reintegration von ExkämpferInnen einen expliziten »gegenderten« Blick zu legen und somit von Grund auf auf allen Ebenen gendersensibel vorzugehen bzw. einen geschlechtsspezifischen Fokus mit einzubeziehen. Die Genderperspektive ist von enormer Wichtigkeit und Relevanz, »weil ohne sie die Aktivitäten des DDR riskieren, Ungleichheiten in den Verhältnissen zwischen Männern und Frauen zu vertiefen.« (IOM 2006: 6).

Was bedeutet jedoch dieses abstrakte Postulat der Implementierung einer Genderperspektive in DDR-Prozesse? Wie lässt sich dies in den Programmen und Instrumenten der Reintegration von KämpferInnen konkret umsetzen?

Gendersensibel vorzugehen bzw. eine Genderperspektive einzubauen soll nicht bedeuten, dass an beliebigen Stellen die Genus-Gruppe Frauen bzw. die Sub-Gruppe Exkämpferinnen mit gedacht und hinzugefügt werden, oder lediglich auf die »spezifischen Bedürfnisse von Frauen« aufmerksam gemacht wird. Wie bereits von feministischer Seite kritisiert wurde, bedeutet Genderperspektive in der Praxis oftmals das möglichst zahlreiche Einfügen der Begriffe »gender« und »Frauen«, – frei nach der Devise »add women and stir« (Purkarthofer 2006: 19) – um das Endprodukt gendersensibel erscheinen zu lassen (Raven-Roberts 2005: 50). Vielmehr sollten diese Projekte aber »Geschlecht als Strukturkategorie« und nicht bloß als neue Variable berücksichtigen (Krause 2003: 257), von Grund auf bestehende Geschlechterverhältnisse und Ungleichheiten mitdenken und unter diesem Aspekt die Programme erarbeiten (Purkarthofer 2006: 19). In der Praxis wird die Kategorie Gender oftmals zwar in Projekte, Resolutionen etc. eingebaut, jedoch ohne kritische Komponente. Zugrunde liegende Verhältnisse und Strukturen, wie beispielsweise prinzipielle Auffassungen von Krieg, Sicherheit, Gewalt etc. oder die Ursachen der ungleichen Machtverhältnisse zwischen den Geschlechtern werden nicht hinterfragt, die Kategorie Gender erhält vielmehr den Status quo aufrecht – wird insofern als Problemlösungs-Instrument und nicht als Instrument für einen möglichen Wandel der existenten Strukturen gesehen (Whitworth 2004).

Durch diese oberflächliche Form der Anwendung einer »Genderperspektive« besteht die Gefahr negativer Auswirkungen auf Frauen in ihrer Gesamtheit. Ein solches Vorgehen riskiert die Aufrechterhaltung der bestehenden Ungleichheiten und Benachteiligungen von Frauen in diesem System. Sollte jedoch das Ziel sein, eine gerechtere Gesellschaft auf allen Ebenen in Post-Konflikt-Ländern aufzubauen, so ist es auch von Nöten, grundlegende Strukturen und Hierarchien aufzuzeigen und aufzubrechen (Lelièvre Aussel 2004: 195).

Dies bedeutet konkret in Bezug auf DDR-Prozesse, dass von politischer Seite die Wichtigkeit der Implementierung einer Genderperspektive als komplexes Gebilde anerkannt werden muss, welches über eine lange Zeit hinweg Einsatz und politisches Engagement fordert. Um reale strukturelle Änderungen zu erreichen, reichen das alleinige Bekenntnis und halbherzige Maßnahmen zu gendersensiblem Vorgehen nicht aus. Die ernsthafte Implementierung benötigt langfristig politischen Willen (IOM 2006: 9).

Ein umfassender Genderfokus in den DDR-Prozessen erfordert eine Palette an Strategien und Methoden, welche das große Spektrum von Bedürfnissen und Interessen des weiblichen Sektors der Gesellschaft bzw. der Ex-KämpferInnen berücksichtigen. Nur so kann gewährleistet werden, dass nicht auf halbem Wege stehen geblieben wird und die Herausforderung einer politischen Transformation hin zu mehr Geschlechtergerechtigkeit und Gleichheit in der Phase des Wiederaufbaus von Post-Konflikt-Ländern geschafft wird (Lelièvre Aussel 2004: 227ff).

Caroline Moser unterscheidet zwischen praktischen und strategischen Bedürfnissen bzw. Interessen. Praktische Interessen wären solche, welche die unmittelbaren Bedürfnisse und Probleme von Frauen zum Thema haben – Situationen der Benachteiligung von Frauen, welche hauptsächlich mit den konkreten Lebensumständen zu tun haben. Diese *practical gender needs* resultieren aus den gesellschaftlichen Geschlechterverhältnissen wie beispielsweise die geschlechtliche Arbeitsteilung, stellen diese jedoch nicht in Frage. Strategische Interessen hingegen können als tiefgehender bezeichnet werden. Hierbei geht es darum zu versuchen, bestehende Hierarchien abzubauen bzw. ungleiche Macht- und Geschlechterverhältnisse aufzubrechen. Das bestehende System wird hinterfragt und es wird versucht, Strategien anzuwenden, um dieses zu transformieren bzw. die grundlegenden Probleme und Ursachen zu identifizieren (Moser 1995: 69, zit. nach Londoño/Nieto 2006: 87).

Um die Chance einer potentiellen Veränderung der bestehenden Verhältnisse zu ergreifen und möglicherweise einzelne Aspekte für Frauen einem positiven Wandel zu unterziehen muss auch der Bereich der strategischen Interessen in die Programme zur Demobilisierung und Wiedereingliederung eingebaut werden. Dies bedeutet konkret, Instrumente zur Gleichstellung der Geschlechter zu erarbeiten – wie beispielsweise den gleichen Zugang zu Projekten und Ressourcen oder die Verringerung der stereotypen geschlechtsspezifischen Arbeitsteilung. Hierin liegt eine der Herausforderungen jeglicher Programme zur Reintegration von Ex-Kombattantinnen (IOM 2006: 24f).

Von vielen Seiten wird bei der Auseinandersetzung mit dem Themenkomplex Gender und Demobilisierung hauptsächlich auf die praktischen Interessen und Bedürfnisse allein fokussiert. Frauen werden spezielle Bedürfnisse in Post-Konflikt-Situationen attestiert, welche besonderer Berücksichtigung und Behandlung bedürfen[80]. Dies ist sicherlich ein großer Verdienst, da im Gegensatz zu vor kurzer Zeit wesentliche Benachteiligungen von Frauen ins Blickfeld geraten und analysiert werden. Bei alleiniger Betrachtung und Reduzierung auf diese speziellen Bedürfnisse von Frauen besteht jedoch wiederum die Gefahr, Frauen in traditionelle Rollenstereotype zu drängen und diese zu verstärken.

3.2. Ausschluss auch aus den DDR-Prozessen und Rückkehr zur Normalität

Nun kann die Frage gestellt werden, aus welchem Grund Frauen bisher in den Friedensverhandlungen bzw. dem Wiedereingliederungsprozess nicht betrachtet wurden und der Aspekt einer Genderanalyse nicht in Erwägung gezogen wurde. Dies lässt sich laut der feministischen Theoretikerin Vanessa Farr wiederum mit den vorherrschenden Rollenstereotypen erklären. Geschlechtsspezifische Rollenbilder sind so fest in den jeweiligen Gesellschaften verankert, dass jegliche andere Realität oder Abweichung negiert oder unsichtbar gemacht wird. Diese fehlende Wahrnehmung der Aktivitäten von Frauen im Krieg führt dann in weiterer Konsequenz auch zu ihrem Ausschluss aus den nachfolgenden Friedensprozessen – selbst wenn sie aktiv in diesem beteiligt waren. Mit den Worten von Vanessa Farr:

---

80   Hier sei anzumerken, dass dies einen wesentlichen Kritikpunkt auch an der Resolution 1325 darstellt. In späteren Resolutionen bzw. Dokumenten scheint jedoch schon mehr auf den anderen Punkt der strategischen Interessen eingegangen zu werden.

»Die Schwierigkeit für die kämpfenden Frauen liegt in diesem Stereotyp von der angeborenen weiblichen Friedfertigkeit, das durch Mobilisierung von den Männern dazu verwendet werden kann, jene Frauen nicht zur Kenntnis zu nehmen, welche aktiv am Krieg teilgenommen haben. Wie wir gesehen haben, ist es für viele Menschen schwierig anzuerkennen, dass einige Frauen fähig sind, Kämpferinnen zu werden und militärische Ideologien zu unterstützen. Sie sehen nicht ein, dass diese Frauen dieselben speziellen Demobilisierungsprogramme benötigen wie Männer, sondern ignorieren vielmehr die weiblichen Kämpferinnen in der unmittelbaren Nachkriegsphase.« (Farr 2005: 6)

Die konstruierten Geschlechterideologien führen zur Marginalisierung und fehlenden Wahrnehmung von aktiven Kämpferinnen in bewaffneten Gruppierungen. Diesem Schema folgend ist es laut Vanessa Farr nur *»natürlich, dass nach Beendigung des Krieges die Männer und nicht die Frauen bei den Friedensverhandlungen und den Prozessen der Rekonstruktion der Gesellschaft vorherrschend sind.«* (Farr 2005: 7)

In Zeiten des Krieges könnten die stereotypen Rollenbilder der passiven friedlichen Frauen und Opfer des Krieges transformiert werden. Die Herausforderung dieser müsste aber in der Öffentlichkeit sichtbar gemacht und wahrgenommen werden, nur so kann gewährleistet werden, dass kämpfende Frauen in der Post-Konflikt Phase anerkannt und nicht aus diesen gesamten Prozessen ausgeschlossen werden (Anderlini 2004).

Die Erfahrung zahlreicher Länder in Post-Konflikt-Phasen zeigt, dass nach Beendigung des Krieges die Gesellschaft wieder zur »Normalität« zurückkehrt, welche impliziert, dass Frauen ihre alten Rollen und Plätze einzunehmen haben. Traditionelle Geschlechterrollen werden mobilisiert und aufgenommen; es wird versucht, vorher existente Machtverhältnisse wieder herzustellen. Dies bedeutet, dass Frauen erneut in die Passivität und Unsichtbarkeit, also den privaten Bereich gedrängt werden. Die Wiederkehr der Gesellschaft zum Status quo vor dem Krieg bedingt den Ausschluss der Frauen aus Friedensverhandlungen und deren Unsichtbarkeit (Lelièvre Aussel et al. 2004; Londoño/Nieto 2006; Farr 2005).

Abschließend soll ein Zitat die Frage zusammenfassen, was es bezwecken bzw. bewirken würde, in DDR-Prozesse eine Genderperspektive einzubauen. *»Im Großen und Ganzen hätte so ein Rahmen einen zweifachen Zweck: Erstens, die verschiedenen Bedürfnisse von demobilisierten Männern und Frauen sichtbar zu machen und Strategien zu entwerfen, welche sie angemessen zufrieden stellen. Zweitens hätte er das Ziel, die Bedingungen und die Lage der Ex-Kämpferinnen zu verbessern. Das würde sich sowohl auf ihre praktischen Bedürfnisse als auch ihre strategischen Interessen auswirken, verbunden mit dem Erstarken und dem Empowerment dieser Frauen sowohl im privaten als auch im öffentlichen Raum.«* (Londoño/Nieto 2006: 87)

3.3. Kolumbiens DDR-Prozess – Die Regierungsprogramme

Obgleich alle DDR-Prozesse Gemeinsamkeiten und Kontinuitäten aufweisen, existieren gleichzeitig viele Spezifika und Divergenzen. Kolumbien unterscheidet sich in seinem Prozess zur Demobilisierung und Reintegration von den meisten anderen Ländern in einigen Aspekten. Der Großteil der internationalen Erfahrungen mit DDR-Prozessen fand bisher in einem Kontext des Post-Konflikts statt, nach Friedensverhandlungen folgte die Demobilisierung der KämpferInnen. Kolumbien stellt hier eine Ausnahme dar, die Prozesse in diesem Land können nicht eins zu eins auf jenes Schema umgelegt werden. Auf der einen Seite existiert in Kolumbien das Phänomen des »Post-Konflikts«, auf der anderen Seite geht jedoch der bewaffnete Konflikt in all seiner Stärke weiter[81] (IOM 2006: 1f). Die Reintegration gestaltet sich demzufolge schwieriger und komplexer in dieser Situation des bestehenden Krieges.

Ein weiteres Spezifikum des kolumbianischen Konflikts und DDR-Prozesses besteht darin, dass in Kolumbien der Staat verantwortlich für die Gestaltung und Implementierung der DDR-Programme ist. In anderen Ländern spielt bzw. spielte die UN eine größere und sichtbarere Rolle, im Fall von Kolumbien existiert de facto keine neutrale Instanz zur Überprüfung bzw. Evaluierung der Programme (IOM 2006: 4).

Aufgrund dieser und noch zahlreicher anderer Faktoren zeigt sich, dass der Prozess in Kolumbien durch seine komplexe Ausgangssituation vor vielen Herausforderungen steht. Erstens aufgrund des Spezifikums des kolumbianischen Konflikts, welcher weiter andauert – schon als der längste Konflikt auf dem Kontinent. Zweitens durch die Zugehörigkeit der ehemaligen KämpferInnen zu den unterschiedlichen Gruppierungen (Guerilla oder Paramilitärs), in welchen jeweils andere Erfahrungen gesammelt wurden und in folge dessen auch andere Konsequenzen bzw. Bedürfnisse für die demobilisierten Frauen entstehen[82]. Abgesehen davon existieren innerhalb der Gruppe der Kämpferinnen markante Unterschiede aufgrund der Ethnie, Klasse, Herkunftsregion etc., welche es zu berücksichtigen gilt. Ein weiteres Spezifikum Kolumbiens liegt in den zwei großen Demobilisierungswellen des Landes – in den neunziger Jahren und seit 2002[83]. Der Kontext

---

81 Dies führt vor allem dazu, dass das Sicherheitselement in Kolumbien eine sehr wesentliche Rolle spielt, oftmals können ExkombattantInnen nicht mehr in ihre Heimatorte zurückkehren und müssen untertauchen bzw. ihre Vergangenheit verheimlichen.

82 Einen dieser Unterschiede markiert der Aspekt der Gewalt, speziell der sexuellen Gewalt, mit welchem zu einem großen Teil Frauen bei den Paramilitärs konfrontiert sind. Auf dieses Phänomen wird weiter unten noch genauer eingegangen.

83 Während der ersten Demobilisierungswelle der neunziger Jahre haben ca. 5.000 Personen die Waffen niedergelegt, davon ungefähr 30 % Frauen (Dietrich 2006: 18).

der kolumbianischen Konflikts hat sich transformiert, was auch die Erfahrungen der Kombattantinnen und darauf aufbauend teilweise die Anforderungen dieser an die Reintegration voneinander divergieren lässt (Londoño/Nieto 2006: 58). Seit 2002[84] fanden in Kolumbien zwei Modalitäten der Demobilisierung statt – die individuelle und kollektive Demobilisierung.

Die kollektive Demobilisierung
Kolumbiens Präsident Álvaro Uribe Vélez hat 2002 ein Waffenstillstandsabkommen mit den Paramilitärs geschlossen, in welchem die gänzliche Auflösung ihrer militärischen Strukturen vereinbart wurde. Offiziellen Angaben zufolge ist seit 2006 der Demobilisierungsprozess der Paramilitärs abgeschlossen, es existieren keine paramilitärischen Gruppierungen oder Strukturen in Kolumbien mehr. Zahlreiche nationale sowie inter nationale Nichtregierungsorganisationen kritisieren jedoch seit geraumer Zeit die kolumbianische Regierung für diese Darstellung der Tatsachen. Es wird im Gegensatz dazu verlautbart, dass ständig neue paramilitärische Verbände im Entstehen sind, welche weiterhin aktiv sind und Menschenrechtsverletzungen verüben (AI 2007; International Crisis Group 2007). So wurden auch nach 2002, während des Demobilisierungsprozesses und dem »Waffenstillstand«, an die 4.000 Personen von diesen Gruppierungen ermordet (Rütsche 2008: 3). Somit kann nicht von einer gänzlichen Demobilisierung bzw. Auslöschung der paramilitärischen Strukturen in Kolumbien die Rede sein.

Die individuelle Demobilisierung
Seit 2002 existiert in Kolumbien – geregelt durch das Gesetz 782 – auch ein Programm zur individuellen Demobilisierung. Dieses ist an Mitglieder von bewaffneten Gruppierungen gerichtet, welche aus diesen desertieren und sich freiwillig den Behörden stellen. Aufgeteilt ist das Programm in zwei Phasen, welche jeweils die Etappe der Demobilisierung als auch der Wiedereingliederung kennzeichnen sollen. Als erster Schritt wird seitens des Verteidigungsministeriums durch das PAHD (*Programa de Atención Humanitaria al Desmovilizado*/Programm zur humanitären Unterstützung der Demobilisierten) sofortige humanitäre Hilfe für die Demobilisierten und ihre Familie gewährleistet, inklusive Grundbedürfnisse wie gesundheitliche Versorgung, Nahrung, Transport und Unterkunft (Dekret 128, 2003). Im Zuge dessen werden auch die Dokumente der ehemaligen KämpferInnen legalisiert und vom Komitee für die Entwaffnung (*Comité Operativo para la Dejación de las Armas*), CODA, ein Zertifikat

---

84   Schon davor fanden kollektive und individuelle Demobilisierungen statt. Im Jahr 1953 legen 3.540 KämpferInnen der *Guerilla de Los Llanos* die Waffen nieder, gefolgt von ca. 3.000 im restlichen Land. In den neunziger Jahren treten weitere Organisationen diesen Prozess der Demobilisierung an. Auch vereinzelte individuelle Demobilisierungen kann das Land in der Vergangenheit verzeichnen

über die erfolgreiche Demobilisierung ausgestellt. Nach der erfolgreichen Absolvierung der Etappe der Demobilisierung und Ausstellung jener Beurkundung kann mit der Phase der Wiedereingliederung begonnen werden. In einer zweiten Etappe werden jene registrierten Ex-KämpferInnen an das Innenministerium weitergeleitet, wo sie von dem dortigen Programm Unterstützung bekommen (Cárdenas Sarrias 2005: 22f).

Die Dauer der Programme variiert je nach Modalität bei der individuellen Demobilisierung 24 Monate und bei der kollektiven 18 Monate. Da im Rahmen dieser Forschung ausschließlich mit Kämpferinnen der individuellen Modalität Kontakt aufgenommen wurde, sollen in Kürze einige zentrale Eckpunkte des Programms zur individuellen Demobilisierung skizziert werden.

Im Großen und Ganzen besteht das Programm in einer ökonomischen Unterstützung und Orientierung, um ein neues Lebensprojekt, dem *»Proyecto productivo de Vida«* zu entwickeln. Weiters existiert auch psychosoziale Assistenz und die Möglichkeit zur Aus- bzw. Weiterbildung (IOM 2006: 4). Der/die Demobilisierte war bis 2005 großteils in so genannten *albergues* untergebracht, Unterkünfte für Begünstigte des Regierungsprogramms während der Phasen der Demobilisierung und Reintegration. Seit 2005[85] werden nur mehr ExkämpferInnen in der Phase der Demobilisierung in diesen Häusern untergebracht, der Rest muss sich – mit finanzieller Unterstützung seitens des Programms – unabhängige und individuelle Wohnmöglichkeiten suchen (Alcaldía de Bogotá 2006: 23). In speziell dazu eingerichteten Zentren (Zentren für Referenz und Chancen, *Centros de Referencia y Oportunidad*, CRO) wird psychologische, soziale und formative Hilfestellung gewährleistet. In dezentraler und autonomer Form soll den ehemaligen KombattantInnen so eine größtmögliche Unterstützung ermöglicht werden (International Crisis Group 2007: 26). Minderjährige Demobilisierte werden gleich an das ICBF (*Instituto Colombiano de Bienestar Familiar*, kolumbianisches Institut für Familienwohlfahrt) weitergeleitet. Der Prämisse folgend, dass minderjährige Demobilisierte (bis 18 Jahre) Opfer des bewaffneten Konflikts dar-

---

– seit dem Jahr 1958 wurden seitens der Regierungschefs immer wieder Anstöße zur individuellen Demobilisierung aus den illegal bewaffneten Gruppierungen gegeben (Cárdenas Sarrias 2005: 10ff). Der quantitative Sprung dieser Demobilisierungen – sowohl der kollektiven als auch der individuellen – lässt sich jedoch seit 2002 im Rahmen der Politik der »demokratischen Sicherheit« des amtierenden Präsidenten Alvaro Uribe Velez verzeichnen. Deren Zielsetzung ist es, den »Krieg gegen den internen Feind« – also die irregulären bewaffneten Gruppierungen – zu gewinnen. Abgesehen von anderen Strategien (beispielsweise der militärischen Aufrüstung) besteht eine Methode dieser Politik in dem Schaffen von Anreizen zur Waffenniederlegung und Demobilisierung – sowohl einzeln als auch gesamte Blöcke oder Gruppierungen (Cárdenas Sarrias 2005: 22).

85   Am 15. Juli 2005 kommt es in einem *Albergue* in Bogotá zu einer Explosion, bei welcher einige Personen verletzt werden. Diese Tatsache veranlasst die Regierung dazu, andere Formen der Unterkunft zu wählen (Cárdenas Sarrias 2005: 27).

stellen, benötigen diese spezielle Unterstützung, Hilfestellung und Schutz. Im Rahmen des Programms werden diese zwei Jahre lang in Häusern betreut, intensiver als die restliche demobilisierte Bevölkerung durch individuelle und spezialisierte Betreuung. Nach diesem abgeschlossenen Prozess werden die minderjährigen Demobilisierten dann an das Innenministerium weitergeleitet[86].

3.4. Zahlen und Fakten zur demobilisierten Bevölkerung

Laut Daten des zuständigen Regierungsprogramms sind bis zu dem Zeitpunkt April 2009 18.725 Personen in individueller Form aus den bewaffneten Gruppierungen ausgetreten. Davon gehörten 12.036 den FARC-EP an, 2.534 dem ELN und 3.682 den AUC. 473 weitere ehemalige KämpferInnen waren Mitglied diverser kleinerer dissidenter Gruppierungen. Nach Geschlecht segregiert, verhält sich die Verteilung folgendermaßen: 15.572 Männer und 3.198 Frauen. Der Prozentsatz von demobilisierten Frauen beträgt also 17,1 %, wobei in den letzten Jahren eine steigende Tendenz erkennbar ist. Waren in der ersten Amtsperiode Uribes (2002-2006) 14,3 % Frauen unter den demobilisierten Kämpferinnen, so ist diese Zahl in der zweiten Amtszeit bis April 2009 auf 20,6 % (1.725) gestiegen (www.mindefensa.gov.co). Bezüglich der Zugehörigkeit zu den jeweiligen Gruppierungen nach Geschlecht existieren keine aktuellen Daten. Für die Zeitspanne 2002-2006 lässt sich ein Prozentsatz von 15,6 % Frauen der Guerilla und 3,5 % Frauen der Paramilitärs der damals insgesamt 10.000 demobilisierten KämpferInnen ausmachen (IOM 2006: 4).

Im Rahmen der zweiten Modalität der Demobilisierung, der kollektiven, wurden – laut Angaben der Regierung – bis 2006 31.689 KämpferInnen der *Paras* demobilisiert, davon ungefähr 2.000 Frauen, equivalent einem Anteil von ca. 6 Prozent (International Crisis Group 2007: 1). Diese Zahl erstaunt angesichts der – von offizieller Seite – kolportierten Zahl von ca. 12.000 existenten Paramilitärs im Jahre 2002 (Bastidas 2007: 25). Im Zuge der Demobilisierung ist die verlautbarte Zahl der in jenem Prozess befindlichen Paramilitärs sukzessive angestiegen – von 20.000 auf 25.000 bis letztendlich auf ca. 29.000. Der »Zuwachs« dieser demobilisierten Personen gründet laut Regierung auf der Tatsache, dass nicht KämpferInnen allein, sondern auch Hilfspersonal wie beispielsweise KöchInnen, in das Programm der Regierung eintreten (International Crisis Group 2006: 2).

---

86   Diese Informationen stammen aus zwei Interviews mit Personen des ICBF – Adalgiza Reyes, der Direktorin des Institutes, sowie Julian Aguirre, dem Vorsitzenden des Programms für minderjährige Demobilisierte.

II. FRAUEN IM BEWAFFNETEN KAMPF IN KOLUMBIEN

1. Der Weg in die bewaffnete Gruppierung

1.1. Das Profil weiblicher KämpferInnen

Der soziale, ökonomische, familiäre Hintergrund der Interviewpartnerinnen ist von zentraler Bedeutung, um die Lebensbedingungen der Kämpferinnen vor ihrem Eintritt in die bewaffneten Organisationen und darauf aufbauend ihren Weg in diese zu verdeutlichen. Dies ist wichtig aufgrund der Tatsache, dass je nach sozialer, familiärer oder ökonomischer Lage persönliche Entscheidungen getroffen, Meinungen entwickelt und Erfahrungen gemacht werden, welche für den weiteren Lebensweg eine Rolle spielen. Die Lebensverhältnisse vor dem Eintritt in den bewaffneten Kampf sind zentral für die weitere Analyse der Kämpferinnen in den bewaffneten Gruppierungen. Folgende Tabelle soll vorerst grob die persönlichen Daten der Interviewpartnerinnen aufzeigen.

TABELLE 1: PERSÖNLICHE DATEN

	Alter bei Interview	Organisation	Jahre in Organisation	Alter bei Eintritt	Herkunft
Ana	20	FARC	3	12	rural
Victoria	30	AUC	5	24	urban
Martha	24	ELN	9	14	rural
Veronica	20	FARC	8 ½	8	rural
Laura	27	FARC	6	21	rural
Isabel	22	FARC	7	13	urban

Alle Interviewpartnerinnen waren zum Zeitpunkt des Interviews zwischen 20 und 30 Jahre alt, wobei der Großteil in der unteren Hälfte der Zwanziger – also zwischen 20 und 25 – liegt. Zwei Interviewpartnerinnen fallen aus diesem Bereich heraus, eine mit 27 Jahren und die andere mit 30 Jahren. Die Zeit, in welcher sie in der jeweiligen Organisation tätig waren, variiert zwischen 3 Jahren und 9 Jahren. Hier ist eine breite Streuung erkennbar, doch zeigt die Tendenz eher in Richtung eines längeren »Aufenthaltes« als eines kürzeren. Ein besonders augenfälliges Merkmal der persönlichen Daten ist das geringe Alter zum Zeitpunkt ihres Eintritts in die jeweiligen bewaffneten Organisationen. Das Alter des Beitritts erstreckt sich von 8 Jahren als unterste Stufe bis hin zu maximal 24 Jahren, wobei das arithmetische Mittel bei 15 Jahren liegt. Beim Versuch einer Einteilung in Altersgruppen kann folgendes konstatiert werden: eine Interviewpartnerin ist im Alter von weniger als zehn Jahren beigetreten, drei zwischen 10 und 15 Jahren und wiederum zwei zwischen 20[87] und 25 Jahren. In Bezug auf die unterschiedlichen Gruppierungen, welchen die Interviewpartnerinnen angehört haben, lässt sich ein verhältnismäßig einheitliches Bild zeichnen. Vier von sechs ehemaligen Kämpferinnen waren in der FARC aktiv, eine in der ELN und eine bei den AUC. Somit kommt ein Großteil der Frauen aus Guerilla-Gruppierungen, während eine Mitglied bei den Paramilitärs war. Bezüglich der sozialen Herkunft der Interviewpartnerinnen zeigt sich, dass die meisten aus einer ländlichen Region stammen. Von den sechs interviewten Ex-Kämpferinnen stammen nur zwei aus Städten oder städtischen Gebieten, die restlichen Interviewpartnerinnen sind in kleinen Dörfern oder Siedlungen am Land aufgewachsen. Der letzte Punkt, welcher für die weitere Auswertung und Analyse eine Rolle spielt, betrifft die Zeit der Demobilisierung. Hier kann eine starke Streuung und Variation ausgemacht werden. Die Bandbreite der Zeit im zivilen Leben reicht von eben demobilisiert (also ca. 6 Monate) bis hin zu einer bereits etwas längeren Zeitspanne der Wiedereingliederung (ca. 5 Jahre). Diese Tatsache kann von Vorteil sein, da sich aus dieser Variation die Unterschiede innerhalb der Interviewpartnerinnen in Bezug auf Reintegration relativ gut herausarbeiten lassen: die gesamte mögliche Palette der demobilisierten Zeitspanne ist abgedeckt.

Auf Basis dieser Daten kann folgende analytische Interpretation gezogen werden. In Bezug auf die Kategorie des Alters lässt sich festmachen, dass die Mehrzahl der Interviewpartnerinnen bei ihrem Eintritt noch minderjährig waren. Diese Tatsache ist von enormer Bedeutung sowohl für das subjektive Erleben und die Identität der Kämpferinnen als auch für ihre äußere Wahrnehmung. Die Kategorie des Alters nimmt somit eine wesentliche Rolle in der gesamten Analyse von Kämpferinnen ein.

Als ein weiterer auffälliger Aspekt sticht die regionale (und somit auch soziale) Herkunft der Interviewpartnerinnen ins Auge. Wie beschrieben, kommen vier von sechs interviewten Frauen aus einer ländlichen Gegend. Diese regionale Zuteilung hat Konsequenzen auf sozialer, ökonomischer und erzieherischer bzw. bildungstechnischer Ebene. Die ländliche Bevölkerung lebt großteils in ärmlichen Verhältnissen; de facto korreliert in Kolumbien die Kategorie Land mit der Kategorie Armut. Die Lebensbedingungen am Land sind gekennzeichnet von fehlender Infrastruktur, patriarchalen

---

87   Wobei hier der Richtigkeit halber angemerkt werden muss, dass bei Laura der Zeitpunkt des Beitritts nicht so klar festzusetzen ist wie bei den anderen Interviewpartnerinnen. So ist sie zwar mit 21 Jahren »richtig« der Gruppierung beigetreten, war jedoch schon seit dem Alter von 14 Jahren als Milizin für diese tätig. Dies bedeutet, dass auch diese Interviewpartnerin schon mit sehr frühem Alter in Kontakt und im Umfeld der späteren Gruppierung gestanden ist. Als MilizInnen werden innerhalb der Guerilla jene Personen bezeichnet, welche als zivile KollaborateurInnen tätig sind und Unterstützungstätigkeiten wie z. B. Verletzte beherbergen, Informationen sammeln und weiterliefern, erledigen. Sie sind zwar bewaffnet, leben jedoch ein »normales« Leben und gehören im strengen Sinn nicht den Strukturen der FARC an (Ferro M./Uribe R. 2002: 55).

machistischen Familienverhältnissen und mangelnden Perspektiven. Auch eine Interviewpartnerin, welche aus der Stadt kommt (der Hauptstadt Bogotá), stammt jedoch aus
sozial niedrigen Schichten und ist in ärmlichen Verhältnissen groß geworden[88]. Dieser
Faktor der Armut ist also ein entscheidendes Element, welches auch den Weg in den bewaffneten Kampf ebnet.

Der letzte wesentliche Punkt bei der Charakterisierung der Interviewpartnerinnen betrifft die Zeitspanne der aktiven Jahre in der jeweiligen bewaffneten Organisation. Hierzu
kann gesagt werden, dass alle Interviewpartnerinnen relativ viel Zeit in der Gruppierung
verbracht haben, vor allem wesentliche identitätsbildende Jahre der Kindheit. Sie haben
de facto ihre Sozialisation innerhalb der jeweiligen bewaffneten Gruppierung vollzogen
– eine Tatsache, welche sich auf vielen Ebenen auf ihre Identität als »Kämpferin« und
später wiederum als »Zivilistin« auswirkt.

Zusammenfassend lässt sich folgendes Profil der interviewten Frauen zeichnen: relativ
junges Alter, großteils aus ländlichen Gegenden und aus sozial niedrigen Schichten mit
niedrigem Bildungsniveau. Diese Typologisierung stimmt auch mit anderen Studien und
Daten bezüglich der Kämpferinnen in Kolumbien überein[89] (Fearnley 2003; Dietrich
2006; Martinez 2002; IOM 2006).

1.2. KindersoldatInnen
im bewaffneten Konflikt in Kolumbien

Auf den ersten Blick ist also das markanteste Merkmal der ehemaligen Kämpferinnen das
geringe Alter zum Zeitpunkt ihres Beitritts in die bewaffneten Gruppierungen. Betrachtet
man/frau den kolumbianischen Konflikt und das Profil der KämpferInnen insgesamt, fällt
auf, dass dies kein vereinzeltes Phänomen ist. Vielmehr offenbart sich anhand dieses Fallbeispiels eine merkbare Tendenz des kolumbianischen Konflikts. KindersoldatInnen sind

---

88   Ich konnte mich selbst der Verhältnisse und des Umfelds vergewissern, in welchem diese Interview-
      partnerin aufgewachsen ist. Während eines Interviews mit Isabel zeigte sie mir das Viertel ihrer Kind-
      heit. Es handelte sich hierbei um einen Vorort in Bogotá, bei welchem das enorme Gefälle Kolumbiens
      zwischen arm und reich sichtbar wurde.

89   Bei dem ersten Kolloquium des Innenministeriums in Kolumbien zum Thema der Wiedereingliederung
      nahm ich an einem Arbeitskreis bezüglich des Profils demobilisierter KämpferInnen teil. Hier wurde
      ein ähnliches Bild gezeichnet: hohe Zahl an Analphabetismus, niedriger akademischer Grad und sozio-
      ökonomisch untere Schichten wurden als zentrale Charakteristika ehemaliger KämpferInnen erwähnt.
      Aus einer Gender-Perspektive auffallend war, dass während des Arbeitskreises und des gesamten Kon-
      gresses kein einziges Mal auf weibliche Mitglieder der bewaffneten Gruppierungen Bezug genommen
      wurde – es war permanent von *dem* »Demobilisierten« die Rede, wobei klar das männliche Geschlecht
      gemeint wurde. Hier zeigt sich wieder die »Unsichtbarkeit« weiblicher KämpferInnen – sogar innerhalb
      der zuständigen Psychologinnen (alle anwesenden waren Frauen) (FN 10.08.2006).

in den letzten Jahren im kolumbianischen Konflikt zunehmend zu einem wesentlichen Bestandteil geworden. So waren beispielsweise während der Demobilisierungswelle der neunziger Jahre 1,9 % der demobilisierten Kämpferinnen Mädchen, bis 2003 waren es bereits 30 % (Londoño/Nieto 2003: 43). Diese Zahl verdeutlicht den rasanten Anstieg minderjähriger Kämpferinnen innerhalb der bewaffneten Gruppierungen. Konkrete Zahlen über die aktiven kämpfenden Kinder und Jugendlichen in der Aktualität sind relativ schwer zu kalkulieren, bei den meisten Angaben handelt es sich um Schätzungen, welche untereinander stark variieren. Nach einer Studie von Human Rights Watch des Jahres 2004 über KindersoldatInnen in Kolumbien sind schätzungsweise 11.000 Kinder in den kolumbianischen Konflikt integriert[90] (Human Rights Watch 2004: 41). Abgesehen von zahlenmäßigen Abweichungen[91] – das ICBF schätzt beispielsweise 7.000 KindersoldatInnen, UNICEF geht hingegen von bis zu 15.000 Minderjährigen aus (Ubal 2008) – kann ungefähr von einem Drittel aktiv kämpfender Kinder und Jugendlicher innerhalb der diversen bewaffneten Organisationen ausgegangen werden (Human Rights Watch 2004: 186). Das ICBF, welches demobilisierte Kinder und Jugendliche betreut, hat bis 2006 2.940 ehemalige minderjährige KämpferInnen betreut, 26 % hiervon weibliche (ICBF 2006). Als alarmierende Tendenz konstatiert Human Rights Watch vor allem die Anzahl der Kinder und Jugendlichen, welche noch vor dem 15. Lebensjahr den bewaffneten Gruppierungen beitreten. Anhand der geführten Interviews gehen sie von einem Prozentsatz von über 60 % aus; zwei Drittel der KindersoldatInnen treten demnach in sehr jungem Alter den bewaffneten Organisationen bei (Human Rights Watch 2004: 41).

Die wohl wesentlichste Frage, welche sich vor dem Hintergrund dieser Entwicklung stellt, betrifft jene nach Zwangsrekrutierung versus Freiwilligkeit. Es ist unbestreitbar, dass es seitens der diversen bewaffneten Organisationen zu Zwangsrekrutierungen Minderjähriger innerhalb des bewaffneten Konflikts kommt (Sparrrow 2007). Doch zeichnen mehrere Studien sowie die hier geführten Interviews eher das Bild eines hohen Prozentsatzes an »freiwilligen«[92] Beitritten (Otero Bahamón 2006c). Angesichts dieser

---

90   Diese Schätzung basiert auf Angaben offizieller Seite und anderen diesbezüglich realisierten Studien sowie auf den geführten Interviews mit ehemaligen KindersoldatInnen. Zusammengesetzt wird diese Zahl aus ca. 7.400 Kindern der FARC, 1.480 der ELN und ungefähr 2.200 der AUC (Human Rights Watch 2004: 41).

91   Diese zahlenmäßigen Abweichungen resultieren zu einem großen Teil vor allem aus der Frage, ob städtische Milizen auch in die Angaben eingebaut werden oder nicht. Hier unterscheiden sich die diversen Schätzungen (Human Rights Watch 2004: 186).

92   Der Begriff der Freiwilligkeit wird hier unter Anführungszeichen gesetzt, da m. E. nicht wirklich von einer komplett freien und unabhängigen Entscheidung zum Beitritt gesprochen werden kann. Vielmehr ist eben jene »Freiwilligkeit« ein Produkt vielfältiger Prozesse, welche Kinder sozusagen in »die Arme der bewaffneten Organisationen treiben.« Die Anführungszeichen sollen diese Ambivalenz und Komplexität des Phänomens widerspiegeln.

Tatsache ist es wesentlich zu eruieren, weshalb so viele Minderjährige und Jugendliche den Weg in den bewaffneten Kampf »freiwillig« antreten.

Gründe für diese dargestellte Entwicklung einer zunehmenden »freiwilligen« Teilnahme von KindersoldatInnen sind vielfältiger Natur. Einer der wesentlichsten Faktoren für die zunehmende Beteiligung Minderjähriger am bewaffneten Kampf liegt in der sozialen und familiären Situation der Kinder und Jugendlichen. Die Motivation Minderjähriger zum Eintritt in bewaffnete Organisationen kann nicht abgetrennt von der Situation jener Kinder sowohl auf sozialer, ökonomischer, familiärer Ebene analysiert werden. Die Entscheidung zum Beitritt wird nicht in einem abgeschlossenen und abgetrennten Raum getroffen, sonder ist vielmehr das Ergebnis spezieller Rahmenbedingungen, welcher Kinder in Kolumbien – und hier vor allem auch der weibliche Teil – ausgesetzt sind. Um der fortschreitenden Involvierung von Kindern in den bewaffneten Kampf vorzubeugen, müssten strukturelle Veränderungen in der gesamten kolumbianischen Gesellschaft vollzogen werden.

Trotz einer angenommen »Freiwilligkeit« der Kinder und Jugendlichen muss die Praxis der bewaffneten Organisationen bezüglich der Rekrutierung Minderjähriger kritisiert werden. Offiziell verlautbaren beispielsweise die FARC-EP, Kinder ab 15 Jahren in ihre Reihen aufzunehmen[93] (Human Rights Watch 2004: 23f). Diese Regeln werden in der Realität jedoch oftmals nicht eingehalten zu werden, es werden auch »Ausnahmen« gemacht und jüngere Kinder aufgenommen. Eine Interviewpartnerin, welche mit 12 Jahren beigetreten ist, spricht in ihren Ausführungen diesen Aspekt explizit an:

Ich ging zu A. [ein Guerillero; Anm.: MH] hin und sagte ihm, ob er mich aufnehmen wolle. Doch er sagte mir nein, weil ich noch zu klein sei, dass ich erst zwölf Jahre alt wäre, dass erst Jugendliche ab fünfzehn aufgenommen werden. Ich bestand weinend darauf und bettelte, dass er mich mitnehme. Da könne er aber Probleme mit dem Gesetz bekommen, sagte er, denn das erlaube erst Rekrutierungen ab fünfzehn. Schließlich sagte er, er werde mich trotzdem mitnehmen, doch wenn sie mich nicht akzeptieren, würde er mich wieder zurückbringen. Und ich sagte ja, ich möchte mitgehen und am nächsten Tag brachte er mich dann ins Lager. Da sagte ich dem Genossen R., dass ich bleiben möchte. Aber der sagte nein, weil ich noch so klein sei usw. Aber ich bestand darauf, dass ich bleiben wollte. Schließlich stimmte er zu, wenn es unbedingt mein Entschluss wäre. Doch er wiederholte, dass es meine Entscheidung sei, dass sie

---

93   Diese Altersgrenze von 15 Jahren entsprach – in einem späteren Zusatzprotokoll wurde diese Zahl auf 18 Jahre angehoben – den internationalen Menschenrechtsvereinbarungen. Somit wollen die FARC-EP im Rahmen der internationalen Menschenrechtsnormen agieren (Human Rights Watch 2004: 23f).

dort minderjährige nicht zwingen würden beizutreten. Über 15-jährige nähmen sie alle auf, aber darunter nicht. Und ich sagte nochmal, dass ich bleiben wolle. Und er ließ mich bleiben. (Ana)

Die internen Regeln der FARC lassen Kinder und Jugendliche ab 15 Jahren zu, darunter nicht. Dass diese Regeln in der Praxis jedoch oftmals – aufgrund persönlicher individueller Entscheidungen der KommandantInnen – nicht eingehalten werden, illustriert diese Interviewpassage. Vor allem bei Gewalterfahrungen der Kinder seitens ihrer Familie scheint auch die Motivation des Schutzes eine Rolle zu spielen, nichtsdestotrotz sollte dies seitens der Guerilla nicht »ausgenützt« werden.

Der Aspekt der KindersoldatInnen und vor allem die Frage nach der stetig zunehmenden Teilnahme dieser am bewaffneten Konflikt kann – bei der Annahme einer prinzipiellen »Freiwilligkeit« der Eintritts und keiner Zwangsrekrutierung – nicht getrennt von der generellen Frage der Motivation analysiert werden.

1.3. Motivation zum Beitritt

Die Motivation zum Beitritt in bewaffnete Gruppierungen lässt sich aufteilen in so genannte *push*-Faktoren und *pull*-Faktoren. Erstere beschreiben Rahmenbedingungen und Lebensumstände, welche Personen weg von ihrer jetzigen Situation hin zu den bewaffneten Gruppierungen treiben. Bei den *pull*-Faktoren handelt es sich im Gegensatz dazu eher um Elemente, welche die jeweiligen bewaffneten Gruppierungen anziehend erscheinen lassen (Kampwirth 2002: 8). Somit kann die Motivation zum Beitritt sowohl von mehrheitlichen *push*- als auch *pull*-Faktoren abhängen, oder aus einer Kombination dieser beiden. Aus den Interviews lassen sich mehrere Bereiche ausmachen, welche sich entweder unter die eine oder andere Kategorie subsumieren lassen – wobei *push*-Faktoren überwiegen. Meistens hat ein Komplex unterschiedlicher Motive den Ausschlag zum Beitritt gegeben.

Die Flucht aus familiären Verhältnissen

Bei den meisten Interviewpartnerinnen (vier von sechs) spielt in einer oder anderer Form die familiäre Situation vor dem Eintritt eine wesentliche und letztendlich oftmals entscheidende Rolle. Aus einer Genderperspektive speziell zu nennen sind hier: Gewalt in der Familie und sexueller Missbrauch in der Familie. Aber auch mangelnde Anwesenheit oder Unterstützung seitens der Familie bzw. das Fehlen einer »geregelten« familiären Struktur lassen sich als wesentliche Faktoren aus den Interviews herauslesen. Dies kann zu einem Gefühl der Einsamkeit und Hilflosigkeit führen, in welchem die Sehnsucht nach Entkommen aus diesem »feindlichen« Umfeld steigt. Diese *»Flucht aus den familiären*

Verhältnissen« kann eindeutig als *push*-Faktor katalogisiert werden. Die zukünftigen Kämpferinnen suchen eine Möglichkeit, aus den bestehenden Lebensbedingungen zu fliehen. Auch Londoño/Nieto verweisen in ihrer Studie auf eine ähnliche Tendenz: so geben hier 46 % Frauen[94] eine familiäre Konfliktsituation als Grund für den Beitritt an. Auch hier stellt die Flucht vor Konflikten bzw. Gewalt innerhalb der Familie einen zentralen Faktor beim Entschluss zum Beitritt dar (Londoño/Nieto 2006: 116). Für das ICBF stellt sexueller Missbrauch bzw. intrafamiliäre Gewalt ein zentrales Element vor allem bei Mädchen dar (ICBF 2006). Mädchen bzw. Frauen, welche in ihrer Familie Erfahrungen von sexueller oder physischer Gewalt gemacht haben, sind besonders »anfällig«, den bewaffneten Gruppierungen beizutreten. Dies betrachtend, wäre es aus einem Geschlechterfokus von Nöten, spezielle Präventionsmaßnahmen und Programme für jugendliche Frauen zu entwickeln, welche sich vor allem auf physische und sexuelle Gewalt innerhalb der Familie konzentrieren (Londoño/Nieto 2006: 116f).

In dieser Situation eines familiären Konflikts und/oder einer Gewalterfahrung betritt dann die jeweilige bewaffnete Gruppierung[95] das Spielfeld, als eine Möglichkeit zum Ausbruch aus dieser Situation. Zur Verdeutlichung die Aussage einer ehemaliger Kämpferin: Als Motiv zum Beitritt nennt sie Probleme mit der Familie. Ihr Vater versucht sie zu missbrauchen und die restliche Familie scheint sie nicht zu unterstützen. Als die momentan einzige Alternative erscheint die Guerilla:

> Sie waren immer in der Nähe. Da sagte ich ihm [dem Kommandanten; Anm.: MH], was passiert war, und er sagte mir, wenn ich keine andere Wahl hätte, so solle ich mit ihnen dorthin gehen. Und ich ging mit ihnen, noch in derselben Nacht. Was hätte ich denn machen sollen? In der Familie konnte ich auf keinerlei Unterstützung rechnen, niemand unterstützte mich. (Veronica)

Diese Interviewpassage illustriert die Verbindung mehrerer negativer Faktoren, welche dann in Summe den Weg in die bewaffnete Organisation ebnen. Sexueller Missbrauch auf der einen Seite, mangelnde bzw. gänzlich fehlende Unterstützung der restlichen Familie auf der anderen Seite – verbunden mit einer prinzipiellen Alternativlosigkeit. Es besteht keine Perspektive auf anderweitige Unterstützung, Hilfestellung oder Möglichkeiten zum Ausbruch, so stellt die Guerilla die einzige Alternative dar.

Die anderen erwähnten Motive bezüglich der familiären Situation zeigen eine ähnliche Tendenz. Eine Interviewpartnerin beschreibt ebenfalls mangelnde Unterstützung sei-

---

94   Hier scheint ein Vergleich mit den ehemaligen Kämpfern interessant: diese geben nur zu 26 % diesen Faktor als Grund an, woraus sich ein klar geschlechtsspezifisches Element ausmachen lässt (Londoño/ Nieto 2006: 116).

95   Bei den geführten Interviews handelt es sich vor allem um Guerilla-Gruppierungen, allen voran die FARC, welche diese Funktion übernehmen. Dieses Phänomen kann jedoch gleichermaßen auch auf die AUC umgelegt werden.

tens der Familie und Einsamkeit als ausschlaggebenden Faktor, bei den anderen beiden spielt in einer oder anderer Form Gewalt in der Familie eine Rolle. Eine generelle instabile familiäre Situation treibt die Kämpferinnen in die bewaffneten Organisationen – als Flucht aus dem familiären und sozialen Kontext.

Ein wesentlicher Aspekt, welcher sicherlich den Beitritt »erleichtert«, ist die oben schon erwähnte »Nähe« der bewaffneten Organisation. Die jeweilige bewaffnete Organisation ist im täglichen Leben präsent, vor allem auf dem Land spielt diese eine Rolle im Leben der Menschen. Sie sind im Ort, stellen somit keinen »Fremdkörper« mehr für die EinwohnerInnen dar. Dieses Phänomen führt in den illustrierten Fällen zu einem Abbauen der Distanz, die Interviewpartnerinnen kannten die bewaffneten Organisationen schon und waren teilweise mir ihnen verbunden. Die Überwindung beizutreten wird nochmals geringer durch Familienmitglieder bei den bewaffneten Organisationen.

> Denn wie ich Ihnen schon sagte, habe ich noch Familienmitglieder, die dort [in der FARC; Anm.: MH] aktiv sind. Und ein Cousin – wir beide hatten uns sehr gern – sagte eines Tages zu mir: ›Mach mir einen Gefallen, Cousine. Ein Freund von mir ist verletzt worden, er braucht eine Unterkunft.‹ Oder ›Cousine, ich bitte dich, schick mir eine Garnitur Unterwäsche.‹ Und so machte ich ihm einen Gefallen nach dem anderen. So kam es, dass ich schließlich dort blieb. Und dann letztendlich, als ich allein und immer mehr involviert war, bin ich dann in ihre Reihen eingetreten. So wurde ich Guerillera. (Laura)

Dies verdeutlicht die stetig steigende Involvierung in die Guerilla durch Familienangehörige. Durch die Veränderung der Lebenssituation (hier in diesem Fall dem Bruch durch eine Scheidung) und dadurch entstandene Einsamkeit scheint der Schritt zum Beitritt nicht mehr so groß oder beängstigend. Es stellt nichts Fremdes mehr dar, durch die bereits vorhandene Berührung und Verbindung mit der jeweiligen Gruppe. Londoño/Nieto beschreiben diesen Prozess des Beitritts von Mädchen aufgrund von familiären Problemen gleichermaßen: »*Mit größerer Häufigkeit als die Jungen, sind sie [die Mädchen; Anm.: MH] Opfer diverser Formen von intrafamiliärer Gewalt: Ausbeutung, Fehlen von Affekt, oder psychologischer, physischer Missbrauch oder sexuelle Belästigung. Dies kann Ablehnung gegenüber der Familie erzeugen und die Notwendigkeit aus diesem Umfeld, in welchem sie sich ungeschützt fühlen, zu fliehen. In ihrer Eile zur Flucht, suchen sie den Beitritt in irgendeine Gruppe, welche in ihrer Vorstellung Schutz, Sicherheit und Autonomie repräsentiert, und häufig bedeutet dies Teil einer bewaffneten Gruppierung zu werden.*« (Londoño/Nieto 2006: 223)

Ein wesentlicher Aspekt, welcher in Bezug auf die Motive zum Beitritt oftmals kolportiert wird, betrifft die Aussage der »Langeweile« als Motiv. Fallweise wird die Kategorie der »Langeweile« als Motiv zum Beitritt gesehen (Otero Bahamón 2006a: 44f, Revista Semana). Auf den ersten Blick könnte dies bestätigt werden. Auch in dieser Forschung tätigt eine Interviewpartnerin solch eine Aussage. Ana schließt ihre Ausführungen mit dem Satz »(...) und deshalb hab ich mich gelangweilt«. Diese Aussage sollte jedoch nicht ohne weitere tiefgründigere Analyse hingenommen werden. Vielmehr muss versucht werden, diese Kategorie der »Langeweile« zu operationalisieren; zu betrachten, was diese »Langeweile« aussagen soll und nach dem tieferen Grund dieser zu fragen. Bei Ana wird dies recht deutlich: sie hat sich gelangweilt, aber aufgrund der Probleme in ihrer Familie, aufgrund der Gewalt in der Familie. Dies bedeutet, dass nicht einfach davon ausgegangen werden kann, es gäbe keine realen Gründe und es wäre »nur« die Suche nach etwas Besserem, sondern es stehen konkrete Probleme hinter solch einer Entscheidung. Strukturelle Aspekte, wie die soziale, ökonomische und auch familiäre Situation spielen hierbei eine wesentliche Rolle. Diesen Analysen folgend, bedarf es also struktureller Transformationen und Veränderungen innerhalb der kolumbianischen Gesellschaft, um weiteren »freiwilligen« Beitritten in den bewaffneten Kampf – vor allem Minderjähriger – vorzubeugen und sie zu verhindern. Mit den Worten von Guillermo González Uribe: »*Solange die ausschließenden sozialen, wirtschaftlichen und politischen Rahmenumstände bestehen, solange innerfamiliärer Missbrauch alltäglich ist, wird es in den kolumbianischen Städten und am Land Tausende Jungen und Mädchen geben, die bereit sind, als Überlebensalternative einer bewaffneten Gruppierung beizutreten.*« (González Uribe 2002: 21).

Die Rolle der Ideologie

Die Frage nach dem Grad der Ideologie und der Politik spielt im kolumbianischen Konflikt eine zentrale Rolle. Kann die Kategorie der Ideologie im »degradierten« und »entpolitisierten« bewaffneten Konflikt ausgeschlossen werden? Oder dienen ideologische Aspekte immer noch als Motivation für den bewaffneten Kampf? Eine Interviewpartnerin (Martha) gibt diese als Grund für den Beitritt an. Sie stellt dar, dass sich die Ideologie gut angehört hat und sie dies zum Beitritt animiert hat. Gleichzeitig weist sie selber auf ihr eher geringes Alter hin: »obwohl ich so jung war und eigentlich keine Ahnung gehabt hab«. Hier scheinen ideologische Aspekte zu einem gewissen Grad einen Einfluss gehabt zu haben, wenn auch eher als schwammige und diffuse Idee ohne viel tiefgründige Reflexion. Die Rhetorik der bewaffneten Gruppierung hat eine Anziehungskraft ausgestrahlt, ohne jedoch konkret über die Ideologie Bescheid zu wissen. In diesem Bereich muss das Alter als wesentlicher Faktor berücksichtigt werden: wie die Interviewpartnerin selber signalisiert, war (noch) nicht viel politisches Bewusstsein vorhanden. Vielmehr herrschte eher eine oberflächliche Idee von Gerechtigkeit und dem, was es heißt, für einen »guten Zweck« zu kämpfen.

Der Aspekt der Ideologie ist wiederum nicht von dem gesamten Kontext des kolumbianischen Konflikts zu trennen. Die generelle »Entpolitisierung« des Konflikts spiegelt sich in der individuellen Motivation der ehemaligen Kämpferinnen wieder. Waren bis in die neunziger Jahre noch großteils ideologische und politische Überzeugungen der Anlass zum Beitritt in den bewaffneten Kampf, spielt dieser Aspekt heute eine wesentlich geringere Rolle (Dietrich 2006: 19). Diese Tatsache lässt sich anhand der hier geführten Interviews gut nachzeichnen, wo der Großteil eher aufgrund von *push*-Faktoren (wie der Flucht aus gewalttätigen Familienverhältnissen) und weniger von *pull*-Faktoren (wie ideologischer Überzeugung) beitritt. Nichtsdestotrotz muss angemerkt werden, dass nicht von einem gänzlichen Fehlen oder Mangel an Ideologie ausgegangen werden kann – sicherlich in geringerem Ausmaß, nichtsdestotrotz scheint diese vorhanden (Londoño/ Nieto 2006: 227).

Anziehungskraft des Militärischen

Als ein weiteres Motiv kann die Anziehungskraft des Militärischen genannt werden, als ein so genannter *pull*-Faktor. Besonders eine Interviewpartnerin (Isabel) streicht dieses Element sehr stark heraus. Sie war stark von Waffen und dem Militärischen angezogen. Durch Gewalt in der Familie (auch hier wird dies als ein Motiv benannt) bestand der Wunsch, stärker zu werden, um sich gegen den Aggressor (den Bruder) wehren zu können. Dies zeigt deutlich, dass auch hier die Gewalt eine Rolle spielt, geht es doch vor allem darum, sich gegen Angriffe wehren zu können und nicht hilflos diesen gegenüber zu stehen. Aus dem Grund geht eine Anziehungskraft von der bewaffneten Organisation aus, da ihre Mitglieder stark und tapfer wirken. In ihren eigenen Worten: »Ich bin dorthin gegangen mit diesem Wunsch, militärisch zu wachsen, für eine Gleichheit der Konditionen.« (Isabel) Dies signalisiert deutlich den Wunsch, gleichberechtigt gegenüber ihrem (männlichen) Angreifer zu sein.

Aus diesen Ausführungen können m. E. auch geschlechtsspezifische Elemente heraus gelesen werden – sie wollte als Frau stärker werden gegenüber ihrem männlichen Gegenspieler. Hier ist vor allem folgende Aussage von Bedeutung, indem sie ihren Wunsch weiter ausführt.

(...) Ja, das war irgendwie der Wunsch, diese Sensibilität, die wir in uns haben, zu verändern oder zu verstecken. Der Wunsch, mir eine Stahlrüstung anzuziehen. Weil so wollte ich nicht weitermachen. (Isabel)

Dieses »man/frau« könnte als »wir Frauen« gelesen werden und der Rest eine Anspielung auf die geschlechtsspezifische Attribute der Geschlechter sein: Frauen sind demnach sensibler, sie will das aber nicht mehr sein, deswegen wagt sie den Schritt in diese männlich-militärische Organisation, um in Zukunft stärker zu sein und sich besser wehren zu können. Auch Otero Bahamón zeigt dieselbe Tendenz auf: ihrer Ansicht nach *»(...) reflektiert (dies) die Ambition der Frauen sich in eine Position von Dominanz zu begeben.«* (Otero Bahamón 2006a: 50). Speziell für Mädchen, welche im Vorfeld vielleicht in einer untergeordneten Position waren, konfrontiert mit Gewalt und mangelndem Respekt, stellt das Militärische die Möglichkeit dar, Macht und Respekt zu gewinnen (Londoño/ Nieto 2006: 225). Somit muss die Kategorie der Anziehungskraft des Militärischen auch aus einem Genderfokus betrachtet werden.

Zwangsrekrutierung – Der unfreiwillige Eintritt in die AUC

Die folgende Darstellung des Beitritts der ehemaligen Kämpferin der Paramilitärs lässt sich nicht in die bisher getätigten Analysen eingliedern. Im Gegensatz zu den bisher skizzierten Motiven, welche allesamt »freiwilliger« Natur waren, wurde diese ehemalige Kämpferin von den AUC zwangsrekrutiert. Victoria war als Krankenschwester in einem Spital tätig, wo sie eines Tages von ihrem Chef (im Nachhinein stellt sich heraus: Arzt der Paramilitärs) zu einem Notfalleinsatz gerufen wurde. Sie musste die verletzten Paramilitärs verarzten, bekam hierfür im Gegenzug Lohn. In der Folge dient sie über einige Jahre hinweg zwischendurch den Paramilitärs als Krankenschwester, als Grund für diese Tätigkeit nennt sie das Gehalt. Diese Praxis ändert sich jedoch, Victoria wird bei einem dieser Einsätze festgehalten und gezwungen, fix in die Paramilitärs einzutreten. Ab diesem Zeitpunkt bekommt sie dann auch keine Entlohnung mehr.

> Vor zwei Jahren dann sagt er [der Chef; Anm.: MH] mir: ›Komm, wir fahren nach C., für zehn Tage.‹ Ich bin für zehn Tage hingefahren, 15 Tage sind vorübergegangen, 20 Tage sind vorübergegangen – und es war mir unmöglich von dort wegzukommen. (...) Es waren schon zehn Tage vorbei und es gab noch mehr Verletzte. Und ich erinnere mich gut, dass ich so besorgt war, weil ich war schon 20 Tage weg und meine Kinder waren allein. Dann hab ich also den Arzt gefragt, wann ich wieder nach P. zurückkehren würde. Und der Arzt dann – also ich war zu dem Zeitpunkt schon mehr als zehn Tage dort und angeblich wäre ich nur für zehn Tage gekommen. Ich hab dem Arzt gesagt, ›wann fahre ich weg, ich muss zurück nach P., meine Kinder...‹. Er hat mir gesagt: ›Mach dir keine Sorgen, in zwanzig Tagen, nein – ich fahre zurück, und du bleibst da, weil ich muss die Klinik betreuen, aber keine Angst, das ist nur während die andere Krankenschwester von C. kommt.‹ Naja, es sind sechs Monate vergangen, sieben Monate vergangen, ein Jahr, und ich habe diese Krankenschwester nie gesehen. Und mir haben sie dann auch nichts mehr gezahlt. (Victoria)

Sie wird also gezwungenermaßen dort festgehalten und mittels Strafen bzw. Drohungen am Weggehen gehindert. Diese Darstellung stimmt überein mit Aussagen anderer ehemaliger Paramilitärs. So scheint die Zwangsrekrutierung bei den Paramilitärs eine gängige und verbreitete Praxis zu sein. Des weiteren stellt die Tatsache des fixen Gehalts eine zentrale Motivation zum Beitritt der Paramilitärs dar. Hier können markante Unterschiede in der Motivation bzw. der Form des Beitritts zwischen Paramilitärs und Guerilla ausgemacht werden (Cárdenas Sarrias 2005: 146ff; IOM 2006: 32).

Zusammenfassend lässt sich in Bezug auf Guerilla-Gruppierungen sagen, dass vermehrt *push*-Faktoren (wie zum Beispiel die Flucht aus dem familiären Umfeld) als *pull*-Faktoren (ideologische Überzeugung) die Motivation zum Beitritt in bewaffnete Gruppierungen ausmachen. Bei den Paramilitärs stellt die »finanzielle Unterstützung« einen größeren Anreiz dar. Hauptsächliche Gründe scheinen insgesamt die Flucht aus einem repressiven und gewalttätigen Haushalt zu sein bzw. der Ausbruch aus den bestehenden Lebensbedingungen mit mangelnden Perspektiven. Insgesamt öffnen die Beispiele den Blick auf komplexe und schwierige Lebensverhältnisse, welche in einem punktuellen Moment den ausschlaggebenden Anlass zum Beitritt geben. Der jeweilige sozioökonomische, politische Kontext des Konflikts spielt eine zentrale Rolle in der Entscheidung zum Beitritt. Diese Tatsache lässt sich deutlich belegen, wenn die unterschiedlichen Motivationen der 70er bzw. 80er Jahre und der Gegenwart verglichen werden. Hier spiegeln sich die veränderten strukturellen und politischen Rahmenbedingungen des Konflikts in Kolumbien klar wider.

2. Aufenthalt in der bewaffneten Organisation

Die zeitliche Epoche der Aktivität innerhalb der bewaffneten Organisationen ist elementar für die Beantwortung der Frage nach einer geschlechtsspezifischen Rollenaufweichung oder -reproduktion in den bewaffneten Gruppierungen. Zwei Themenbereiche gelten als zentrale Indikatoren: die Fragestellung nach Geschlechtergleichheit bzw. Diskriminierung in den jeweiligen Gruppierungen, hier vor allem der Aspekt der geschlechtsspezifischen Arbeitsteilung und die Frage nach Frauen in Führungspositionen. Zweitens der Aspekt der Intimität und des weiblichen Körpers, wobei hier Fragen der Sexualität, Mutterschaft und Partnerschaft essentiell sind.

2.1. Geschlechterbeziehungen: Gleichheit versus Diskriminierung

Die Analyse der geschlechtsspezifischen Arbeitsteilung innerhalb der bewaffneter Gruppierungen erfolgt aufgrund folgender Fragestellungen: Sind beide Geschlechter gleichermaßen in Aktivitäten der bewaffneten Gruppierungen involviert? Existieren Unterschiede in den Tätigkeiten bzw. Positionen zwischen weiblichen und männlichen

KämpferInnen? Aufgrund der relativ geringen Information bezüglich der Situation innerhalb der Paramilitärs wird vorerst auf Guerilla-Gruppierungen fokussiert, um dann in Folge in einem Exkurs die Unterschiede bzw. Gemeinsamkeiten zu den Paramilitärs herauszuarbeiten.

2.1.1. DIE GESCHLECHTSSPEZIFISCHE ARBEITSTEILUNG – DAS ERLEBEN VON GLEICHHEIT

Alle interviewten Frauen, welche in einer Guerilla Organisation tätig waren (4 bei der FARC, eine ELN), waren so genannte *rasas*. Dieser Begriff bezeichnet Angehörige der untersten Hierarchie innerhalb der Guerilla[96]; mit den Worten einer Interviewpartnerin: »die untersten« (Ana). *Rasas* erledigen alltägliche Aufgaben wie beispielsweise kochen, Wache halten, waschen, Holz holen, etc. Diese Aufgaben stellen die »Grundtätigkeiten« des alltäglichen Lebens innerhalb der Guerilla dar, müssen somit von allen gleichermaßen erledigt werden. Abgesehen von diesen Grundtätigkeiten hat jede *rasa* innerhalb der Guerilla jedoch noch eine andere weitergehende Funktion inne. Es existieren also Routine-Aufgaben und jeweils individuelle Aufgaben zusätzlich. Die innerhalb dieser Forschung interviewten Frauen haben folgende Tätigkeiten ausgeübt:

- Ana: auf Entführte aufpassen, KommandantInnen beschützen bzw. bewachen
- Martha: Funkerin[97]
- Veronica: KommandantInnen beschützen bzw. bewachen, Kämpfen
- Laura: KommandantInnen beschützen bzw. bewachen
- Isabel: Verantwortliche für das Computersystem, Funkerin, Kämpfen

Nach dieser Auflistung fällt auf, dass die ausgeübten Tätigkeiten sich relativ gleichen und überschneiden; vor allem Tätigkeiten der Sicherheit und des Aufpassen stechen hervor. Hier stellt sich die Frage nach dem Grund dieser Überschneidungen: Kann aufgrund dieser Angaben ein Rückschluss auf geschlechtsspezifische Aspekte bzw. Unterschiede gezogen werden? Sind geschlechtsspezifische Zuschreibungen für die Ausübung bestimmter Tätigkeiten verantwortlich? Oder spielen hier andere Auswahlkriterien eine Rolle?

---

96   Laut Wörterbuch lässt sich der Terminus *raso, -a* mit einfachem/r Soldat/in übersetzen.

97   Funkerin (*radista*) bezeichnet jene Person, welche innerhalb der bewaffneten Gruppierung für das Kommunkationswesen zuständig und verantwortlich ist. Diese muss den Kontakt und die Kommunikation zu den anderen Guerilla-Fronten aufrecht erhalten und Informationen empfangen bzw. weiterleiten.

»Alles ist gleich«

Bei der Frage nach den unterschiedlichen Tätigkeiten und Aufgaben zwischen den Geschlechtern kann in den Interviews ein interessantes Element ausgemacht werden: fast alle Interviewpartnerinnen tätigen im selben Wortlaut die gleiche Aussage bezüglich der geschlechtsspezifischen Arbeitsteilung. Der Tenor lautet: absolute Gleichheit in Bezug auf die zu verrichtenden Arbeiten und Tätigkeiten.

> Gleich. Wenn die Männer Brennholz holen mussten, mussten auch wir es holen. Wenn die Männer kochen mussten, mussten wir auch kochen. Alle gleich. Das, was du machen musstest, mussten auch sie machen, und das, was sie machen mussten, musstet auch du machen. Dort war es nicht so, dass du weniger tun musstest, weil du eine Frau bist. Nein, gleich. Ob Frau oder Mann, alle mussten dasselbe machen. (Ana)

> Die Arbeit der Frauen ist die gleiche wie die der Männer. Wenn du Brennholz holen musstest, oder wenn du bestraft wurdest, wurdest du gleich behandelt. Es ist nicht anders, weil du eine Frau bist. Wenn ein Mann etwas machen musste, dann musstest du auch. Alles ist gleich. (Martha)

> Alles ist gleich. (Veronica)

> Dort war alles gleich. Es gab das nicht, dass sie mehr machen mussten, weil sie Männer waren und wir Frauen. Nein, dort ist alles gleich. Das Gewicht ist gleich, die Aufgaben sind gleich, und alle müssen alles gleich gut tun. Dort gilt die Gleichheit für alle, für Männer und Frauen. (Laura)

Auf den ersten Blick bei diesen Interviewpassagen erkennbar ist also der Leitsatz »alles ist gleich«[98]. Die Interviewpartnerinnen erleben und beschreiben hier eine arbeitsspezifische Geschlechtergleichheit, demnach gibt es keinen Unterschied zwischen den verrichteten Tätigkeiten der männlichen und der weiblichen KämpferInnen. Es wird herausgestrichen, dass nicht aufgrund des Geschlechts einem oder einer KämpferIn unterschiedliche Behandlung zuteil wird. Diese Aussagen stimmen auch mit dem selber kolportierten Bild und Konzept der Guerilla überein, welche für sich das Bild von Geschlechtergleichheit und Gerechtigkeit beanspruchen und zeichnen[99]. Im Vergleich mit anderen Studien (vor allem von

---

98   Diskursanalytisch wäre interessant, weiter nach zu forschen, weshalb die Interviewpartnerinnen wörtlich fast die gleiche Aussage tätigen. Hier könnte die Frage gestellt werden, ob diese Aussage der Realität entspricht, oder ob sie vielmehr ein Produkt des eigenen Diskurses der Guerilla darstellt und somit indoktriniert wurde. Da jedoch diese Frage den Rahmen der vorliegenden Arbeit sprengt, wird in Folge von einer real gelebten Gleichheit bezüglich der Arbeitsteilung unter den Geschlechtern ausgegangen. Die Tatsache der Übereinstimmung in den jeweiligen Aussagen sticht jedoch sehr markant ins Auge.

99   Ricardo L., welcher in dem Bürgermeisteramt von Bogota arbeitet und selber acht Jahre lang Mitglied der FARC war, erzählt mir während eines Interviews relativ viel über die Konzeption und Auffassung von Guerilleras innerhalb der FARC-EP. Er weist darauf hin, dass Frauen innerhalb der FARC-EP

Kämpferinnen aus den 70er und 80er Jahren) kann diese These der Gleichheit in Bezug auf die Arbeitsteilung weiter untermauert werden (Londoño/Nieto 2006: 47; Lelièvre Aussel 2004: 117). Auch die geringen Informationen über kämpfende Frauen in der Gegenwart zeigen ein ähnliches Bild: in ihrer Diplomarbeit zu ehemaligen Kämpferinnen thematisiert Otero Bahamón dieselbe Tendenz – die von ihr interviewten Frauen gleichen sich in ihren Aussagen bezüglich der geschlechtlichen Arbeitsteilung fast wörtlich den in Rahmen dieser Forschung interviewten Kämpferinnen (Otero Bahamón 2006a: 60).

Ungeachtet dieser Darstellungen, lässt sich diese kolportierte und dargestellte Gleichheit nur oberflächlich betrachtet aufrecht erhalten, der Themenkomplex erfordert eine differenziertere Analyse. Zwei Kombattantinnen geben im weiteren Verlauf des Interviews einen Hinweis auf eine solche differenziertere Betrachtung der geschlechtsspezifischen Arbeitsteilung. Zum einen wird auf den Unterschied zwischen den diversen Fronten hingewiesen (Isabel), zum anderen die Tatsache der gleichen Arbeitsteilung etwas relativiert – so hänge dies mit dem Grad der Schwierigkeit der Tätigkeiten zusammen, extrem schwere Tätigkeiten würden demnach doch wiederum Männer verrichten (Veronica). Diese kurzen Anmerkungen weisen darauf hin, dass nicht generell und in allen Fällen von einer gleichen und gerechten Arbeitsteilung zwischen den Geschlechtern ausgegangen werden kann.

Oben dargestellte Interviews zeigen, dass Frauen und Männer dieselben Tätigkeiten verrichten. Unabhängig vom Geschlecht müssen alle KämpferInnen gleichermaßen traditionell Frauen zugeschriebene Aufgaben wie kochen, waschen, etc. erledigen, als auch eher männlich konnotierte Aufgaben wie Wache schieben, schwere Lasten schleppen, etc. – dies signalisiert Gleichberechtigung und Gerechtigkeit bezüglich der verrichteten Arbeiten. Bestehende Rollenzuschreibungen werden aufgeweicht bzw. negiert. Doch beziehen sich diese Aufgabenverteilungen vor allem auf die oben bereits erwähnten »Grundtätigkeiten«, welche routinemäßig von jedem/r KämpferIn vollbracht werden müssen. Hier stellt sich die Frage, wie diese Aufteilung in Bezug auf die anderweitigen Funktionen und Tätigkeiten aussieht, welche jede/r KämpferIn zusätzlich innehat. Setzt sich hier das Bild der Gleichheit und Gleichberechtigung fort?

Gleichheit auch beim Kämpfen?

Die Beantwortung dieser Frage zeigt sich vor allem an einem Element: die aktive Beteiligung von Frauen an Kämpfen. Diese lässt Rückschlüsse zu, ob die Gleichberechtigung auch in den traditionell männlich dominierten Bereich des Kampfes

---

die gleichen Rechte und auch Pflichten haben, es herrsche Gleichheit bei den Aufgaben und Gleichheit bei den Möglichkeiten. Diese Darstellungen untermauert er mit den Statuten der FARC-EP, in welchen die Geschlechtergleichheit postuliert wird und mit eigens von den FARC-EP redaktierten Liedern als Hommage an die Guerilleras (Interview mit Ricardo L., 3.8.2006).

vordringt oder ob Frauen aus diesem männlich-militärischen Terrain wiederum ausgeschlossen werden.

Sofort beim Eintritt in die Guerilla bekommen alle Kämpferinnen eine militärische Ausbildung. Die Dauer der Ausbildung variiert, überwiegend wird jedoch von ca. drei Monaten Ausbildung gesprochen. Während dieser Ausbildung werden vor allem militärische, aber auch politische und ideologische Fähigkeiten beigebracht und geschult[100]. Aus dieser Tatsache lässt sich ablesen, dass auf dieser strukturellen militärischen Ebene kein Unterschied zwischen den Geschlechtern existiert. Sowohl Männer als auch Frauen bekommen gleich beim Eintritt als erstes eine militärische Ausbildung. Nach dieser einführenden Ausbildung werden die weiteren Funktionen aufgeteilt – inklusive der Frage nach Beteiligung am Kampf oder nicht. Eine ehemalige Kämpferin signalisiert diesbezüglich eine Freiwilligkeit bei der Entscheidung zu kämpfen. Im Gegensatz dazu kann bei den anderen Interviews eher von einer Einteilung gesprochen werden, nach Beendigung der Ausbildung werden sie in unterschiedliche Einheiten geschickt und unterschiedlichen Funktionen zugeteilt.

Insgesamt haben zwei Interviewpartnerinnen während langer Zeit hindurch an Kämpfen teilgenommen. Eine gibt an, nicht gekämpft zu haben, weil sie noch zu klein war[101], und die anderen beiden Guerilleras skizzieren ein vages Bild der punktuellen Beteiligung, wenn es unbedingt notwendig war[102].

Jene zwei Frauen, welche aktiv an Kämpfen beteiligt waren, zeichnen in ihren Aussagen ein Bild der Gleichheit zwischen den Geschlechtern in diesem Bereich.

---

100 Martha spricht in ihren Ausführungen diesen Aspekt an: sie meint, in der Ausbildung wird alles beigebracht: politisch, militärisch, ideologisch. Danach ist man/frau in diesen Aspekten ausgebildet. Über den Bereich dieser Ausbildung existiert auch ein Dokumentarfilm, welcher diese Aussagen belegt. Hier wird eine FARC-Kämpferin bei ihrer ersten Zeit in einem Ausbildungscamp begleitet. Parallel zum Erlernen des Umgangs mit Waffen wird hier auch die politische Seite dargestellt – inklusive Vorträge und Diskussionen über theoretische und praktische Aspekte der Revolution (Video La Guerrillera 2005).

101 Aufgrund des niedrigen Alters (12 Jahre) während des Beitritts stellt diese Interviewpartnerin dar, nicht in Kämpfe zugelassen worden zu sein. Diese Tatsache scheint jedoch nicht überall berücksichtigt worden zu sein, da eine andere Interviewpartnerin jüngeren Alters (10 Jahre) erwähnt, bereits nach der Ausbildung in Kämpfe geschickt worden zu sein. Auch eine zweite Gesprächspartnerin gibt an, bereits mit 13 Jahren gekämpft zu haben. Hier zeigen sich also wieder extreme Unterschiede innerhalb der Fronten, die jeweilige Praxis diesbezüglich scheint von den KomandantInnen individuell geregelt worden zu sein. Offiziell geben die FARC an, Kinder ab 15 Jahren in Kämpfe zu schicken. Kommandanten haben diesbezüglich der Presse gegenüber signalisiert, »jedes Kind von 15 Jahren ist befähigt, zu den Waffen zu greifen.« (Ubal 2008)

102 Die hier erwähnten Interviewpartnerinnen sagen aus, dass sie nicht oder nur sehr selten gekämpft haben; kämpfen war nicht ihre prinzipielle vordergründige Aufgabe in der bewaffneten Organisation. Doch wenn es notwendig war, wurden auch sie zum Kämpfen an die Front geschickt (Martha und Laura).

Im Jahr, als ich verletzt wurde[103], das war etwa im Jahr 2000, gab es schon
sehr viele Frauen, und wir kämpften Schulter an Schulter mit den Männern.
Alle zusammen vereint. Es gab nicht so viel Diskriminierung. Es gab auch Fälle,
dass die Frauen tapferer waren als die Männer. Also – nein, so etwas [Dis-
kriminierung; Anm.: MH] gibt es dort nicht so viel. Es kommt auch vor allem
darauf an, was du kannst und was du zeigst. (Isabel)

Demzufolge gibt es keine Unterschiede zwischen den Geschlechtern, im Laufe der Zeit
haben immer mehr Frauen Seite an Seite mit Männern gekämpft. Die Beteiligung am
Kampf hat weniger mit dem Geschlecht, als vielmehr mit dem Können und dem Einsatz
der jeweiligen Person zu tun. Auch die zweite Interviewpartnerin zielt mit ihren Darstellungen in eine ähnliche Richtung. Sie meint dort (an der Front) spielen geschlechtsspezifische Elemente keine Rolle, dort ist jede Person auf sich alleine gestellt, und muss selber
versuchen, zurecht zu kommen und lebend wieder heraus zu kommen.

Diese Darstellungen zeichnen das Bild eines gleichberechtigten Zugangs auch zu
Kämpfen, egal welchen Geschlechts. In Bezug auf die oben gestellte Frage nach der geschlechtsspezifischen Arbeitsteilung kann kein Unterschied in den jeweiligen Funktionen
und Aufgaben ausgemacht werden – inklusive der eher männlich dominierten Bereiche
des Militärischen.

Gleichzeitig existierten aber auch entgegengesetzte Tendenzen. Vor allem eine Interviewpartnerin zeichnet in ihren Darstellungen ein konträres Bild.

Wir kämpften. Manchmal hat es uns sehr hart erwischt. Ich war eine der Letzten
in unserer Einheit. Das heißt, dass sie uns [die Frauen; Anm.: MH] als Ersatz
verwendeten. Wenn die Männer sahen, dass sie nicht mehr konnten, dann haben sie uns eingesetzt. Nicht wirklich kämpfend, aber wir waren immer in der
Nähe der Kämpfe. In den Kämpfen werden kleine Einheiten von elf Leuten eingesetzt, und darunter dürfen nur drei bis vier Frauen sein. Das sind schon sehr
viel. Es gibt immer an die drei, vier Frauen. (Laura)

Dieser Aussage zufolge waren Frauen in geringerem Maße an Kämpfen beteiligt, zahlenmäßig ca. drei von elf Kämpfenden. In extremen Fällen wurden mehr Frauen zugelassen,
lediglich jedoch zum Zwecke der Unterstützung bzw. Verstärkung der Männer. Dies legt
den Schluss nahe, dass Frauen zwar beteiligt sind, doch nicht in dem selben Ausmaße
und nicht an der selben Stelle wie Männer, sondern eher sozusagen als zweite Wahl für
»Notfälle«.

Aufgrund dieser divergierenden Aussagen ist es schwer, ein stringentes und generalisier-
bares Bild der aktiven weiblichen Beteiligung an Kämpfen zu zeichnen. Den Aussagen

---

103   Beide Frauen, welche aktiv an Kämpfen beteiligt waren, wurden in jenen so stark verletzt, dass sie in
      Folge nicht mehr weiter an Kämpfen teilnehmen konnten.

von Laura folgend, könnte die These einer geringeren Partizipation von Frauen auf diesem militärischen Felde aufgestellt werden. Untermauern ließe sich diese durch Studien anderer Länder, welche anhand ihrer Forschungen zu dem selbem Schluss kommen. Demzufolge werden Frauen oftmals in Guerilla-Organisationen integriert werden, doch bleiben dort wiederum auf ihre üblichen traditionellen geschlechtsspezifischen Rollen beschränkt. Auch bezüglich Kolumbien existieren ähnliche Hinweise (IOM 2006: 23).

Diese These der geschlechtsspezifischen Unterschiede und traditionellen Rollenverteilung in Bezug auf die Partizipation am Kampf kann vor dem Hintergrund der anderen beiden Aussagen, welche eine relative Gleichheit auch beim Kämpfen feststellen, nicht aufrecht erhalten. Dies verdeutlicht wieder die existenten Unterschiede zwischen den diversen Fronten, Einheiten und dementsprechend auch subjektiven Erfahrungen der Kämpferinnen.

Als eine Tendenz zeichnet sich ab, dass Frauen in geringeren Ausmaß an Kämpfen beteiligt sind als Männer. Doch kann dies nicht auf alle Fronten und alle Kämpferinnen bezogen werden, da, trotz geringerer Präsenz sehr wohl auch Frauen aktiv in Kampfhandlungen tätig sind. Die Anzahl und die Stärke jener Frauen variiert intern stark. Die graduellen Abstufungen reichen von relativ vielen Frauen, welche gleichermaßen Seite an Seite mit Männern kämpfen (Isabel) bis hin zu einer eher geringen Anzahl an Frauen, welche großteils zur Verstärkung und Unterstützung gedacht sind (Laura). Frauen werden also in Kampfhandlungen integriert, in welchem zahlenmäßigen Ausmaß dies erfolgt, kann jedoch nicht konkret festgemacht werden. Auch innerhalb der Literatur dazu herrschen in Kolumbien graduelle analytische Unterschiede diesbezüglich: Obgleich einzelne ForscherInnen auf die – im Gegensatz zu Erfahrungen anderer Länder – relativ breite Inklusion auf allen Ebenen verweisen (Londoño/Nieto 2006: 47), wird anderweitig die geringere Präsenz von Frauen in Kämpfen skizziert (IOM 2006: 23)[104].

Zusammenfassend lässt sich nach diesen Überlegungen bezüglich der Tätigkeiten und Rollen von Kämpferinnen folgendes Bild zeichnen: Hinsichtlich der geschlechtsspezifischen Arbeitsteilung lässt sich eine Gleichberechtigung in bestimmten Bereichen ausmachen. Die alltäglichen Aufgaben und Tätigkeiten erledigen alle Geschlechter gleichermaßen, hier existiert eine Gleichberechtigung bezüglich der Arbeitsteilung unter den Geschlechtern. Dieser Aspekt stellt eine Emanzipation und einen Fortschritt gegenüber der restlichen kolumbianischen Gesellschaft dar. Traditionelle Rollen werden gebrochen bzw. zumindest aufgeweicht. Die Ausübung von Tätigkeiten, welche

---

104 Hier muss darauf hingewiesen werden, dass erstere ForscherInnen sich mit der Situation von Kämpferinnen der 70er bis 90er Jahre beschäftigt haben, während die zweite These durch die Analyse von demobilisierten Kämpferinnen der Gegenwart resultiert. In dieser zeitlichen Differenzierung könnte also ein möglicher Grund für diese Abweichungen liegen.

in der traditionellen Konzeption unter die geschlechtsspezifische Arbeitsteilung fallen und demzufolge nicht von Frauen ausgeübt werden (sollten), führt zu einer Aufweichung stereotyper Geschlechterrollen. Vor allem die Beteiligung an dem – männlich dominierten und konnotierten – Bereich des Kämpfens impliziert einen Bruch oder zumindest eine Flexibilisierung der akzeptierten »weiblichen« Rollen (Lelièvre Aussel et al. 2004: 116). Londoño/Nieto beschreiben diesen Prozess folgendermaßen: »(…) In der Guerilla teilen sich Männer und Frauen dieselben Aufgaben, was hinsichtlich der Genderbeziehungen eine Situation größerer Gleichheit herstellt. Das hat grundsätzlich eine positive Konnotation in dem Ausmaß, wie es für viele Frauen eine Möglichkeit darstellt, die traditionelle Rollenzuschreibung aufzulösen und sich in normalerweise den Männern vorbehaltenen Bereichen zu bewegen.« (Londoño/Nieto 2006: 51).

Nichtsdestotrotz kann jedoch nicht bei diesem Postulat der generellen Gleichheit stehen geblieben werden. Bei Betrachtung der weiteren ausgeübten Tätigkeiten und Funktionen lässt sich eine gegenteilige Tendenz ausmachen: traditionelle Rollen werden dort teilweise aufrecht erhalten und somit weiter verstärkt. Frauen sind häufiger in Bereichen von Kommunikation, Versorgung und Verpflegung als auch Sicherheit tätig – traditionell weiblich konnotierte Bereiche. Im männlich dominierten und zugeschriebenen Feld des Kämpfens finden sie hingegen nicht so viel Eingang. IOM zeichnet in ihrem Bericht ein ähnliches Bild: ein Großteil der ehemaligen Guerilleras war auch hier in Logistik, Kommunikation und Haushaltstätigkeiten tätig (IOM 2006: 23).

Die Analyse der Geschlechtergerechtigkeit innerhalb der Guerilla ergibt ein divergierendes Bild voller Kontinuitäten und Diskontinuitäten. Es existieren sowohl Elemente der gleichen Arbeitsteilung als auch wiederum traditionell eher frauenspezifisch konnotierte Tätigkeiten. In Bezug auf die geschlechtsspezifische Arbeitsteilung bewegen sich die Geschlechterrollen innerhalb des Spannungsfeldes traditioneller Rolle versus »progressiver« Rolle. Die kolumbianische Soziologin Moreno Echavarría weist auf diese Ambivalenz hin: »(…) *auf der einen Seite transformieren sich die traditionellen Rollenbilder, auf der anderen Seite weiten sie sich aus.*« (Moreno Echavarría 2003: 2). Trotz dieser Ambivalenzen und Widersprüche muss gesehen werden, dass Frauen innerhalb der Guerilla-Gruppierungen mehr Gleichheit erleben als im Rest der kolumbianischen Gesellschaft. Für die einzelnen Kämpferinnen persönlich kann diese Tatsache emanzipatorische Wirkungen und Konsequenzen haben.

2.1.2. Die »gläserne Decke« – Erste Anzeichen von Diskriminierung

Um dem Ziel einer Analyse der geschlechtsspezifischen Arbeitsteilung bzw. der Fragestellung nach Gleichheit versus Diskriminierung von Frauen in den bewaffneten Gruppierungen nachzugehen, bedarf es auch einer Betrachtung der ausgeübten

Positionen von Frauen. Dies zeigt, ob Frauen in den jeweiligen Gruppierungen real gleiche Chancen und Möglichkeiten haben wie ihre männlichen Kollegen. Ein erster Indikator für jene Fragestellung liefert die Analyse der von den Interviewpartnerinnen ausgeführten Positionen. Wie bereits dargestellt, hatten alle Interviewpartnerinnen die Position der *rasa* inne, also der untersten Stufe in der Hierarchie.

Alle Gesprächspartnerinnen erwähnen in ihren Ausführungen Frauen in höheren Positionen und Führungsebenen. Diese Tatsache allein genommen könnte als Indiz für geschlechtergerechte Strukturen gesehen werden, zumindest zeigt sich kein Ansatz einer Diskriminierung. Doch zu dem Zwecke einer detaillierten Analyse muss weiter hinterfragt werden, in welchen quantitativen Bereichen sich diese Anzahl von Frauen in hohen Positionen bewegt und auf welche Ebenen sie jeweils gelangen. Bei einer genaueren Betrachtung entwickelt sich ein ambivalenteres Bild. Drei interviewte Frauen beginnen ihre Ausführungen mit einer Aufzählung der höheren Positionen, in welchen Frauen tätig waren. Demzufolge gab es Kommandantinnen der *Escuadra* (der kleinsten militärischen Einheit), der *area* (am ehesten zu übersetzen mit Gebietskommandantin), als auch von *Frentes* (Fronten). Bei zwei Interviewpartnerinnen wird ersichtlich, wie sie anfangs relativ bestimmt die Tatsache von Frauen in hohen Positionen bestätigen, in weiterer Folge jedoch bei der Aufzählung halt machen und feststellen, dass ab einem gewissen Punkt keine Frauen mehr in jenen Positionen tätig waren.

> Ja a a a. Es gab *Guerilla*-Kommandantinnen, Stellvertreterinnen der Kommandanten, *escuadra*-Kommandantinnen und Stellvertreterinnen von ihnen. Und es gab eine Stellvertreterin einer Kolonne, das war irgendwie der höchste Posten einer Frau. Denn es sind schon fast immer Männer, die als Kommandanten einer Kolonne eingesetzt werden. Aber eine Frau haben sie als Stellvertreterin bestimmt. Das heißt, wenn der Kommandant nicht da ist, ist sie für die Truppe verantwortlich. Aber ja, meistens waren es schon die Männer... (Ana)

Hier zeigt sich deutlich die anfängliche Bestimmtheit der Existenz von Frauen in hohen Positionen[105]. Im Laufe der eigenen weiteren Ausführungen und Aufzählung der konkret erlebten Frauen in solchen Positionen, relativiert die Interviewpartnerin die eigene Aussage etwas, bis sie selber zu dem Schluss kommt, dass doch meistens die Männer solche höheren Positionen inne haben. Auffällig ist hier auch das besondere Hervorheben einer Frau, welche quasi den höchsten Posten inne hatte: Stellvertreterin der *Columna* (Kolonne). Dies könnte darauf hinweisen, dass Männer den »realen« Posten besetzten, Frauen hingegen vielmehr als Stellvertreterinnen eingesetzt wurden.

---

105 Untermauert wird diese Bestimmtheit vor allem durch das lang gezogene *Ja*. Dies soll die bejahende Aussage nochmals untermalen und ihr eine deutlichere Wirkung verleihen.

Analog zu dieser Ausführung kann eine weitere Darstellung gezeigt werden:

Ja. Ich habe einige Frauen mit Kommando-Gewalt erlebt. Ja, oft. Wegen ihrer
Fähigkeiten zu führen werden sie da eingesetzt. Frauen können zu Chefs einer
Front oder einer ganzen Zone ernannt werden, können ... – hm... nein, das sind
wohl die höchsten Posten, die Frauen einnehmen. (Martha)

Zuerst wird wiederum die Existenz von Frauen in Führungspositionen bejaht, bei der
Aufzählung an einem bestimmten Punkt jedoch Halt gemacht mit dem Verweis, dass
jene erwähnten die höchsten Positionen sind, in welche Frauen gelangen.

Diese Ausschnitte zeichnen das Bild, dass Frauen zwar in höhere Positionen gelangen
und teilweise Kaderpositionen inne haben, jedoch nicht auf alle Führungsebenen aufsteigen können. Ab einem gewissen Punkt existiert eine Grenze – die so genannte *»gläserne
Decke«*[106], welche den weiteren Aufstieg verhindert. Andere Forschungen untermauern
diese Analyse, ungeachtet der zeitlichen Epoche der Betrachtung. So weisen Studien über
die Zeit der 70er und 80er Jahre gleichermaßen auf mangelnde Chancen und Möglichkeiten des Aufstiegs von Frauen in höhere Ränge und Funktionen hin (Leliévre Aussel et
al. 2004: 125; Londoño/Nieto 2006: 52). Im Vergleich mit der aktuellen Situation kann
diese Tendenz weiter bestätigt werden: in einem Artikel zeigt Otero Bahamón auf, dass
Frauen bis zu einem gewissen Punkt – der kleinsten Einheit der bewaffneten Strukturen
– in der Hierarchie gelangen, es aber nur marginal schaffen, diese Grenze zu übertreten
und in höhere Ränge aufzusteigen. Sie skizziert das selbe hier dargestellte Bild, dass Frauen
zwar oftmals Kommandantinnen einer Kompanie werden können, sehr marginal jedoch
nur eines Blockes oder einer Front (Otero Bahamón 2006b). Somit sind Frauen in ihren
Möglichkeiten und Chancen zum Aufstieg Restriktionen bzw. Limitationen ausgesetzt
und bleiben von erheblichen Entscheidungspositionen und -Strukturen ausgeschlossen.
Nach diesen Darstellungen bleibt die Frage offen, aus welchem Grund Frauen dieser
»gläsernen Decke« unterliegen.

2.1.3. DER »GESCHLECHTSNEUTRALE« BLICK

Die Fragestellung nach dem Grund für den Aufstieg bzw. generell nach den Kriterien
für das Ausüben einer jeweiligen Position oder Funktion erlangt gerade durch einen
Geschlechterfokus Relevanz. Werden beispielsweise an beide Geschlechter dieselben Kriterien angewendet oder unterliegt die Auswahl geschlechtsspezifischen Zuschreibungen und Faktoren?

---

106   »Gläserne Decke« bezeichnet in der wissenschaftlichen feministischen Literatur die geschlechtsspezi-
      fische vertikale Segregation, welcher Frauen weltweit (in unterschiedlichem Ausmaß) ausgesetzt sind.
      Diese verunmöglicht es Frauen, in gewisse höhere Positionen zu gelangen. Beim Versuch, auf der
      Karriereleiter über die niedrigen und mittleren Hierarchieebenen empor zu steigen, stoßen sie an die
      bildliche »gläserne Decke«.

Festgehalten werden kann vorerst, dass aus den Interviews eine relative Einigkeit in Bezug auf den Grund des Aufstiegs heraus zu lesen ist. Die diesbezügliche Frage wird mit spezifischen Charakteristika beantwortet, welche die jeweilige Person aufweisen muss bzw. sollte. In den Eigenschaften und Begrifflichkeiten variieren sie untereinander, doch lässt sich eine generelle Linie an Kriterien heraus lesen. Zur Veranschaulichung:

Man wird entsprechend der eigenen Anstrengungen, der eigenen Stärke eingesetzt. Wenn Sie sich z. B. sehr bemühen, sehr tapfer sind, kommen Sie weiter, sonst eben nicht. Das war aufgrund der Stärke und ihrer Bemühungen. (Ana)

Das war wegen der Intelligenz, und wegen der Fähigkeit. Wenn sie gut militärisch führen konnten. (Martha)

Wegen der Schnelligkeit von einem. Und wegen dem Verhalten. (Veronica)

Wegen dem Verhalten. (Laura)

Das sind Frauen, welche sich sehr im militärischen Bereich beweisen können, auf kultureller Ebene, überall. (Isabel)

Angesprochene Kriterien wären also: Benehmen, Fähigkeit (militärisch zu führen), Intelligenz, Starke bzw. Einsatz und das Bemühen. Anhand dieser Kriterien könnte von einer geschlechterneutralen bzw. -gerechten Vorgehensweise und Auswahlmethode ausgegangen werden. Eine interviewte Ex-Kämpferin spricht diesen Aspekt dezidiert an, indem sie meint, jene Kriterien gelten für alle Personen gleichermaßen, egal welchen Geschlechts.

Doch wäre aus einer Genderperspektive weiter zu erforschen, ob diese Kriterien sich in der Realität als gleichberechtigte Faktoren erweisen, oder ob diese nicht vielmehr hauptsächlich »männlichen« Charakteristika entsprechen, welche Frauen real weniger erfüllen können oder auch wollen. Weshalb existieren trotz jener »gerechten« und »gleichen« Kriterien für beide Geschlechter weniger Frauen als Männer in hohen Positionen? Wie dargestellt, scheint es nicht an diskriminierenden Strukturen oder Kriterien zu liegen, sondern in einem tiefer zugrunde liegenden Problem bzw. Phanomen zu wurzeln. In den Interviews finden sich auch entsprechende Aussagen bezüglich der möglichen Gründe für die existente mangelnde Präsenz von Frauen in hohen Positionen.

Naja, von Natur aus sind die Männer ja irgendwie tapferer als die Frauen. Aber es wird versucht, dass wir auch auf ihr Niveau aufsteigen, dass wir ebenso tapfer werden wie sie. Aber es ist eben von Natur aus meistens so, dass der Mann stärker ist als die Frau. Ich glaube, dass das deshalb so war. (Ana)

Als Grund für die mangelnde Präsenz von Frauen in Kaderpositionen werden geschlechtsspezifische Unterschiede genannt. Die ehemalige Kämpferin verweist dazu auf natürliche biologische Differenzen in der Stärke der beiden Geschlechter.

Ausgehend von einer feministischen sozialisationstheoretischen Perspektive kann dieser essentialistische biologistische Ansatz m. E. nicht aufrecht erhalten werden, doch scheinen die geringeren Aufstiegschancen unter anderem in letzter Konsequenz auf unterschiedlich entwickelte körperliche Fähigkeiten und Stärken zurückzuführen sein.

Ein anderer Aspekt kommt in den Ausführungen von Martha zur Sprache:

Aber wir Frauen kümmern uns meistens kaum darum, wir nehmen das nicht auf uns. Wenn wir einen Mann haben, dann reicht es uns, mit ihm zu sein, und aus. Oder lernen, ja, und aus. Aber wir bemühen uns nicht, in eine höhere Stellung aufzusteigen. (Martha)

Frauen kümmern sich also im Gegensatz zu Männern weniger darum aufzusteigen und in hohe Positionen zu gelangen. Sie weisen scheinbar nicht den selben Ehrgeiz auf, »begnügen« sich sozusagen mit dem Aufrechterhalten des Status quo.

In eine ähnliche Richtung zielt die Skizzierung diesbezüglich von Isabel, welche eigenständig auf diese Thematik zu sprechen kommt:

Denn die Frauen, um mit ihnen [ihren Partnern; Anm.: MH] zusammen zu sein, geben alles auf, um sich nicht trennen zu müssen. Das ist unser Opfer. Die Frau ist fast nie bereit, etwas zu verlieren. Sie ist immer bereit, den Kopf einzuziehen und zu folgen. Auch aus diesem Grund steigen sie fast nie auf. (Isabel)

Der Grund für die fehlende Präsenz von Frauen in hohen Positionen wird in geschlechtsspezifischen Elementen gesehen. Frauen »verzichten« de facto auf Aufstiegschancen, zugunsten anderer wichtigerer Aspekte – hier signalisiert durch den Verweis auf den Wunsch, mit den Partnern zusammen zu sein. Weiters wird angesprochen, dass viele Kämpferinnen sich quasi unterordnen lassen bzw. gehorchen, ausgedrückt durch die bildliche Analogie des gesenkten Kopfes. Diese Faktoren hindern bzw. hemmen den Aufstieg von Frauen in höhere Positionen.

Die dargestellten Argumente lassen folgende Schlussfolgerung zu: Frauen scheinen im Vergleich zu Männern weniger Ambitionen zu haben bzw. den Wunsch zu äußern, in der militärischen Hierarchie aufzusteigen. Vielmehr fühlen sie sich nicht fähig (z. B. aufgrund der mangelnden Stärke) oder zeigen nicht den »nötigen« Willen (begnügen sich mit Status quo). Frauen bringen nicht das selbe Interesse bzw. die gleiche Motivation zum Aufstieg auf, streben nicht danach und bemühen sich weniger. Vielmehr »tendieren (sie) dazu, die Wichtigkeit des Emporsteigens von Rängen zu minimalisieren« (Lelièvre Aussel et al. 2004: 126). Erklären lässt sich dieses Phänomen wiederum mit der geschlechtsspezifischen Sozialisation, bzw. den gesellschaftlich gelernten und erlebten Rollen und Normen. Die Kämpferinnen haben die ihnen zugeschriebenen Rollen und Charakteristika so weit internalisiert, dass sie in Folge eigenmächtig danach denken und handeln (Londoño/Nieto 2006: 52). Mit den Worten Bourdieus könnte dieses Phänomen als Internalisierung der »männlichen Herrschaft«[107] bezeichnet werden (Bourdieu 2005: 27f).

Zahlreiche TheoretikerInnen haben diesen Aspekt der geschlechtsspezifischen Sozialisation in Verbindung mit der Präsenz von Frauen in Führungspositionen analysiert. Sie illustrieren das bereits dargestellte Phänomen der »bescheidenen Zurückhaltung« im Gegensatz zu den »männlich« codierten Karriereerfordernissen (Amiet/Baillod et al. 2000: 81ff). Diese Tendenz zeichnet sich innerhalb der Guerilla gleichermaßen ab.

Anhand voriger Analysen lässt sich in Bezug auf den gesetzten Maßstab der Auswahlkriterien weiterführend folgendes schlussfolgern: Es scheint oberflächlich betrachtet innerhalb der Strukturen und der Hierarchien keine explizit diskriminierenden Elemente zu geben, welche Frauen per se von hohen Rängen oder Entscheidungspositionen ausschließen. Aus einer Genderperspektive betrachtet, muss dieses vordergründige Postulat hinterfragt und reflektiert werden. Die real vorhandene ungleichmäßige Verteilung basiert auf einer Fülle an Faktoren, welche »unterschwellig« diesen Prozess beeinflussen. Auf der einen Seite die illustrierte Relevanz und Wichtigkeit der geschlechtsspezifischen Sozialisation bei den jeweiligen Ambitionen bezüglich des Ausübens von Führungspositionen. Ausgehend von dem Postulat einer realen Geschlechtergerechtigkeit müsste diesem Prozess durch spezifische Maßnahmen und Förderungen entgegengewirkt werden. Nur somit könnte gewährleistet werden, dass Frauen real dieselben Voraussetzungen und Chancen auf den Aufstieg in höhere Positionen haben. Durch Nichtbetrachtung dieses Aspekts resultiert die skizzierte Ungleichverteilung und Marginalisierung von Frauen. Somit gründet die fehlende Präsenz von Frauen in hohen Position in Konsequenz doch auf strukturellen und politischen Faktoren.

In Folge dessen erweist sich die erwähnte »Geschlechtsneutralität« in der Praxis vielmehr als eine Geschlechtsblindheit, welche relevante geschlechtsspezifische Aspekte und Faktoren außer Acht lässt – also nicht geschlechtssensibel agiert. Diesen Gedanken weiterführend, könnte auch von einer eher androzentrischen Praxis gesprochen werden, orientiert vor allem an »männlichen« Maßstäben. Die von den Interviewpartnerinnen erwähnten Kriterien der Auswahl entpuppen sich großteils als männlich konnotierte und zugeschriebene Charakteristika: sowohl Stärke, Durchsetzungskraft als auch die Fähigkeit (militärisch) zu führen, entsprechen viel mehr den traditionell Männern zugeschriebenen und auch dementsprechend sozialisierten Attributen. Frauen wird

---

107 Bourdieu beschreibt diesen Prozess in seinem gleichnamigen Buch folgendermaßen: »*Wenn die Beherrschten auf das, was sie beherrscht, Schemata anwenden, die das Produkt der Herrschaft sind, oder wenn, mit anderen Worten, ihre Gedanken und ihre Wahrnehmungen den Strukturen der Herrschaftsbeziehung, die ihnen aufgezwungen ist, konform strukturiert sind, dann sind ihre Erkenntnisakte unvermeidlich Akte der Anerkennung, der Unterwerfung.*« (Bourdieu 2005: 27f)

somit dieser »männliche« Maßstab aufoktroyiert, sie müssen sich an die männlich zugeschriebenen und sozialisierten Eigenschaften und Charakteristika anpassen. Diese
Tatsache wird innerhalb der feministischen Literatur stark kritisiert bzw. debattiert. Auf
der einen Seite steht die Erkenntnis bzw. die Kritik, dass Frauen, um als Kämpferinnen
integriert zu werden, de facto Teile ihrer als »weiblich« sozialisierten Identität aufgeben bzw. verleugnen müssen (Londoño/Nieto 2006: 48ff). Auf der anderen Seite
drängt sich die Frage auf, ob es in einer militärisch organisierten und strukturierten bewaffneten Gruppierung überhaupt einen anderen Maßstab geben kann (Lelièvre Aussel
et al. 2004: 127). Sind nicht alle militärischen Organisationen per se männlich bzw.
patriarchal dominiert und geprägt?

2.1.4. »Gleichheit« als Anpassung an das »Männliche« –
Integration als Prozess der Assimilation?

Wie bereits im ersten Teil der Arbeit analysiert, ist Krieg und bewaffneter Kampf per
se ein männlich dominiertes und zugeschriebenes Gebiet. Die Kultur formt Männer
zu Kriegern, indem sie männliche Attribute stark mit jenen Attributen des »Kriegers«
verbindet bzw. dadurch definiert (Goldstein 2001: 252). Im Gegensatz zu diesen
konstruierten und sozialisierten Männlichkeitskonzepten, welche für den Krieg notwendig scheinen, finden die konträr konstruierten Weiblichkeitskonzepte keinen Eingang auf dem Schlachtfeld.

Vor diesem Hintergrund stellt sich die Schwierigkeit der Integration von weiblichen
KämpferInnen in den »männlich« dominierten und geprägten Bereich des Krieges.
Dieser Prozess der Anpassung an den »männlichen« Krieg bedeutet von Kämpferinnen
großteils einen Bruch mit ihrer bisherigen Identität. So beschreibt auch Maria Eugenia
Vasquez, eine ehemalige *Guerrillera* der 70er Jahre, dieses Phänomen. Um sich »erfolgreich« in kriegerische Auseinandersetzungen integrieren zu können, wird von den
Kämpferinnen verlangt, »weibliche« Charakteristika und Identitätsreferenten abzulegen und sich an das »männlich« dominante Bild anzupassen (Hoyos 2000). Frauen
nehmen »männliche« Attribute und Werte an und gleichen sich immer mehr ihren
compañeros. Jenes Phänomen kann als Prozess der Akkulturation (Vásquez 2000: 3)
bzw. Assimilierung bezeichnet werden[108]. Im Gegensatz dazu bedeutet bei Männern der
Eintritt in den bewaffneten Kampf keinen Bruch, sondern vielmehr eine Fortführung
und Potenzierung der traditionell gelernten Geschlechterrollen. Mit den Worten von

---

108   Dieser Prozess der Assimilierung an das »Männliche« innerhalb der bewaffneten Organisationen hat
      wiederum spezifische Auswirkungen auf demobilisierte Kämpferinnen. Diese müssen ihre sozialisierte
      Identität innerhalb der Gruppierung wieder ablegen, um neuerlich die traditionell »weibliche«
      Geschlechterrolle anzunehmen. Somit sind sie einer permanenten (Re)Konstruktion ihrer Geschlechts-
      identität ausgesetzt (Londoño/Nieto 2006: 19ff).

Elise Barth: »*Women's involvement as combatants in revolutionary movements represents a break with their earlier socialization represented by the values and way of life that their family has taught them. This can be contrasted with the role of males, which continue along the same lines as before. Men's gender roles are reinforced by activities associated with being soldiers.*« (Barth 2002: 15)

2.1.5. Geschlechtsspezifische Diskriminierung durch »Gleichheit«

Diese Anpassung und Assimilation an das »Männliche« kann für Kämpferinnen negative Auswirkungen und Hindernisse mit sich bringen. Für KämpferInnen wird, egal welchen Geschlechts, derselbe Maßstab angewendet, welcher sich jedoch bei näherem Betrachten als »männlicher« Maßstab »entpuppt«. Eine Interviewpartnerin (Ana) weist in ihren Ausführungen bezüglich der mangelnden Präsenz von Frauen in hohen Positionen auf diesen Aspekt hin: sie nennt als Auswahlkriterium die Stärke der jeweiligen Person, wobei Männer (von Natur aus) stärker seien als Frauen – »(...) aber sie versuchen, einen auf dasselbe Niveau zu bringen, dass man/frau ebenso tapfer ist wie sie.« Es wird also versucht – vor dem Hintergrund der Gleichheits-Prämisse – Frauen auf das selbe Level der Männer zu heben, damit sich beide Geschlechter in ihrer Stärke gleichen. In der Realität resultiert diese postulierte Gleichheit jedoch oftmals in einer geschlechtsspezifischen Diskriminierung, da Frauen sich anpassen und stärker anstrengen müssen, um »gleich wie Männer zu werden«. In den Interviews erwähnen die Interviewpartnerinnen diese teilweise doppelte Anstrengung, welche aus der postulierten »Gleichheit« im Gegensatz zu den männlichen Guerilleros für sie resultiert.

Seit ich dort war, in den Einheiten, wo ich war, haben sie die Frauen nicht geschont. Sie haben es ihnen hart gegeben. Denn alles, was die Männer machen müssen, müssen auch die Frauen tun. Da konnten sie noch so viel protestieren oder weinen und sagen, was sie wollen. (Veronica)

Am Anfang ist es schon sehr hart, denn man weiß, dass man als Frau empfindlicher ist. Doch dort lernt man, dass wenn sich jemand zwei Säcke über die Schultern wirft, du dasselbe machen musst. Und wenn es dich trifft, zehn Mal einen Hang hinauf und hinunter zu gehen, so musst du es tun. Und das war nicht so, dass nur die Frauen kochen mussten. Nein, dort waren immer zwei Frauen und zwei Männer. Also – man gewöhnt sich daran. Wie das Sprichwort sagt: Der Mensch ist ein Gewohnheitstier, und man gewöhnt sich daran, gleich zu arbeiten wie die Männer (Laura)

Ich habe dort ein Mädchen gekannt. Als sie ankam, war sie 14 oder 15 Jahre alt. Sie hatte einen ganz zarten Körper und ich dachte mir: ach, die Arme. Als ich eingetreten bin, war ich auch so. Wenn ich ein Kilo geschleppt habe, war ich schon beim Sterben. Bis ich mich daran gewöhnt habe, auch schwere Lasten zu schleppen. Aber das hat Jahre gedauert. Und ich sagte mir, ›Die Arme, bis die sich daran gewöhnen wird!‹ Als ich eintrat, waren ziemlich gute Typen dort, doch als sie kam, waren die meisten eher ziemliche Machos. Und sie weinte. Wir gingen in Reih und Glied und sie weinte. Und ich sagte: ›langsam, langsam, mit der Zeit gewöhnst du dich daran.‹ Nachdem mir ja die Wirbelsäule sehr weh tat, ich bin auch sehr langsam gegangen, aber – ich bin angekommen. Ich habe mich nicht angestrengt, die Erste zu sein. Doch schließlich sagten sie, nein, die können wir nicht brauchen, die müssen wir wieder zurückschicken. So eine ist hier nicht zu gebrauchen. (Isabel)

Diese Passagen illustrieren eine spezielle Herausforderung und stärkere Probleme für Kämpferinnen im Bereich der körperlichen Anstrengung. Es wird zwar Gleichheit in Bezug auf die körperliche Arbeit seitens der Guerilla gefordert und umgesetzt, doch zeigt sich, dass sich diese kolportierte »Gleichheit« in der Realität oftmals als negativ für weibliche Guerilla-KämpferInnen entpuppt. Durch die mangelnde Gewöhnung körperlich anstrengender und harter Tätigkeiten ist es anfangs sehr schwer, mit dem »männlichen« Niveau mitzuhalten. Dass die Tatsache der »Schwäche« keine biologisch bedingte und in der Natur verankerte ist, sondern sich vielmehr sozial entwickelt, wird anhand der Aussagen von Laura und Isabel verdeutlicht. Die Schwierigkeiten und Probleme nehmen mit der Zeit ab – wie sie illustrieren: »man/frau gewöhnt sich daran« (Laura). Dies bestätigt die Annahme, dass Frauen solch eine körperliche Anstrengung (teilweise) nicht gewohnt sind, aber prinzipiell das Gleiche schaffen könnten wie ihre *compañeros*. Nichtsdestotrotz kann die Prämisse der Gleichheit innerhalb der Guerilla-Gruppierungen sich in der Realität in das Gegenteil transformieren, indem Frauen durch jene behauptete Gleichheit mit spezifischen Problemen konfrontiert sind. Sie müssen mehr Anstrengung und Ausdauer zeigen, bis sie genauso »stark« und »fähig« sind wie ihre Kameraden. Diese Analysen lassen sich durch andere Studien untermauern, welche zum selbem Schluss kommen. *»Die Konfrontation mit Situationen, die ihren Körper den härtesten Anforderungen aussetzten, um es den Männern in diesem Bereich gleich zu tun, stellte eine erstrangige Herausforderung dar, da sie sich ständig verpflichtet fühlten zu beweisen, dass sie genauso fähig sind wie die Männer, einem Kriegskollektiv anzugehören.«* (Londoño 2005: 70).

Offensichtlicher bzw. schwerwiegender wird dieses Phänomen nochmals bei gesundheitlichen Auswirkungen, wie hier erkennbar ist.

Ich wurde krank, bekam starke Kreuzschmerzen, das war hart. Deswegen konnte ich dann nichts mehr tun. Ich konnte nicht schwer tragen, nicht einmal das Funkgerät. Viele Mädchen werden krank, können nicht mehr vom Tragen der schweren Lasten. Und manchmal muss man sich einfach irgendwo runterstürzen, so steil das auch noch sein mag. Und auch das ist sehr schlecht für einen und schlecht für den Rücken. (Martha)

Dies verdeutlicht, welche negativen Auswirkungen die schweren körperlichen Tätigkeiten im Endeffekt für Kämpferinnen haben können. Hier handelt es sich nicht um Einzelfälle, auch andere Studien erwähnen eine erhebliche Anzahl von Kämpferinnen mit Rücken-problemen aufgrund der körperlichen Anstrengung (IOM 2006: 30). Die kolportierte und vordergründig gelebte »Gleichheit« in Bezug auf die Arbeitsteilung unter den Geschlechtern kann weibliche KämpferInnen in der Praxis real benachteiligen und belasten. Somit stellt sich die postulierte Gleichheit als nicht existent heraus, da Kämpferinnen mehr machen müssen und sich mehr anstrengen müssen, um »gleich« zu sein.

2.2. Der Umgang mit dem weiblichen Körper

Abgesehen von der Thematik der geschlechtsspezifischen Arbeitsteilung ist ein weiterer Bereich für die Analyse der bewaffneten Gruppierungen aus einem Genderfokus relevant. Nicht nur die Frage, ob bzw. in welchen Funktionen Frauen in die bewaffnete Organisation integriert werden, gibt Auskunft über die Geschlechterverhältnisse. Ungeachtet der Prämisse der Gleichheit oder Gleichberechtigung existieren – vor allem für Frauen und Kämpferinnen – sensible Aspekte, die berücksichtigt werden müssen und nicht unter den Leitsatz der Gleichheit subsumiert werden können. Hier stellt sich die Frage, wie in der Guerilla mit solchen »frauenspezifischen« Elementen umgegangen wird und wie sich dies auf Kämpferinnen auswirkt.

Der Aspekt der Intimität und Umgang mit dem weiblichen Körper wurde in be-sonderem Ausmaße von den Kämpferinnen selbst im Verlauf der Gespräche angesprochen, woraus sich erkennen lässt, welche Relevanz dieser für die einzelnen Kämpferinnen hat. Es handelt sich hierbei um einen sehr sensiblen und oftmals auch nicht gern preis-gegebenen Bereich – allem voran der Themenkomplex rund um Sexualität.

2.2.1. BEZIEHUNG UND SEXUALITÄT – EINSCHRÄNKUNG VERSUS FREIHEIT

Die Erzählungen über Beziehungen und Partnerschaften in der Guerilla sind stark mit dem Bereich der Sexualität verwoben, weshalb in Folge diese Thematiken gemeinsam behandelt werden. Als ein markanter Faktor in diesem intimen persönlichen Bereich zeichnet sich das Spannungsfeld zwischen individueller Freiheit versus Einschränkung aufgrund des Kontextes des bewaffneten Kampfes ab.

An dieser Stelle sei darauf hingewiesen, dass sich folgende Ausführungen partnerschaft-licher und sexueller Beziehungen innerhalb des Komplexes heterosexueller Beziehungen eingliedern. Nicht aus Gründen einer Unterstellung der »Norm« oder mangelnder Sensibilität diesbezüglich, sondern da aus den Interviews keinerlei Hinweise in diese Richtung geliefert wurden. Hier zeigt sich eine weitere »Unsichtbarkeit« – Homosexualität innerhalb kriegerischer Kontexte stellt einen zusätzlichen, wenig erforschten Randbereich innerhalb der Kriegsforschung dar. Obwohl diese »Unsichtbarkeit« nicht einer realen Inexistenz gleichgeschlechtlicher Beziehungen innerhalb der bewaffneten Gruppierungen entspricht, kann von einem eher marginalen Phänomen gesprochen werden[109].

Ausleben von Beziehungen versus Einschränkung durch Kontext

Ein konstituierendes Element innerhalb der bewaffneten aufständischen Organisationen (FARC und ELN) hinsichtlich Beziehung und Sexualität liegt in der Praxis des »Um-Erlaubnis-bitten-Müssens«. Dies gilt innerhalb der Guerilla für zweierlei Bereiche: Erlaubnis einer Partnerschaft und Erlaubnis zu sexuellem Verkehr. Zu ersterem: Alle Interviewpartnerinnen geben an, dass bei dem Wunsch nach einer Beziehung innerhalb der Guerilla zuerst von dem/der KommandantIn die Erlaubnis eingeholt werden muss. Diese Erlaubnis wird betitelt als »*permiso de asociación* (Erlaubnis zur Vereinigung)« (Martinez 2006). Erst nach Erteilung dieser Erlaubnis sei es gestattet, eine Partnerschaft einzugehen. Spezielles Augenmerk wird laut den Interviews hierbei auf »stabile« Partnerschaften gelegt.

> Am Anfang muss man noch um Erlaubnis bitten. Aber ich hatte fast immer meinen ständigen Partner und brauchte fast nie um diese Erlaubnis fragen. Sie dient eigentlich dazu, zu sehen, ob man fähig ist, mit jemandem eine Beziehung herzustellen. Und ab diesem Zeitpunkt lassen sich dich dann mit dieser Person zusammen sein. (Isabel)

Lediglich zu Beginn der Partnerschaft muss demzufolge um Erlaubnis gebeten werden. Nach Erteilung dieser Erlaubnis könne dann »in Ruhe« die gewünschte Beziehung gelebt werden. Diese Darstellung stimmt mit jener einer anderen Interviewpartnerin überein, welche darauf verweist, dass nach der anfänglichen Erlaubnis in Folge frei mit der/dem PartnerIn gelebt werden kann. Fundación Mujer und Futuro beschreiben in ihrer Studie der 70er und 80er-Jahre bei einzelnen Guerilla-Gruppierungen ein ähnliches Phänomen: dies zeige ihrer Meinung nach, dass auch innerhalb der bewaffneten Gruppierungen teilweise stabile und treue Beziehungen gewünscht bzw. beworben wurden (Lelièvre Aussel et at. 2004: 163).

Etwas von diesen Aussagen divergierend, erwähnt eine andere Interviewpartnerin weiterhin die Notwendigkeit und Pflicht des »Erlaubnis-Bittens« – auch trotz stabiler Partnerschaft. Bei dieser Erlaubnis scheint es sich jedoch rein um den Bereich des Sexualverkehrs zu handeln. Zur Veranschaulichung:

---

109 Bezüglich Homosexualität innerhalb der bewaffneten Gruppierungen existieren de facto keinerlei Informationen oder Forschungen. Persönlich hatte ich die Möglichkeit, einen demobilisierten homosexuellen FARC-Kämpfer kennen zu lernen. Darüber hinaus gründen jedoch alle Aussagen auf Mutmaßungen bzw. Indizien.

Auch wenn du schon eine Beziehung mit einem Partner hast, kannst du nicht jederzeit sexuelle Beziehungen mit ihm haben. Nur wann sie [die Kommandan-tInnen; Anm.: MH] wollen. (Laura)

Laut dieser Aussage muss trotz der Führung einer »stabilen« Beziehung beim Wunsch nach sexuellem Verkehr um Erlaubnis gebeten werden. Dies skizziert also eine konträre Tendenz. Es wird sowohl verlangt, zu Beginn einer Beziehung um Erlaubnis zu bitten als auch beim ihrem weiteren Verlauf jeweils beim Wunsch nach Sexualverkehr. Die Grenze scheidet sich nicht an der Frage nach stabiler Beziehung oder nicht, sondern vielmehr an der Frage der Sexualität. Hier müsste also für sexuellen Verkehr um Erlaubnis gebeten werden – unabhängig, ob in einer Beziehung oder nicht.

Trotz gewisser Graubereiche zeigt sich, dass zum Ausführen von partnerschaftlichen und/oder sexuellen Beziehungen die Erlaubnis der obersten Ränge innerhalb der Guerilla eingeholt werden muss. Diese These lässt sich durch anderweitige Studien über Guerilla-Organisationen untermauern. Vor dem Aufbau einer Beziehung oder Partnerschaft muss erst die Führung um Erlaubnis gebeten werden: das Ausleben einer Beziehung hängt somit an der Erlaubnis seitens der Führung (Leliévre Aussel et al. 2004: 163; Fearnley 2003: 15).

Wie wird diese Tatsache aber in der konkreten Praxis ausgeführt und welche subjektiven Auswirkungen hat dies auf die jeweiligen Kämpferinnen?

Jeden Tag so gegen fünf Uhr nachmittags versammelt man sich und es werden einem die Aufgaben für die Nacht mitgeteilt. Man hebt die Hand und bittet um Erlaubnis. Das war immer am Dienstag und am Samstag. Man hebt die Hand und sagt: ›Ich bitte um Erlaubnis, Genosse. Ich möchte diese Nacht mit meinem Partner zusammen sein.‹ ›In Ordnung, ja.‹, heißt es dann. Und dann wissen sie schon Bescheid, dann bekommt man keinen Wachtdienst oder irgendeine andere Aufgabe für diese Nacht. Man kann problemlos mit einem Partner zusammen sein, nur kann man nicht immer mit ihm schlafen, wann man will, sondern nur –. Es gibt bestimmte Tage dafür, eben wie Dienstag und Samstag bei mir. Und da musste eben um Erlaubnis angesucht werden. (Laura)

Es gibt vorgesehene Tage, an welchen Sexualverkehr möglich und erlaubt ist. An diesen Tagen kann darum gebeten werden, mit dem/der PartnerIn zusammen sein zu dürfen. Dieses Phänomen illustriert auch Cárdenas Sarrías: er beschreibt genauso die vorgesehen Tage für Sexualverkehr – mit dem Argument seitens der Guerilla-Führung, so die Kontrolle über das Kollektiv aufrecht erhalten zu können. (Cárdenas Sarrías 2006: 176). Wie ersichtlich wird, findet diese Praxis des »Erlaubnis-Bittens« vor der gesammelten Einheit während der Einteilung für die jeweiligen folgenden Aufgaben statt. Diese de facto verordnete »öffentliche Darlegung des Intimen« ist für die Kämpferinnen negativ konnotiert, wie zwei Interviewpartnerinnen deutlich machen.

Das mit dem um Erlaubnis fragen ist irgendwie unangenehm, denn jeder bekommt dann mit, was du vorhast.... Zum Glück habe ich nie um Erlaubnis fragen müssen. (Ana)

Das ist schon sehr schwierig und unangenehm, dass die ganze Truppe, siebzig, achtzig oder hundert Personen, erfährt, dass du heute Nacht.... (Laura)

Diese Praxis des öffentlichen »um Erlaubnis-Bittens« beeinflusst das Gefühlsleben und den Umgang mit Sexualität innerhalb der Guerilla. Es wird de facto keinerlei Privatsphäre zugelassen, alle in der Einheit wissen über dein Sexualleben bzw. deine Beziehungen Bescheid; es besteht keine Möglichkeit, die Sexualität geheim oder intim auszuleben. Dieses Element der Erlaubnis und der vorhergesehenen Tage für Sexualverkehr schränkt das volle bzw. freie Ausleben der Sexualität und der Intimität erheblich ein.

In diesem Zusammenhang spielt laut den Interviewpartnerinnen ein, diese Praxis etwas linderndes, Element eine wesentliche Rolle: der gegenseitige Respekt untereinander. Beide Interviewpartnerinnen, welche den Bereich der Unannehmlichkeiten durch diese öffentliche Darlegung des Intimen ansprechen, erwähnen gleich im Anschluss den gegenseitig entgegengebrachten Respekt diesbezüglich und auch generell in Bezug auf Beziehungen bzw. Sexualität. Zur Veranschaulichung der Ausschnitt von Laura:

Aber gleichzeitig ist der gegenseitige Respekt dort sehr eindrucksvoll. An Respekt mangelt es nicht in den FARC, davon gibt es in Hülle und Fülle. Niemand darf mit der Freundin von einem Anderen respektlos umgehen, oder genauso wenig, wenn sie keinen Freund hat. Man kann mit drei, vier Männern in einem Zelt schlafen, und sie dürfen nicht respektlos dir gegenüber sein. Es gibt keinen Grund dafür. Das habe ich am meisten bewundert dort, diesen großen Respekt vor einem. (Laura)

Dass diese Kämpferin die Thematik des Respekts gleich im Anschluss an ihre Ausführungen bezüglich der Praxis des »Erlaubnis-Bittens« darstellt, kann den Rückschluss zulassen, dass der Respekt als »ausgleichendes« Element wirkt. Respekt – insgesamt gegenüber Frauen – ist demzufolge sehr groß innerhalb der FARC, was die Situation der öffentlichen Darstellung des Sexuallebens leichter zu machen scheint. Es wird respektvoll mit diesem Umstand umgegangen, somit sind die jeweiligen Kämpferinnen nicht noch zusätzlich von negativen Konsequenzen betroffen. Dieser Faktor des respektvollen Umgangs seitens der *compañeros* kann als »positives« emanzipatorisches Element hinsichtlich der Geschlechterverhältnisse hervorgehoben werden.

Wie aber erörtert, mindert die Verpflichtung des »Erlaubnis-Bittens« und des »geregelten« Sexualverkehrs die freie Entscheidungsmöglichkeit und Bewegungsfreiheit bezüglich intimer (sexueller) Beziehungen. Laut den Kämpferinnen kommt es nicht nur zu einer Restriktion bzw. Limitierung, sondern teilweise zu einer de facto Verunmöglichung tiefgehender emotionaler Beziehungen. Mehrere Interviewpartnerinnen berichten von persönlichen Erfahrungen, in denen es ihnen nicht ermöglicht wurde, Partnerschaften innerhalb der bewaffneten aufständischen Gruppierungen auszuleben. So wurden Partner beispielsweise durch einen langen Zeitraum hinweg auf Missionen geschickt und die Kämpferinnen waren nie sicher, ob der jeweilige Guerillero (lebend) zurück kam oder nicht[110]. Die Beziehung wurde von außen zerrissen und die jeweilige Person musste mit der Ungewissheit eines möglichen Wiedersehens leben.

Im allgemeinen war ich immer mit dem zusammen, mit dem ich wollte. Mit einer Ausnahme. Da hatte ich einen Freund, den ich sehr gerne hatte, aber sie ließen uns nie zusammen. Immer haben sie ihn weggeschickt, sie ließen uns nicht zusammen. Das war dann das Ende der Liebe, denn wir haben uns nie wiedergesehen. Wenn dein Freund geht, kannst du entscheiden, ob du auf ihn wartest oder nicht. Denn es ist fast immer so, dass wenn sie gehen, dass sie dann nicht mehr zurückkommen. So ist das meistens – einer in dieser Einheit und der andere in jener. (Isabel)

Durch die bestehenden Rahmenbedingungen innerhalb der bewaffneten Guerilla-Organisationen und durch die Praxis des Wegschickens der PartnerInnen sind Beziehungen Belastungen ausgesetzt sind und können auch daran zerbrechen. Emotionale partnerschaftliche Beziehungen werden nicht nur in ihrer Freiheit des Auslebens gehindert, sondern jene Beziehungen selbst von der Guerilla teilweise sogar verhindert. Guerilleras der 70er und 80er-Jahre unterstreichen diesen Aspekt. So beschreibt Dora Margarita, eine ehemalige Guerillera des ELN und M-19, dass der Kommandant Beziehungen trennte und die Partner in verschiedene Camps schickte (Lara 2000: 43). Die Führung hat sowohl die Macht, Beziehungen zu erlauben als auch zu verhindern bzw. verunmöglichen (Martinez 2006). Aussagen der Gegenwart weisen in dieselbe Richtung. Cárdenas Sarrias bezeichnet es in Folge als ein gängiges Phänomen, »(…) *konsolidierte Partnerschaften zu trennen sich berufend auf zwei Vorwände: um die Partnerschaft auf die Probe zu stellen (›wenn die fähig sind aufeinander zu warten, dann lieben sie sich wirklich‹) und um potentielle Desertionen zu vermeiden.*« (Cárdenas Sarrias 2005: 157). Dieser Umstand reflektiert eine Tendenz, die sich durch die gesamte Forschung zieht: die Unterordnung der affektiven Empfindungen unter die militärischen Strukturen. Zur Veranschaulichung:

Wenn du in die FARC eintrittst, wird dir gleich gesagt, dass du hier nicht heiraten kannst. Du hast nicht die Gewissheit, dass du ständig mit deinem Partner zusammenbleiben darfst. Ich war zum Beispiel diejenige, die für das Computer-

---

110 Eine andere Erfahrung einer de facto Verunmöglichung bzw. eines Verbotes von Beziehungen hat Ana erlebt. Sie hatte eine Beziehung zu einem Milizen, welche aufgrund der spezifischen Rahmenbedingungen des bewaffneten Konflikts verboten wird. MilizInnen und KombattantInnen können laut der Argumentation der Guerilla keine Beziehung zueinander eingehen, da erstere im zivilem Leben leben und dies aufgrund des Kontextes Schwierigkeiten mit sich bringen könnte.

wesen zuständig war. Und meine Partner waren fast immer die, die im Kampf-
einsatz waren. Ich konnte aber nicht mit meinem Computer in der Feuerlinie
sein. Und so waren sie in der einen Kompanie und ich in der anderen. Wenn sie
Leute brauchten, um andere Einheiten zu verstärken, so konnte ich wegen meiner Arbeit nicht mit ihnen sein. Und so musste ich mir entweder einen hübschen
Burschen in derselben Einheit suchen und mit ihm zusammensein oder diese
Situation aushalten. (Isabel)

Als Begründung für die Praxis des Wegschickens gelten die unterschiedlichen Aufgaben und Funktionen der jeweiligen KämpferInnen. Jede Einheit erfüllt spezifische
Funktionen, woraus sich Brüche und Aufteilungen zwischen den PartnerInnen ergeben
können. Hier zeigt sich, wie die militärische Struktur der Guerilla-Organisationen sich
auf die Ausübung und das Leben von Beziehungen auswirkt und diesen entgegen-
wirkt. Der Kampf und die damit verbundenen Rahmenbedingungen steht an erster
Stelle, auf individuell persönliche bzw. subjektiv emotionale Aspekte wird in diesem
Zusammenhang offensichtlich nicht so viel Rücksicht genommen[111]. Diese Tatsache
signalisiert, dass die militärische Struktur der bewaffneten Organisation per se in teilweise negativer Form die Zeit der Kämpferinnen innerhalb der Gruppierungen prägt.
Für das subjektive Empfinden der Guerilleras stellt dieser Aspekt der Erschwernis bzw.
teilweise Verunmöglichung von emotionalen Beziehungen einen großen Stellenwert
innerhalb ihres Erlebens dar.

Ein weiterer Aspekt, welcher in diesem Zusammenhang in der obigen Passage angesprochen wird, betrifft den Bereich der Eheschließungen. Wie hier dargestellt wird, ist
es nicht erlaubt, innerhalb der bewaffneten Guerilla-Gruppierungen eine Ehe einzugehen.
Beim Eintritt herrsche schon die Gewissheit, dass nicht mit seinem/r PartnerIn zusammen
gelebt werden darf. Dies wird durch die Aussage von einer anderen Kämpferin untermauert. In ihren Ausführungen erwähnt sie, dass es nicht gern gesehen wird, wenn sehr
fixe oder enge Beziehungen eingegangen werden – was auch der Praxis der Trennung von
Partnerschaften entsprechen würde. Entgegen dieser Aussagen bezüglich eines Verbotes
von Eheschließung steht der Hinweise von Veronica. Sie stellt dar, dass auf Wunsch in
der FARC geheiratet werden konnte. Diese Tatsache divergiert etwas von obigen Ausführungen. Mit Berichten aus anderen Guerilla-Organisationen der 70er und 80er-Jahre
stimmt diese Schilderung wiederum überein. Innerhalb der EPL und des M-19 wurden
beispielsweise eigene Rituale und Zeremonien (vergleichsweise mit der religiösen Ehe-

---

111   Es könnte vor diesem Hintergrund weiterführend eruiert werden, ob und wie dieser Aspekt gemildert
       werden könnte, ohne jene erwähnten negativen subjektiven Auswirkungen für die Kämpferinnen zu
       verursachen. Wäre dies innerhalb einer militärischen Organisation überhaupt möglich? Und wenn ja:
       wie müsste so eine Strategie konkret ausschauen? An dieser Stelle würde es jedoch zu weit führen, auf
       diese Fragen einzugehen.

schließung) durchgeführt, um Partnerschaften zu formalisieren. Diese Praktiken weisen auf ein auch innerhalb der aufständischen Organisationen eher traditionelles Familienbild hin (Leviévre Aussel et al. 2004: 165). Dieser Vergleich könnte den Schluss zulassen, dass auch innerhalb der FARC-Guerilla in einzelnen Fronten solche Tendenzen und Praktiken weiter existieren und reproduziert werden.

Zusammenfassend kann konstatiert werden, dass innerhalb der bewaffneten aufständischen Gruppierungen das freie Ausleben von sexuellen/partnerschaftlichen Beziehungen durch die Strukturen und Rahmenbedingungen erheblich eingeschränkt wird. Emotionale Empfindungen müssen sich unter die militärische Struktur der Gruppierungen unterordnen, das Ermöglichen von Beziehungen liegt nicht im eigenen Ermessen, sondern hängt vielmehr von Verordnungen und Interessen der Führung ab.

»Freie« Sexualität, Promiskuität und Geschlechtskrankheiten

Sexualität in der Guerilla bewegt sich hauptsächlich innerhalb des Spannungsfelds sexuelle Emanzipation versus sexuelle Diskriminierung. Ein einheitliches und stringentes Bild des Umgangs mit Sexualität in den Guerilla-Gruppierungen zu zeichnen, gestaltet sich schwierig. Besonders in diesem Bereich reflektiert sich die immer wieder angesprochene Differenz unter den Fronten. Die mangelnde Übereinstimmung der Aussagen könnte auch aus einer »Unwilligkeit« bzw. Scham dieser Thematik gegenüber resultieren, welche sich in mangelnden und teilweise unklar definierten Aussagen widerspiegelt[112].

Eine Interviewpartnerin weist darauf hin, dass Sexualverkehr für »alleinstehende« Personen ohne stabile Beziehung nicht offiziell erlaubt wurde. Sie stellt dies in den Kontext des »Erlaubnis-Bittens«: wenn um Erlaubnis gebeten wurde, dann war es möglich, Geschlechtsverkehr zu haben, sonst nicht. Die Aussagen einer anderen Kämpferin variieren diesbezüglich. Bei ihrer Charakterisierung der Beziehungen innerhalb der Guerilla erwähnt sie den Aspekt der Erlaubnis auch zu »Gelegenheitssex«.

> Auch wenn du keinen Partner hast: Dienstag und Samstag war immer der Sex-Tag. Und sie haben sie [die Erlaubnis; Anm.: MH] nie verweigert. Weil sie wissen, dass Frauen genauso wie Männer ihre Bedürfnisse haben. Also in meinem Fall habe ich es nie erlebt, dass sie jemandem die Erlaubnis abgelehnt hätten.
>
> (Laura)

Auch KämpferInnen ohne stabile und feste Beziehung konnten also ihre Sexualität ausleben und bekamen von der Führung Erlaubnis dazu. Niemandem wurde demzufolge die Möglichkeit zu »freiem« Sex negiert.

---

112 Nur eine Interviewpartnerin (Isabel) hat relativ offen und ausführlich über den Bereich der Sexualität gesprochen, weshalb hier auch vor allem auf ihre Darstellungen zurück gegriffen wird/werden muss. Dies soll keine Wertung bedeuten, obliegt lediglich den limitierten Möglichkeiten der Interpretation.

Ungeachtet dieser Abstufungen zeigt sich, dass in der Realität außerhalb von stabilen und festen Beziehungen Sexualität ausgelebt werden konnte – egal ob mit Erlaubnis oder ohne. Veronica, welche oben das de facto offizielle Verbot von »freiem« Sex beschreibt, erwähnt in dem selben Atemzug die konträre reale Praxis. Sie spricht an, dass es sehr wohl möglich war, gelegentlichen Sexualverkehr zu haben, wenn die jeweiligen KämpferInnen dabei nicht erwischt wurden[113]. Heimlich und unbeachtet konnten autonome sexuelle Beziehungen geführt werden. Martinez spricht selbigen Aspekt an: vor dem Hintergrund der Strukturen entscheiden sich viele zur Geheimhaltung der Beziehungen (Martinez 2006).

Auf der anderen Seite besagen Ausführungen der Interviewpartnerinnen, dass innerhalb der FARC ein relativ freier und offener Zugang bzw. Umgang mit Sexualität existiert. Das Sexuelle ist in dieser Darstellung kein Tabu, es wird autonomer und freier als in der restlichen kolumbianischen Gesellschaft gelebt. Eine Interviewpartnerin spricht in diesem Zusammenhang von einem hohen Grad an Promiskuität in der Guerilla. Sexualität wird relativ offen gelebt, es ist auch möglich, Sexualverkehr außerhalb von stabilen und festen Beziehungen zu haben. Kämpferinnen können sexuelle Beziehungen mit mehreren Männern eingehen und dementsprechend mehr »Freiheit«[114] in ihrer Sexualität leben. Verglichen mit Literatur (vor allem aus den 70er und 80er-Jahren) lässt sich ein ähnliches Bild zeichnen. Auch hier wird von einem freieren Umgang mit Sexualität seitens beider Geschlechter gesprochen. Durch die verhältnismäßig geringere Anzahl an weiblichen KämpferInnen entsteht ein Ungleichgewicht, welches es Guerilleras »erlaubt«, sexuelle Beziehungen mit mehreren Männern einzugehen (Lelièvre Aussel et al. 2004: 166f). Informationen bezüglich der Aktualität bestätigen die Tendenz einer hohen Promiskuität innerhalb der Guerilla ebenfalls (OIM 2006; Revista Semana 07/2006).

Vor diesem Hintergrund stellt sich aus einer Genderperspektive die Frage, wie die Kämpferinnen diese Sexualität subjektiv erleben und ob diese emanzipatorische oder diskriminierende Elemente enthält. Kann – von dem Faktum einer hohen Promiskuität ausgehend – diese für die Frauen als positiv oder negativ gewertet werden? Besteht eine reale Freiwilligkeit hinter dieser »freien Sexualität« oder findet diese unter Druck statt? Wenn Kämpferinnen aus freien Stücken und mit freiem Willen ihre Sexualität autonom ausüben können, könnte dies als Zeichen einer Emanzipation aus traditionellen sexuellen Geschlechterrollen gewertet werden. Das Gegenteil angenommen – ein de facto existenter Druck zu Sexualverkehr –, würde jedoch negative Auswirkungen für Kämpferinnen mit sich bringen.

---

113   Sie spricht an, dass teilweise die *Cambuches* (also die übergangsmäßigen Behausungen) weit weg von denen der KommandantInnen aufgebaut wurden, um somit nicht erwischt zu werden.

114   Dieser Begriff der Freiheit wird hier unter Anführungszeichen gesetzt, da erst geklärt und analysiert werden muss, ob es sich hierbei um tatsächliche Freiheit handelt oder nicht.

Fast alle Interviewpartnerinnen negieren in ihren Ausführungen jeglichen Zwang zu sexuellen Beziehungen. Sie stellen dar, dass jede Person aus freien Stücken ihren (Sexual)partner aussuchen konnte und – innerhalb der erlaubten Parameter – autonom agieren konnte. Lediglich eine Kämpferin zeichnet dahingehend ein differenzierteres und komplexeres Bild. Sie illustriert anhand mehrerer Beispiele die Situation von Frauen in der FARC bezüglich Sexualität und beschreibt diskriminierende Praktiken gegenüber Kämpferinnen. In ihren Ausführungen geht sie von der Rolle der Guerillera als »sexuelles Objekt« aus.

> Wenn ein hübsches Mädchen mit 12, 13 Jahren eintritt, so werden Sie sehen, dass die Kommandanten die ersten sind, die sich mit ihr ins Bett legen wollen. Da merkt man dann, dass es dort jeder, vom untersten bis zum obersten, mit allen Frauen treiben will. Damit einmal angefangen. Die Promiskuität war dort so hoch, dass du gemerkt hast, dass sie die Frauen dort eher für etwas anderes wollten als dass sie leitende Positionen einnehmen, Kämpferinnen werden, Unternehmungsgeist entwickeln. (Isabel)

Kämpferinnen – egal welchen Alters – werden von ihren männlichen *compañeros* und *comandantes* demzufolge zuallererst als potentielle (Sexual)partnerinnen gesehen. Weiters verweist die Interviewpartnerin auf eine Benützung und Limitierung der Frauen innerhalb der Guerilla auf den sexuellen Bereich. Kämpferinnen würden nicht aufgrund ihrer Fähigkeiten und Qualitäten geschätzt bzw. dahingehend aufgebaut, sondern eher zu sexuellen Zwecken »benutzt«. Ihren Aussagen zufolge würden Guerilleras vielmehr als »sexuelles Objekt« gesehen und geschätzt, als als fähige Kämpferin bzw. Führerin.

Isabel geht in ihren Ausführungen noch einen Schritt weiter, indem sie darstellt, dass Frauen innerhalb der Guerilla »prostituiert« werden. Sie werden »dazu gebracht«, mit ihren männlichen Kollegen und Kommandanten Sexualverkehr zu haben. Hier wird zwar nicht von direktem Zwang gesprochen, doch lässt sich eine Tendenz in Richtung latentem und indirektem Druck ausmachen.

> Also die meisten Frauen in der Guerilla werden prostituiert. Denn die meisten, um nicht wirklich zu spüren, was es eigentlich bedeutet, dort zu sein, ziehen es vor, sich mit jemandem ins Bett zu legen, um ein gutes Leben zu haben. Sie ziehen es also eigentlich vor, dass jemand sie missbraucht – doch nein, missbraucht kann man nicht sagen, denn niemand verpflichtet sie. Sagen wir mal, es gibt zwar einen gewissen Druck, aber nicht so viel, dass du gezwungen wärst, das zu tun. (Isabel)

Direkter Zwang zu sexuellen Handlungen existiert nicht, jedoch Formen indirekten Drucks auf Kämpferinnen. Diese gehen auf das »Angebot« ein, um nicht allzu sehr innerhalb der Guerilla leiden zu müssen und einen etwas privilegierteren Status zu haben. Vor allem Kommandanten üben so ihre Macht und ihren Status aus. Auch anderweitige

Quellen weisen auf diese Praxis hin, wonach sich *Comandantes* teilweise die jüngsten Kämpferinnen als (Sexual)partnerinnen aussuchen und »benutzen« (Revista Semana 07/2006).

Bei Verweigerung des »Angebots« folgt zwar keine offizielle Strafe, die jeweilige Kämpferin sieht sich jedoch mit negativen Konsequenzen durch die Ablehnung konfrontiert.

Der ganze Druck, den sie auf einen ausüben, ist der, dass du entweder das gibst, was sie von dir wollen, oder dass du ein Weilchen leiden musst. Es gibt keine wirkliche Strafe, falls du es nicht tust, denn sie können dich deswegen nicht bestrafen. Das ist im Reglement nicht vorgesehen. Mehr noch: auf Vergewaltigung steht die Todesstrafe durch Erschießen. Doch sie üben ihre Macht als Kommandanten aus, dass du dich entweder ihnen hingibst oder sonst irgendwelche Nachteile in Kauf nehmen musst. (Isabel)

Die Konsequenz solch einer Verweigerung hat diese Kämpferin persönlich erfahren: ausgedrückt in härterer Arbeit, mehr Anstrengung, permanente Erniedrigung und Schlecht-machen. Kämpferinnen, welche nicht dem »unausgesprochenen Gesetz der Unterwerfung« folgen, sehen sich in Folge mit einem härteren Leben innerhalb der Guerilla konfrontiert. Laut diesen Ausführungen existiert kein direkter Zwang zu Sexualverkehr seitens der *comandantes* oder *compañeros*[115]. Nichtsdestotrotz muss berücksichtigt werden, dass auch angesprochene »Nebenwirkungen« und Konsequenzen die autonome Entscheidungsfindung nachhaltig beeinflussen.

An dieser Stelle ist wichtig herauszustreichen, dass – wie das persönliche Beispiel dieser Guerillera illustriert – trotz all dieser Bedrängungen für die Kämpferinnen ein gewisser Handlungsspielraum bleibt. Verweigerung auf diese – m. E. sehr wohl als Belästigung zu bezeichnende – Praktiken scheint möglich; wozu es jedoch Mut und Stärke zur Verweigerung bedarf. Diese sind wiederum eng mit dem Alter und der persönlichen »Reife« der jeweiligen Kämpferinnen verwoben.

Gleichzeitig gibt es aber auch Frauen, die ihre Bedingungen stellen, die genauso sagen, ›Nein, ich will das nicht, ich will etwas anderes‹. Und basta. Das hängt auch immer von der persönlichen Entscheidung jeder Einzelnen ab. Doch was man so sieht, ist schlimm. Und noch schlimmer bei einem Mädchen von 12, 13, 14 Jahren. Einem Menschen, der nie zu bestimmten Werten erzogen wurde. Der nicht sagen kann: ›Nein, das mach ich nicht, so bin ich nicht.‹ (Isabel)

---

115   Diesen Darstellung stehen Informationen von diversen Quellen entgegen, welche sogar auf Zwangsrekrutierungen zum Zwecke sexueller Dienste an Kommandanten verweisen. So existieren Aussagen von Frauen, welche für einige Zeit als Sexsklavinnen missbraucht wurden (AI 2004: 24f; Red Nacional de Mujeres 2005: 45). Aus den geführten Interviews konnte jedoch kein Hinweis auf solche Praktiken ausgemacht werden.

Persönlicher Widerstand gegen die erwähnten Praktiken in Bezug auf Sexualität ist genauso existent wie Unterordnung und Befolgung dieser. Besonders bei jüngeren Kämpferinnen zeigt die Tendenz jedoch in Richtung Befolgung. Bei einer noch nicht so ausgeprägten und gefestigten Persönlichkeit wirken sich diese Praktiken stärker aus. Die Schwierigkeit sich zu widersetzen bzw. zu entziehen wird durch das geringe Alter und die mangelnde Erfahrung nochmals potenziert und verschärft. Speziell für Kindersoldatinnen stellt diese Praxis des Drucks zu sexuellem Kontakt eine zusätzliche potentielle Herausforderung bzw. Belästigung und Diskriminierung dar. Vor diesem Hintergrund muss wiederum auf die Wichtigkeit der Sozialisation innerhalb der bewaffneten Gruppierung verwiesen werden – besonders relevant bei Kindersoldatinnen und jugendlichen Kämpferinnen. Da durch das junge Alter beim Eintritt ein Großteil der Sozialisation innerhalb der Guerilla stattfindet, muss dieser Kontext in der Interpretation berücksichtigt werden. Es existieren vorwiegend bzw. ausschließlich Bezugspunkte der bewaffneten Organisation, welche es in Folge erschweren, zwischen diesem Kontext und der »Normalität« zu unterscheiden. Den während der ersten Sozialisation gelernten Werten und Normen wird entgegengewirkt und diese werden neutralisiert. Elise Barth hierzu: »(...) *all young people who join a guerrilla are faced with a new perspective on important matters such as their own role in society and gender roles.*« (Barth 2002: 15) Die speziellen Konsequenzen diesbezüglich für Kämpferinnen spricht eine Interviewpartnerin an. Frauen treten der Guerilla bei und gewöhnen sich an diese beschriebenen Praktiken und das Leben dort, internalisieren das vorherrschende Konzept von Kämpferinnen und handeln in Folge »freiwillig« oder nicht danach. Durch ihr Alter wird dieser Prozess der Adaptation nochmals verstärkt.

Es soll an dieser Stelle angemerkt werden, dass dem hier gezeichneten Bild der Belästigung bzw. Bedrängung zu sexuellem Verkehr seitens Kämpfern keineswegs die prinzipielle Möglichkeit von freier Entscheidung und dem Willen des Auslebens einer offenen und freien Sexualität entgegen gesetzt werden soll. Diesen Ausführungen liegt nicht das Interesse zugrunde, Kämpferinnen die autonome Entscheidung bzw. den Wunsch zu Sexualverkehr abzusprechen. Es kann bzw. könnte prinzipiell als positives Element gewertet werden, wenn Kämpferinnen teilweise »*andere, nicht den traditionellen Normen entsprechende, Formen der Sexualität*« leben können (Lelièvre Aussel et al. 2004: 168). Nichtsdestotrotz ist es wesentlich, in Bezug auf das Erörtern geschlechtsspezifisch diskriminierender Praktiken innerhalb der Guerilla das Vorhandensein dieses teilweise immanenten Drucks aufzuzeigen.

In Hinblick auf die Fragestellung nach Emanzipation versus Diskriminierung ist es nach diesen Ausführungen schwierig, eine klare Aussage zu treffen. Die Tatsache einer offenen Sexualität kann auf der einen Seite als Emanzipation und Ausbrechen aus traditionell »weiblichen« Rollen gesehen werden, ausgedrückt durch ein freies Ausleben ihrer Sexualität. Andererseits wird aus obigen Darstellungen ersichtlich, dass dieses Ausleben oftmals nicht in voller »Freiwilligkeit« vonstatten geht und somit auch diskriminierende Elemente beinhaltet. Weiters scheint die hier erörterte Promiskuität bzw. »freie« Sexualität nicht auf Basis eines emanzipatorischen Diskurses statt zu finden. Fundación Mujer y Futuro dazu: »*In diesem Augenblick erwiesen sich die auftretenden Brüche auf der affektiven und sexuellen Ebene viel mehr als eine Form, den Erfordernissen der Männer zu entsprechen und die Situationen von Spannung und Gefahr zu erleichtern, doch nicht aus einem autonomen feministischen Bewusstsein und der Eroberung sexueller Rechte heraus*« (Lelièvre Aussel 2004: 172). Dies wäre jedoch nötig, um der »freien« Sexualität wirklich einen freien und emanzipatorischen Charakter zu verleihen.

»*Wenn einer es hatte, dann hatten es fast alle...*«
Geschlechtskrankheiten innerhalb der Guerilla

Eng verbunden mit der Sexualität und verbreiteten Promiskuität in der Guerilla steht die Frage nach Geschlechtskrankheiten. In ihren Ausführungen sprechen vor allem zwei Interviewpartnerinnen (aus unterschiedlichen Guerilla-Organisationen) diesen Aspekt an. Martha erwähnt die Existenz von HIV/AIDS in der ELN.

Eines Tages bemerkten wir, dass einer der Männer Aids hatte. Wir kannten das nicht, und damit haben wir ja auch nicht gerechnet. Weil ungefähr ein Jahr zuvor sah er noch gut aus, doch dann nicht mehr. Und es war Aids. (Martha)

Isabel weist in ihren Ausführungen darauf hin, dass Geschlechtskrankheiten auch innerhalb der FARC-EP weit verbreitet waren. Bei Erkrankung einer einzelnen Person konnte davon ausgegangen werden, dass in Folge ein hoher Prozentsatz davon infiziert war.

Ich erinnere mich, einmal wie ich in der 27. Front[116] war. In der Guerilla wird nie über Aids gesprochen. Dieses Thema ist ganz weit weg, so als wäre das etwas, was nur in den Städten vorkommt und am Land nicht. Nun gut, einer der Burschen ist erkrankt. Er war schon ein halbes Jahr in Behandlung, und jeden Tag wurde er noch magerer, noch hinfälliger, es war schlimm. Und ich erinnere

---

116   In einem Bericht von AI wird ebenfalls auf diese 27. Front eingegangen. Demzufolge verpflichtete diese die Bevölkerung eines bestimmten Dorfes zu Massentests, um herauszufinden, welche Person HIV-positiv war. Sie beschreiben des weiteren Praktiken, dass infizierte Personen (sowohl der Bevölkerung als auch der Guerilla) exekutiert wurden, um ein Ausbreiten des Virus zu verhindern. Vor allem weibliche Guerilla-KämpferInnen waren demzufolge stärker von den Exekutionen betroffen, Kämpfer wurden teilweise am Leben gelassen (AI-Bericht 2004: 26). In den hier geführten Gesprächen wird in keiner Weise auf so eine Praxis aufmerksam gemacht, es erscheint jedoch gerade in Bezug auf sexistische und frauendiskriminierende Praktiken seitens der Guerilla von Relevanz.

mich, dass in dieser Zeit ein Junge eintraf, der Medizin studierte. Er machte bei dem Kranken eine Probe, und die ist positiv ausgefallen. Dann musste er nun bei allen Guerilleros die Aids-Probe machen. Er begann – und es stellte sich heraus, dass wir fast alle Aids hatten. Vom Kommandanten abwärts. Alle mussten wir die Probe machen, und fast alle waren angesteckt. Wenn es also einer hatte, dann hatten es fast alle. Da bemerkte man erst, wie dicht die Kette der Beziehungen war. (Isabel)

Promiskuität wird hier als Ausgangspunkt und Ursache für die hohe Verbreitung von HIV/AIDS gesehen. Verlässliche Daten darüber, wie viele KämpferInnen real infiziert waren bzw. sind, existieren nicht, die Tatsache eines hohen Infektionsrisikos und somit erhöhter Gesundheitsgefährdung innerhalb der Guerilla kann jedoch bestätigt werden. In einem Bericht für UNIFEM des Jahres 2002 weisen die Autorinnen ebenfalls auf ein erhöhtes Risiko sexueller Krankheiten im Kontext kriegerischer Auseinandersetzungen hin. Bei nichtstaatlichen Kämpferinnen wird – aufgrund der spezifischen Umstände – das Risiko einer Infektion mit HIV auf bis zu 50 % geschätzt (Rehn/Johnson Sirleaf 2002: 49ff). Diese hohen Zahlen kommen jedoch nicht allein durch die erhöhte Promiskuität innerhalb der Gruppierungen zustande[117]. Martha weist darauf hin, dass Guerilleros teilweise in das nächste Dorf auswichen und sich dort beim Verkehr mit Sexarbeiterinnen infizierten.

Denn es gab viele Männer und wenige Frauen, und wenn die Männer ihre Bedürfnisse hatten, dann sind sie halt zu solchen Frauen [Sexarbeiterinnen, Anm.: MH] gegangen. (Martha)

Im Kontext dieses Phänomens der hohen Geschlechtskrankheiten innerhalb der Guerilla-Organisationen muss die Frage nach Gegenstrategien und Konzepten seitens der Guerilla gestellt werden. Was wurde vor dem Hintergrund dieser Entwicklung gemacht? Gab es Maßnahmen zur Minderung des Risikos?

Eine mögliche Gegenmaßnahme betrifft die Verhütung. Bei Annahme einer hohen Promiskuität bzw. hohen Raten an Geschlechtskrankheiten und gleichzeitigem Wunsch, dem entgegenzuwirken, wäre ein wesentlicher Schritt seitens der Guerilla-Führung, gratis Verhütungsmittel an die KämpferInnen zu verteilen. Bezüglich dieser Praxis lassen sich innerhalb der beiden Guerilla-Organisationen Gemeinsamkeiten und Diskontinuitäten ausmachen. In Bezug auf die FARC wird dargestellt, dass nur marginal Kondome vorhanden waren. Konträr dazu skizziert die Kämpferin des ELN das Bild, dass dort relativ viele Kondome unter den KämpferInnen verteilt wurden.

---

117 Laut dem Bericht von UNIFEM zeigt sich ein Komplex unterschiedlicher Faktoren ausschlaggebend für dieses hohe Risiko: vermehrte sexuelle Aktivität, Kontakt mit Sexarbeiterinnen, Risikofreude und Fatalismus bzw. das Leben im »Hier und Jetzt« machen KämpferInnen im militärischen Kontext anfälliger für sexuelle Krankheiten als die zivile Population (Rehn/Johnson Sirleaf 2002: 55).

Nicht aus den Augen verloren werden darf hier jedoch der Kontext: Die Beschaffung von Verhütungsmitteln in Situationen eines bewaffneten Kampfes ist sicherlich kein leichtes Unterfangen.

Gleichermaßen als mögliche Strategie und strukturelle Maßnahme seitens der Guerilla könnte Bewusstseinsarbeit in Form von Vorträgen bzw. Diskussionen geleistet werden, um auf die Risiken und Gefahren sexueller Krankheiten aufmerksam zu machen. Die Interviewpassage signalisiert in Bezug auf die FARC jedoch eher das Gegenteil. Hier wird das Bild mangelnder Information bzw. fehlenden Bewusstseins skizziert, die Gefahr von möglichen Infektionen würden in der Guerilla nicht diskutiert. Diesem Bild entgegengesetzt steht die Darstellung von Martha, welche in Bezug auf das ELN das Vorhandensein solcher Vorträge und Bewusstseinsarbeit erwähnt.

Und dann haben sie uns Vorträge gehalten und gesagt, dass wir einander respektieren müssen. Dass man seine Partnerin haben kann, dass man sie aber respektieren muss und ihr keine Krankheiten anhängen darf. Und dasselbe haben sie auch den Frauen gesagt. Weil ja, das war eine schwierige Situation mit den Krankheiten. (Martha)

Hier können also graduelle Abstufungen in der Praxis der Gruppierungen skizziert werden: bei dem ELN eine etwas sensiblere und der Problematik bewusst entgegen steuernde Praxis, bei den FARC eher eine Negierung bzw. Ausblendung des Problems. Auf der einen Seite Vorträge und Verteilung von Verhütungsmitteln, dem gegenüber keinerlei (bekannte) Strategien und Maßnahmen diesbezüglich seitens der FARC.

Die Schwierigkeit der Prävention basiert jedoch auf auf anderen Faktoren, welchen nicht so leicht entgegengewirkt werden kann. Ungeachtet der hier dargestellten Differenzen seitens der Guerilla-Führung mit der Problematik liegt das Problem auch im persönlichen Umgang und der persönlichen Konzeption der KämpferInnen mit Sexualität. Auch wenn Kondome verteilt wurden, fanden diese in der realen Praxis meistens keine Anwendung. Als Grund hierfür wird das mangelnde Bewusstsein bzw. die Fahrlässigkeit und Unachtsamkeit der Guerilleros genannt.

Die Chefs haben Kondome verteilt. Doch die Männer passen oft nicht auf. Und wenn sie nicht wollten, dann eben nicht. (Martha)

Diese Kultur, dass das Kondom notwendig ist, hat sich dort noch nicht so durchgesetzt. Und selbst wenn sie wieder hierher [ins zivile Leben; Anm.: MH] zurückkehren, verwenden sie es immer noch nicht. Sie neigen immer dazu, nicht aufzupassen. Und man bemerkt, dass es Typen gibt, die sich in einer Nacht mit zwei, drei Frauen hinlegen. (Isabel)

Die skizzierte »Fahrlässigkeit« bzw. »Unachtsamkeit« entpuppt sich als ein traditionell männlich zentriertes und inhärentes, machistisches Phänomen, welches die eigenen Bedürfnisse und Wünsche über die der Frauen stellt. Männliche Sexualität wird nicht hinterfragt und als Maßstab genommen. Guerilleros wollen – trotz Vorhandensein – keine Kondome verwenden und setzen somit Kämpferinnen dem Risiko der Infektion aus. Eine ähnliche Tendenz wird in der Studie der Fundación Mujer y Futuro dargestellt: zwar änderten Frauen ihre sexuellen Praktiken innerhalb der Guerilla, im Gegensatz dazu haben es die »(...) compañeros weder geschafft, in ihrem Verhalten noch in ihrer Mentalität Transformationen zu generieren, und haben Stereotype bzw. Verhaltensweisen der dominanten Männlichkeit aufrechterhalten.« (Lelièvre Aussel 2004: 169/70) Traditionelle sexuelle Paradigma werden aufrecht erhalten, was sich in dieser skizzierten »Nachlässigkeit« ausdrückt.

Nun ist nachvollziehbar, dass die Rahmenbedingungen und der Kontext des bewaffneten Konflikts erschwerend wirken. Doch wäre es aus einer geschlechtergerechten Perspektive betrachtet notwendig, diskriminierende Praktiken und negative Konsequenzen für Kämpferinnen so gering wie möglich zu halten – also Maßnahmen und Strategien zur Unterbindung jener Tendenzen zu entwickeln. Im ELN scheint sensibler und bewusster mit der Thematik umgegangen zu werden, scheinbar jedoch nicht genug zum erfolgreichen Entgegensteuern. In der FARC lässt sich ein Mangel an Bewusstseins- und auch Informationsarbeit erkennen.

Auch bessere gesundheitliche Versorgung und Vorsorge wäre zum Verringern geschlechtsspezifischer Krankheiten von Nöten. Isabel sieht hierin besonderen Handlungsbedarf.

Dort wurde dann nicht einmal über Krankheiten und über gar nichts [geredet; Anm.: MH]. Ich hatte immer große Angst davor. Als ich zum Beispiel im Gesundheitsposten war, war das Einzige, was wir taten, dreimonatige Untersuchungen. Also den Penis und die Vagina, aber sehr oberflächlich, also dort, wo man gerade leicht hinkommt, und wir taten so, als wären wir aus der Not geborene Bakteriologen. Und ich dachte manchmal an die Syphilis und an die ganzen Bücher, die wir gelesen hatten, dass das Sachen sind, die man von außen nicht sehen kann und die man aber leicht bekommt. Deswegen – nein, es gibt dort kein entsprechendes Bewusstsein. Man denkt nicht daran, dass man krank werden kann. Und sie sind sogar so rücksichtslos, dass sie wissen, dass sie krank sind, und dennoch weitertun. Sehen Sie, dieses Mädchen, der mussten wir die Gebärmutter herausnehmen. Und das war, weil sie immer, immer, immer weitermachte. Jahre später noch litt sie an den Folgen daran. Nein, es müsste dort Unterricht in Sexualkunde geben, und zwar auf hohem Niveau. (Isabel)

In der Guerilla mangelt es also an mehreren Aspekten: Mangelnde Verhütungsmittel, Bewusstseinsarbeit, Aufklärung über die diversen Krankheiten und Information bezüglich Verhütung. Diese Maßnahmen könnten in Fülle dazu beitragen, die Zahl der Geschlechtskrankheiten und Infektionen zu minimieren. Frauen sind aufgrund folgender »frauenspezifischer« Faktoren nochmals einem höheren Risiko ausgesetzt: Fehlen von Kondomen, Unwissenheit bezüglich anderweitigen Verhütungsmethoden, mangelnder bzw. restriktiver Zugang zu Information bezüglich Sexualität und das Vorhandensein von unsicherem Geschlechtsverkehr (IOM 2006: 44). Hier wäre es seitens der Guerilla von Nöten, strukturelle Gegenstrategien zu fahren, um in Folge auch seitens der Guerilleros mehr Sensibilität und Achtsamkeit auf diesem Gebiet zu generieren.

In ihrer Gesamtheit gesehen zeigt sich bezüglich der Thematik rund um Sexualität ein brüchiges, teilweise konträres Bild. Beide Tendenzen und Phänomene – das einer relativ restriktiven Sexualität und jenes eines offenen Auslebens mit hoher Promiskuität – kommen innerhalb der Guerilla-Organisationen vor. Strukturelle Elemente spielen ebenso eine Rolle wie persönliche Charakteristika, Einstellungen und Umgangsformen. Isabel erwähnt bei fast jeder ihrer Aussagen bezüglich Sexualität, dass die diesbezügliche Praxis der jeweiligen Person sowohl von einem selber als auch von den KommandantInnen und der Front abhängt. Diese Tatsache sollte im Hinterkopf behalten und berücksichtigt werden. Es scheint nicht möglich, ein reines Schwarz-Weiß Bild zu zeichnen, vielmehr muss gesehen werden, dass sowohl beide Pole gleichzeitig als auch eine Fülle an Nuancen existieren.

> Wenn man in der Guerilla ist, so ist man meiner Meinung nach nicht nur eine Guerillera, sondern gewissermaßen auch eine Prostituierte. In gewisser Hinsicht. Es gibt aber auch Guerilleras, die standhaft auf ihrem Posten stehen und da nicht mit machen. Und wenn sie sich mit jemandem hinlegen, dann nur, weil sie es wollen und nicht mehr. Und sie haben keine Probleme dieser Art. Das hängt aber auch davon ab, wie die Kommandanten sind. Das hängt von vielem ab: von der Leitung, von der Einheit, wo du bist, und von dir selbst.
> (Isabel)

Zusammenfassend kann gesagt werden, dass Sexualität und das Ausleben des intimen, »privaten« Bereiches innerhalb der Guerilla scheinbar als solcher bestehen bleibt und nicht – oder nur marginal – zu einem gleichermaßen wichtigen politischen Bereich empor gehoben wird. Um die traditionellen Geschlechterrollen auch in diesem essentiellen Bereich der Intimität zu transformieren, bedarf es Bewusstsein und Reflexion diesbezüglich – seitens beider Geschlechter. Feministisches Bewusstsein um das freie, autonome Ausleben der Sexualität auf der einen Seite, verbunden mit kritischer Reflexion der Kämpfer bezüglich ihrer traditionellen männlich-dominanten Sexualität. Des weiteren wird anhand dieser Thematik ersichtlich, dass die oben dargestellte und kolportierte »Gleichheit« nicht bis in die Intimsphäre oder Privatheit vorzudringen scheint.

2.2.2. Sexuelle und physische Gewalt gegen Frauen – ein marginales Phänomen?

Der Bereich der Gewalt gegen Frauen[118] ist ein wesentlicher Bestandteil der Analyse der Geschlechtergerechtigkeit innerhalb der bewaffneten Organisationen im kolumbianischen Konflikt. Sexuelle und physische Gewalt lässt sich als die Manifestation von Frauenunterdrückung par excellence ausmachen, hier werden Machtstrukturen innerhalb der Geschlechter offenkundig ausgelebt und strapaziert. Über unterschiedliche sexistische und unterdrückende Mechanismen wird Gewalt gegen Frauen ausgeübt.

Physische Gewalt

In Bezug auf die Frage nach Gewalt gegen Frauen innerhalb der eigenen Reihen herrscht Konsens bei den interviewten Ex-Kämpferinnen. Sie zeichnen das Bild, dass de facto keine Gewalt gegen Frauen innerhalb der Guerilla (hier ist kein Unterschied zwischen FARC und ELN auszumachen) existiert. In geringen Ausmaßen können Gewaltakte vorkommen, meistens im Kontext von partnerschaftlichen Streitigkeiten. Eifersucht bzw. Fremdgehen scheinen die häufigsten Ursachen solcher Streitigkeiten innerhalb von Beziehungen zu sein. Auch zwischen den Genus-Gruppen Frauen oder Männer kann es zu Auseinandersetzungen wegen einer Person der jeweils anderen Geschlechtszugehörigkeit kommen. Die Folge können Gewalttätigkeiten sein, ausgetragen in Form von Ohrfeigen oder sonstigen »kleineren« Gewaltakten. Gewalt gegen Frauen findet also in einer »einzigen« Form statt: innerhalb von Partnerschaften oder sonstigen Eifersuchtsszenen.

> Manchmal, wenn sie getrunken hatten und betrunken waren, haben die, die Frauen hatten, mit ihren Frauen gestritten. Doch am nächsten Tag wurden sie beide bestraft. Aber auch wenn sie nichts getrunken hatten, es gab Mädchen, die mit ihren Männern gestritten haben, oder umgekehrt. Zum Beispiel wenn sie eine Freundin hatten, und die machte Schluss, dann gingen sie mit einer anderen in den Wald, und da machte dann sie [die Exfreundin; Anm.: MH] Stress. Oder dasselbe mit den Frauen, wenn der Freund Schluss machte und sich eine andere suchte, dann kam es zu Streit um die Männer. Manchmal haben sich die Männer neben ihrer Partnerin noch andere gesucht, und wenn sie dann dahinter gekommen ist, hat sie die andere geschlagen, und dann wurden sie bestraft. (Ana)

---

118   Unter dem Begriff »Gewalt gegen Frauen« wird hier in Anlehnung an die UN-Deklaration zur Eliminierung jeglicher Gewalt gegen Frauen »(…) *any act of gender-based violence that results in, or is likely to result in, physical, sexual or psychological harm or suffering to women, including threats of such acts, coercion or arbitrary deprivation of liberty, whether occurring in public or in private live.*« verstanden. Physische, sexuelle und psychologische Gewalt werden hier gleichermaßen subsumiert (AI 2004: 5).

Nein, eigentlich nicht. Manchmal gab es schon Männer, die gegen Frauen handgreiflich wurden. Also die haben dann gestritten und ihr eine Ohrfeige gegeben. Aber nur die eigene Freundin. Gegen andere Frauen nicht. (Martha)

In Beziehungen ja, das spielte sich nur unter Beziehungen ab. Dass zum Beispiel die Frauen mit dem einen oder anderen kokettierten, und da begannen die Streitigkeiten. Wie das halt immer so ist. Komplizierter wird es dadurch, dass jeder eine Waffe hat. Hier [im zivilen Leben; Anm.: MH] ist es viel ruhiger. (Veronica)

Diese Passagen illustrieren das Bild der gewalttätigen Auseinandersetzungen verbunden mit partnerschaftlichen Eifersuchtsszenen. »Nur« innerhalb Beziehungen kommt es also zu Zusammenstößen oder Gewaltakten. Keine Kämpferin erwähnt auf die Frage nach Gewalt gegen Frauen Misshandlungen bzw. gröbere physische Gewaltakte. Physische Gewalt ist im Kontext von Partnerschaften existent, außerhalb dieser scheinen wenige Vorkommnisse von physischer Gewalt gegen Frauen innerhalb der Guerilla erlebt worden zu sein – es stellt also kein generelles oder weit verbreitetes Phänomen dar. Analog dazu stehen auch Schilderungen von demobilisierten Kämpferinnen der 70er und 80er-Jahre: gar keine bis relativ wenig Gewalt gegen Frauen, mit vereinzelten isolierten Ausnahmen[119] (Lelièvre Aussel et al. 2004: 147ff).

Trotz dieser »vereinzelten« Fälle von physischer Gewalt in Partnerschaften ist es notwendig, diese als geschlechtsspezifische Diskriminierung und sexistische Praxis auszumachen und so zu definieren. Auffällig ist in diesem Kontext, dass keine Interviewpartnerin diese erwähnten Gewaltakte kritisiert oder als solche präsentiert – im Gegenteil, die seltenen »Ausrutscher« werden versucht zu erklären und zu rechtfertigen. Laura untermauert dies in ihrer Aussage mit einer Begründung für die Gewaltakte.

Ja, es gab schon Auseinandersetzungen, Reibungen, Streitereien. Aber man versuchte immer, diese auf die beste Art und Weise zu bereinigen. Doch untereinander, damit sie [die KommandantInnen; Anm.: MH] keinen Wind davon bekamen und vielleicht harte Strafen verhängten. Es ist halt so wie überall. Es ist irgendwie schwierig zu lernen, mit so vielen Menschen zusammenzuleben. Und ja, es gab also schon Streitereien, Zusammenstöße, aber wie ich schon gesagt habe, versuchte man, diese zu lösen. (Laura)

Als Begründung für die erwähnten Zusammenstöße und Auseinandersetzungen gilt der generelle Kontext des Zusammenlebens. Das Zusammenleben mit so vielen Personen kann sich schwierig gestalten und aus diesem Grunde können solche »Reibereien« entstehen. Doch ist auffällig, dass von Seite der Kämpferinnen der Aspekt der geschlechtsspezifischen

---

119 Als wesentlicher Aspekt wird hier jedoch der markante Unterschied zu der Zeit nach der Demobilisierung skizziert, in welchem eine Zunahme an häuslicher Gewalt ausgemacht werden konnte (Lelièvre Aussel et al. 2004: 147ff).

Diskriminierung, ausgedrückt durch Gewalt gegen Frauen, in ihren Ausführungen nicht auftaucht. Hieraus könnte wiederum auf mangelnde Sensibilisierung seitens der Guerilla-Führung oder Organisation geschlossen werden. Zur vollständigen Eliminierung solcher gewalttätigen Auseinandersetzungen ist die Realisierung und Internalisierung dieser Akte als geschlechtsspezifische Diskriminierung seitens beider Geschlechter notwendig. Dazu bedarf es Diskussionen, Vorträge und Programme, welche diese »Ausrutscher« als Problem erkennen und dieses in Folge bewusst selbst unterbinden. Besonders angesichts des Gleichheits- und Gerechtigkeitsdiskurses sticht hervor, dass der »private« Bereich der Intimität – in welchem es zu Gewaltakten kommt – wiederum außen vor gelassen wird.

Trotz dieser scheinbar mangelnden Vorbeuge- und Bewusstseinsarbeit weisen die Interviewpartnerinnen auf Ansätze hin, von struktureller Seite Strategien und Maßnahmen gegen solche Gewaltakte zu entwickeln. Vorkommnisse physischer Gewalt und Streitigkeiten werden bestraft und sanktioniert. Daraus lässt sich schließen, dass in den konkreten Situationen versucht wird, gegen diese Praktiken vorzugehen. Alle involvierten KämpferInnen werden zuerst zur Ordnung gerufen, bei Nichtbeachtung dieser in zweiter Instanz bestraft. Auch Ricardo L. spricht in dem geführten Interview jenen Bereich an: *»Also die Gewalt gegen Frauen existiert schon in den FARC, zum Beispiel, dass der Mann seine Frau schlägt. Aber das wird sanktioniert, kann sogar bis hin zu einem revolutionären Gerichtsverfahren führen. Deswegen ist die Gewalt gegen Frauen nicht sehr häufig, aufgrund der vorhandenen Sanktionen.«* (Interview Ricardo L.) Zur vollständigen Eliminierung der Gewalt gegen Frauen greifen all diese Maßnahmen zu kurz, es gilt längerfristig das Bewusstsein unter den einzelnen KämpferInnen zu schaffen, jegliche gewalttätigen Aktivitäten zu unterbinden und verhindern. Diese Bewusstseinsarbeit wäre vor allem vor dem Hintergrund des stark verwurzelten Machismo in Kolumbien wichtig.

Sexuelle Gewalt

Laut Radhika Coomaraswamy, der UN-Sonderberichterstatterin zu Gewalt gegen Frauen der Jahre 1994-2003, offenbart sich sexuelle Gewalt als höchste Manifestation von Gewalt gegen Frauen. Diese richtet sich direkt gegen den Körper der Frauen und stellt das gröbste Eindringen in die Intimität von Frauen dar. Diese Form der gender-basierten Gewalt variiert in ihrer Stärke und Ausprägung – von sexueller Belästigung und sexuellem Missbrauch hin zu Vergewaltigung als oberster bzw. schwerster Stufe sexueller Gewalt (AI 2004: 46).

In Bezug auf sexuelle Gewalt tätigen alle Interviewpartnerinnen im Grunde dieselben Aussagen. Sexueller Missbrauch und Vergewaltigung kommt innerhalb der bewaffneten aufständischen Organisationen nicht vor. Nur eine Kämpferin gibt auf die Frage nach Vergewaltigung – nach einer ersten überzeugten Verneinung – eine etwas differenziertere Darstellung.

N e i n, nein. Naja, ... – Doch es kommt schon immer wieder vor, ja. Aber in großen Maßen eigentlich nicht, nur selten. Da pocht der Kommandant auch immer am meisten darauf, auf das. (Veronica)

Vergewaltigung kommt also vor, nicht jedoch in übermäßigem Ausmaß. Dies ist die einzige Aussage, welche die Existenz von Vergewaltigung innerhalb der Guerilla-Gruppierungen erwähnt. Es kann davon ausgegangen werden, dass es sich hierbei um isolierte Ausnahmen handelt, welche die Regel der geringen Existenz von Vergewaltigungen bestätigt[120]. Auch andere Quellen bestätigen das (Lelièvre Aussel 2004: 152).

Der Grund für diese »geringe« Form der Gewalt gegen Frauen kann aus den Interviews anhand von zwei Faktoren erklärt werden. Der offenkundigste, wesentlichste Grund liegt in der extrem harten Strafe für Vergewaltigung. Laut den Regeln und Gesetzen der FARC steht auf Vergewaltigung die Todesstrafe[121]. Diese sehr scharfe Sanktion soll der Abschreckung dienen. Dies weist darauf hin, dass seitens der Guerilla Wert auf eine Eliminierung dieser Form der sexuellen Gewalt gegen Frauen gelegt wird. Auch die dargestellte Passage von Veronica bestätigt das: auf diesen Punkt »pocht« der Kommandant am meisten.

Hinzu kommt, dass es in diesem Kontext des bewaffneten Kampfes schwer erscheint, eine Person (in diesem Falle eine Frau) zu überfallen. Jede Kämpferin trägt eine Waffe, weshalb zumindest die Möglichkeit zu Selbstverteidigung und Selbstschutz in größerem Ausmaß bestünde als in einem anderen Kontext.

Ich habe zum Beispiel nie gehört, dass jemand vergewaltigt wurde. Ich kann es mir auch schlecht vorstellen, dass sie einen so leicht vergewaltigen können, wenn man ein Gewehr hat. Sie können dich also nicht zwingen. Ich habe mir immer gedacht, was wäre im Fall einer Vergewaltigung? Ich hätte kein Problem, jemanden im Falle einer Vergewaltigung umzulegen. Das ist Selbstverteidigung. Oder wenn dich z.B. ein einziger Mann vergewaltigen will. Ganz ohne Betäubungsmittel, denn so etwas gibt es dort nicht. Und das wäre sehr schwierig, dass ein einziger Mann dich vergewaltigt. Ich weiß nicht. Also ich hatte nie selber so eine Erfahrung, und ich habe auch nie von so etwas gehört. Bei uns hat es das nie gegeben. (Isabel)

---

120   Anhand anderweitiger Quellen gibt es Anzeichen dafür, dass Guerilleros zwar nicht Kämpferinnen der eigenen Reihen vergewaltigen, doch aber Frauen der Zivilbevölkerung (AI 2004, Lelièvre Aussel et al. 2004: 153). Dies weist auf eine immer wieder beschriebene Unterscheidung hin, zwischen den eigenen Frauen (den Kampfgenossinnen) und den Frauen der Zivilbevölkerung (den »normalen« Frauen). Zweitere werden entsprechend als Frauen wahrgenommen und auch so behandelt.

121   Ricardo L. weist in Bezug auf Gewalt gegen Frauen stark auf die Todesstrafe bei Vergewaltigung innerhalb der Statuten der FARC hin. Er meint hierzu: »*Jemand, der sexuell missbraucht, bekommt die Todesstrafe. Wenn jemand eine compañera vergewaltigt, ist es sehr schwer, dass derjenige mit dem Leben davonkommt.*« (Interview mit Ricardo L.).

Das Argument, dass aufgrund der Bewaffnung keine Vergewaltigungen innerhalb der Guerilla vorkommen, ist nachvollziehbar, doch nicht als Allgemeinplatz generalisierbar. Nicht alle Kämpferinnen würden m. E. in einem solchen Falle wahrscheinlich von ihrer Waffe Gebrauch machen. Doch stellt der Kontext des bewaffneten Kampfes in Kombination mit der harten, zu erwarteten Strafe und der bemerkbaren Gegensteuerung seitens der Organisation offensichtlich kein »förderliches« Umfeld für diese Formen der sexuellen geschlechtsspezifischen Gewalt dar.

In Bezug auf Vorkommnisse und Erfahrungen von sexueller Belästigung wird die Grenze wiederum nicht ganz so scharf gezogen. Es existieren sehr wohl sexuelle Belästigungen gegen Kämpferinnen – welche jedoch nicht als solche erkannt und betrachtet werden. Kämpfer bzw. Kommandanten belästigen Kämpferinnen mit zwielichtigen »Angeboten« und »Bitten«. Allein diese Tatsache – egal ob indirekter Druck oder Zwang – signalisiert ein Machtverhältnis zwischen den Geschlechtern, welches in Form der sexuellen Belästigung zum Ausdruck kommt. Diese Tendenz bestätigen Studien über demobilisierte Kämpferinnen der 90er-Jahre, welche eine marginale Präsenz von Vergewaltigungen, hingegen eine höhere Anzahl von sexueller Belästigung und sexuellem Missbrauch beschreiben (Lelièvre Aussel et al. 2004: 155). Aktuelle Informationen weisen in eine ähnliche Richtung. Zahlreiche Institutionen haben bereits die Existenz von sexueller Belästigung bzw. sexuellem Missbrauch innerhalb der Guerilla kritisiert (AI 2004; CIDH 2006; Red Nacional de Mujeres 2005).

Meines Erachtens existiert ein Zusammenhang zwischen der »geringen« Präsenz von sexueller Gewalt gegen Frauen und Vergewaltigungen auf der einen Seite und der scheinbar doch eher verbreiteten Präsenz von sexueller Belästigung auf der anderen Seite. Es ist für Kämpfer nicht »notwendig«, zu sexueller Gewalt oder Vergewaltigungen zu greifen, da sie auf andere subtilere Formen zum »Ausleben« ihrer Sexualität kommen. Isabel untermauert diese These.

> Sexuelle Belästigung hat es dort nie gegeben. Naja, wie soll ich sagen? Mit anderen Mitteln haben sie es schon versucht, dich rumzukriegen. Sie wussten, dass das leichter war. Aber so physische Angriffe eigentlich nie. Es ist ja auch so, also wie ich schon gesagt hab – da eine Vergewaltigung mit Erschießen bestraft wird, trauen sie sich auch nicht. Deshalb ist so etwas auch nicht vorgekommen, nein nie, nie. (Isabel)

Auf die Negierung von Vergewaltigung und sexuellem Missbrauch folgt hier der Hinweis auf andere, »leichtere« Mittel, Bedürfnisse und Wünsche der Guerilleros zu befriedigen. Realer physischer Missbrauch und Gewaltanwendung ist also nicht »notwendig«, da auf anderen Wegen die männliche Sexualität ausgelebt werden kann.

Die Interviews zeichnen zusammenfassend das Bild einer relativ geringen und marginalen Präsenz von geschlechtsspezifischer Gewalt gegen Frauen. Sowohl im Bereich physischer als auch sexueller Gewalt illustrieren die interviewten Frauen das Nichtvorhandensein solcher diskriminierenden Praktiken, ausgenommen von vereinzelten hier dargestellten Vorfällen. Allein diese wenigen »Ausnahmen« zeigen jedoch das vorhandene Potential zur Gewaltausübung. Vor dem Kontext der patriarchalen machistischen und gewalttätigen Gesellschaft Kolumbiens ist dies nicht erstaunlich. Diese Praktiken der Gewalt gegen Frauen innerhalb der Guerilla illustrieren jedoch, dass scheinbar die »Gleichheit« in Kriegsaufgaben nicht gänzlich bis in private Gefilde vorgedrungen ist (Lelièvre Aussel et al. 2004: 149). Nichtsdestotrotz scheinen diese marginalen Vorfälle einen generell eher respektvollen Umgang zwischen den Geschlechtern zu reflektieren, auch in Bereichen der Intimität.

2.2.3. Mutterschaft als markanter Faktor in Kriegen

Der Aspekt der Schwangerschaft bzw. Mutterschaft scheint einer der wesentlichsten Bereiche im intimen Leben der Kombattantinnen auszumachen. Mutterschaft entpuppt sich als entscheidender Konfliktpunkt der Geschlechterverhältnisse in kriegerischen Auseinandersetzungen. Die Geschichte der weiblichen Beteiligung am bewaffneten Kampf ist geprägt von diesem Phänomen: Schwangerschaft und Mutterschaft wird als Hindernis bzw. Problem gesehen und Frauen aus diesem Grund – in unterschiedlichen Formen und Ausprägungen – diskriminiert (Meertens 2005: 268ff).

Zwischen Erlaubnis und Verbot

Der Bereich der Schwangerschaft und Mutterschaft stellt im Kontext des Krieges sicherlich eine besondere Schwierigkeit dar. Auch bei den demobilisierten Kämpferinnen spielt die Frage rund um Schwangerschaft und Kinder bekommen eine zentrale und tragende Rolle im Rückblick auf ihre Zeit innerhalb der Gruppierungen. Aus dem Umgang der Guerilla bzw. der illegalen bewaffneten Organisationen mit diesem »frauenspezifischen« Aspekt lässt sich letztendlich schließen, ob bzw. wie gendersensibel die jeweiligen Organisationen sind. Anhand der Praxis und des Umgangs mit Schwangerschaft im Kontext des bewaffneten Konflikts zeigt sich, ob Frauen als Kämpferinnen zugelassen werden, indem sie sich an das »Männliche« anpassen, oder ob sie auch spezifisch »weibliche« Elemente wie Schwangerschaft ausleben können.

Die elementarste Frage in diesem Zusammenhang befindet sich in dem Spannungsfeld zwischen Zulassen von Schwangerschaften und Mutterschaft versus Verbot von solchen. War und ist es Kämpferinnen erlaubt, Kinder zu bekommen? Dürfen sie frei über diesen intimen persönlichen Bereich entscheiden oder wird ihnen die Entscheidung gezwungenermaßen aufoktroyiert?

Anhand dieser Fragestellung lässt sich ein gradueller Unterschied zwischen den beiden Guerilla-Gruppierungen ausmachen. Hier soll vorerst die Darstellung der ELN illustriert werden, um dann in Folge mit den Ausführungen der Interviewpartnerinnen in der FARC zu vergleichen.

Martha, welche im ELN tätig war, beschreibt, dass innerhalb des ELN Schwangerschaft erlaubt war. Es musste zwar von den obersten Rängen um Erlaubnis gebeten werden, doch konnte dann nach Gewährung dieser Erlaubnis der Kinderwunsch erfüllt werden. Hier wird – wie bei der Frage der Partnerschaften – die Subsumierung der persönlichen subjektiven Wünsche und Interessen unter die militärische Struktur offenkundig, indem die persönliche Entscheidung des Kinderbekommens mit der Erlaubnis seitens der Führung steht und fällt. Doch zeichnet Martha das Bild, dass in fast allen Fällen diese Erlaubnis zur Schwangerschaft auch gewährt wurde. Es gab die Regelung, dass nach drei Jahren Beziehung mit dem/der PartnerIn eine Schwangerschaft möglich war. Unabhängig davon erwähnt sie auch Fälle, bei denen schon vor Ablauf dieser Zeit Kämpferinnen schwanger wurden. Hier stellt sich die Frage, wie das Ausleben der Mutterschaft im Kontext des Krieges konkret vollzogen wird. Das Kind darf in Folge der Schwangerschaft nicht innerhalb der bewaffneten Gruppierung bleiben, es muss zu einer Familie oder sonstigen Bekannten gebracht werden, welche die Versorgung und Erziehung übernehmen.

> Das Baby konnte man dort bekommen. Und dann schickten sie einen zur Familie oder wenn man keine Familienangehörigen hatte, zu irgendjemand Nahestehendem. Und manchmal musste man einfach jemanden bitten dort am Land, irgend jemand Bekannten bitten, dass er oder sie das kleine Kind aufnimmt. So war das. (Martha)

Solange Personen oder Familien existieren, welche die Pflege und Verantwortung für das Kind übernehmen, ist eine Schwangerschaft innerhalb der ELN erlaubt. Es besteht die prinzipielle Möglichkeit für Kämpferinnen, Kinder zu bekommen, es wird nicht von der Guerilla-Gruppierung untersagt – unter der Bedingung, das Kind wegzugeben und die Betreuung anderweitigen Personen zu überlassen. Auch Cárdenas Sarrias skizziert in seiner Studie eine ähnliche Tendenz: nach Erfüllung einzelner Prinzipien ist es erlaubt, Kinder zu bekommen (Cárdenas Sarrias 2005: 204). Dieser Aspekt markiert einen wesentlichen Punkt in Bezug die Fragestellung nach Freiwilligkeit und Selbstbestimmung. Auch wenn um Erlaubnis gebeten werden muss und dies die freie individuelle Entscheidung einschränkt, so besteht bei geäußertem Wunsch trotzdem die Möglichkeit, Kinder zu bekommen. Hier kann der Schluss gezogen werden, dass innerhalb der ELN Frauen – mehr oder minder – frei über ihren Körper entscheiden durften. Es existierten zwar Regelungen und Normen, doch konnten diese in einzelnen Fällen umgangen werden.

An dieser Stelle wäre es aus einer Genderperspektive weiters interessant zu hinterfragen, aus welchem Grund Kämpferinnen innerhalb der ELN Schwangerschaften und

Mutterschaften erlaubt wurden. Aufgrund emanzipatorischer geschlechtersensibler Politik und Ideologie? Oder eher aufgrund eines eher traditionellen weiblichen Rollenbildes? Durch die Betonung seitens der Interviewpartnerin und der Führung selber auf eine fixe und stabile (dreijährige) Beziehung, innerhalb welcher Kinder erlaubt waren, ist eher auf eine konservative traditionelle Sicht zu schließen. Auch wird die Erlaubnis und die Gewährung von Schwangerschaften nicht begleitet von einem emanzipatorischen Diskurs, welcher die autonomen Rechte auf Selbstbestimmung von Kämpferinnen thematisiert. Nichtsdestotrotz kann – ungeachtet des realen dahinter liegenden Grundes – für das subjektive individuelle Erleben und Empfinden der Kämpferinnen die Erlaubnis und Gewährung von Schwangerschaften als positiv empfunden werden. Es besteht dementsprechend kein Zwang oder Verbot, welches negative Konsequenzen für Kämpferinnen hätte.

Die Darstellung des Aspektes der Schwangerschaft bei den FARC ist zu jenem der ELN relativ konträr. Die interviewten Ex-Kämpferinnen skizzieren ein prinzipielles Verbot von Schwangerschaft, innerhalb dieser Guerilla-Gruppierung wird Schwangerschaft bzw. Mutterschaft nicht akzeptiert oder toleriert. Bestätigt werden können jene Aussagen durch anderweitige Studien, wonach Schwangerschaft innerhalb dieser Guerilla verboten ist (Otero Bahamón 2006; Martinez 2006; Fearnley 2002). In ihren Ausführungen begründen die Interviewpartnerinnen dieses Verbot – in Wiedergabe der Begründung seitens der Organisation – vor allem mit den spezifischen Rahmenbedingungen, dem Kontext des bewaffneten Kampfes.

> Ja, naja, weil das mit der Schwangerschaft wurde nie akzeptiert. Sie sagen, dass eine Person im Kampfeinsatz, die schwanger wird, nur eine Belastung wäre. Weil sie zum Beispiel nicht mehr dieselben Lasten tragen kann, nicht mehr dieselben Sachen machen kann, wenn sie schwanger ist. (Laura)

> Ja, das ist ein ziemlich kompliziertes Thema. Die Frauen werden ja von vornherein benachteiligt, aber ich glaub, dass für die meisten Frauen der Mutterinstinkt ja etwas Natürliches ist, nicht wahr? Der Körper verlangt manchmal danach, und das wird dann zu einem ziemlich ernsthaften Problem dort. Das hängt auch vor allem mit den Umständen dort ab. Wie soll denn jemand zum Beispiel schwanger kämpfen, und wie soll das sein, dass du ein Kind auf die Welt bringst und die Armee dann jeden Moment dieses kleine Kind umbringen kann? Das ist also sehr schwierig, einfach irgendwelche Kinder dort liegen zu lassen. Deshalb erklären sie einem dann immer wieder, dass es in der Guerilla nicht erlaubt sei, Kinder zu haben. Obwohl früher war das schon möglich, da ging das schon. Doch in der letzten Generation nicht mehr. Weil – naja, es gab Frauen, die benützten das, um aus der Guerilla auszutreten. Sie haben ihr Kind auf die Welt gebracht und sind dann ins Zivilleben zurückgekehrt. (Isabel)

Kinder zu bekommen im Kontext des Krieges ist nicht tragbar bzw. »wünschenswert«. Aus diesem Grund wird von den FARC jegliche Schwangerschaft und Mutterschaft strikt abgelehnt. In deren Argumentation spielt der Aspekt des »eigenen« Wohls und des »Wohls« des Kindes eine große Rolle. Inmitten des Krieges Kinder zu bekommen, würde nur Schaden und negative Konsequenzen mit sich bringen. Der kriegerische Kontext erschwert bzw. limitiert Aspekte der Schwangerschaft und der Mutterschaft zweifellos enorm – eine Schwangerschaft innerhalb des bewaffneten Kampfes kann nicht mit jener in einer »normalen« friedlichen Situation verglichen werden (Londoño/Nieto 2006: 239). Doch sollte nichtsdestotrotz jede Person eigenständig und frei von Regelungen über den Wunsch nach Schwangerschaft entscheiden dürfen, unabhängig des Kontextes. Viel mehr als um das persönliche Wohl des Kindes bzw. der Mutter bemüht, dreht es sich beim Verbot der FARC um eine strukturelle Aufoktroyierung der Regeln, um selbst – als Organisation – nicht die »Last« bzw. die Folgen einer möglichen Schwangerschaft tragen zu müssen. Der spezifische Kontext erschwert das »freie« Ausleben einer Schwangerschaft[122]. Simón Trinidad, ein hochrangiger FARC-Führer, sprach beispielsweise klar aus, dass sie innerhalb der FARC keine Schwangerschaften wollen und dulden (Fearnley 2003: 15).

An dieser Stelle ist ein neuerlicher Vergleich zu den Praktiken der ELN interessant. Beide Guerilla-Gruppierungen sind – in unterschiedlichem Ausmaß – im bewaffneten kolumbianischen Konflikt aktiv, haben jedoch in Hinblick auf Schwangerschaft und Mutterschaft divergierende Praktiken. Vor diesem Hintergrund ist die Argumentation des kriegerischen Kontextes nicht gänzlich zulässig, da trotz allem unterschiedliche Variationen des Umgangs innerhalb der Rahmenbedingungen möglich sind. Nun könnte hinterfragt werden, welche der beiden Varianten für das subjektive Empfinden bzw. Erleben der Kämpferinnen unter den Umständen »besser« ist.

> Aber ich glaube heute, dass es eine schwierige Geschichte ist, ein Kind zu haben. Ein Kind auf die Welt bringen, das dann weit weg von einem ist. Ohne zu wissen, wie sie es aufziehen, wie es ihm geht. Ich glaube, in dieser Hinsicht haben sie schon recht. Wenn schon, dann würde ich es vorziehen, ein Kind zu haben und dann mit ihm wegzugehen – oder sonst gar keines. Eine Schwangerschaft ist sicher eine tolle Sache, aber das Schönste dabei ist ja, das Kind zu bekommen, mit ihm zu sein, es zu erleben. Das wäre für mich irgendwie schlimmer gewesen, das Kind zu haben und es dann weggeben zu müssen. (Isabel)

Diese Aussagen zeigen die Schwierigkeit dieser Entscheidungen auch für die jeweiligen Kämpferinnen. Dennoch sollte jede Kämpferin persönlich das Recht haben, diese Vorbzw. Nachteile für sich selbst abzuwägen und dementsprechend die Entscheidung bezüglich Kinder gebären oder nicht fällen können.

---

122 Paraphrasierung des Interviews mit Ricardo L.

(Zwangs-)Abtreibung bei Schwangerschaft

Zur Praxis der FARC zurückkehrend, stellt sich die Frage, was passiert bzw. passieren würde, sollte eine Kämpferin trotz des Verbotes und der dahingehenden Maßnahmen bzw. Regelungen schwanger werden. Die von den Kämpferinnen getätigten Aussagen divergieren dahingehend punktuell. Vordergründig wird skizziert, dass Frauen bei Schwangerschaft abtreiben mussten.

> Denn man wird schwanger und darf das Baby dann nicht haben. Man muss es abtreiben. (Ana)

Dieses Postulat von Zwangsabtreibungen innerhalb der FARC wird von anderen Quellen unterstrichen (Otero Bahamón 2006; AI 2004; Fearnley 2002; CIDH 2006). Ungeachtet dieser Prämisse scheint es jedoch Ausnahmen zu geben, in welchen es trotzdem erlaubt wird, Kinder zu bekommen. Auf die Frage nach dem Grund dieser Abweichungen werden unterschiedliche Gründe erwähnt. Auf der einen Seite variiert dies wiederum je nach Front bzw. zuständigen Kommandanten.

> Es gibt eben solche und solche Chefs. Die einen sehen, dass man schwanger ist, und machen nichts, sie [die Kämpferinnen; Anm.: MH] bekommen es und machen weiter wie bisher. Doch andere nehmen dir das Baby einfach weg. Deswegen spielt das alles, die Einstellung des Kommandanten, eine große Rolle. Ich hatte das Pech, einen sehr strengen Kommandanten zu haben – auch wenn er sonst ein guter Kerl war, war er sehr streng. Und der sagte nein. (Isabel)

Andererseits gibt es auch Darstellungen, welche skizzieren, dass die Entscheidung, ob eine Schwangerschaft erlaubt wird oder nicht, von dem eigenen Verhalten und Gehorsam abhängt.

> Entweder sie schmeißen einen raus oder sie zwingen dich, abzutreiben. Das hängt davon ab. Das hängt aber auch vom Verhalten der betreffenden Frau ab. Sie schicken dich eben entweder nach Hause, damit du dort das Baby bekommen kannst. Aber wenn jemand sehr widerspenstig ist, muss sie abtreiben und bleiben. Sehen Sie? Das hängt eben viel vom eigenen Verhalten ab. Wenn du sehr, sehr arg drauf bist, na dann geht's dir schlecht, sehr schlecht, das bezahlst du hart. Weil die KommandantInnen haben es dann auf dich abgesehen. (Laura)

Die Frage, ob Schwangerschaft erlaubt wird oder nicht, hängt sehr viel von subjektiven Einstellungen und Meinungen ab. Sowohl das eigene Verhalten in der Guerilla spielt eine Rolle als auch das Verhalten des/r jeweiligen Kommandanten/in. Teilweise besteht die Möglichkeit zur Schwangerschaft, teilweise wird diese strikt abgelehnt oder verweigert. Als wesentliches, aus einer Genderperspektive betrachtetes Element kann die Tatsache gesehen werden, dass so elementare Rechte wie das selbstbestimmte Recht auf freie Entscheidung über den Körper anhand persönlicher subjektiver Aspekte festgemacht wird. Unabhängig von persönlichen Empfindungen und Einstellungen sollte Kämpferinnen erlaubt werden, selbst über diesen Bereich ihres Lebens und ihres Körpers zu entscheiden. Vor diesem Hintergrund ist nicht relevant, in welchem Ausmaß bzw. mit wie vielen »Ausnahmen« oder Abweichungen, Zwangsabtreibungen durchgeführt werden. Es kann davon ausgegangen werden, dass dies die prinzipielle Politik der FARC zu diesem Aspekt darstellt. Ungeachtet dessen, wie viele Abweichungen existieren, besteht das wesentlichste Element in der Aufoktroyierung der Entscheidung. Inmitten der Varianten Verbot von Schwangerschaft versus teilweise Zulassung wird Kämpferinnen wird jedenfalls die Möglichkeit zur Selbstbestimmung genommen. Es existiert die Möglichkeit zur Schwangerschaft, diese wird jedoch von den oberen Rängen der Guerilla und nicht von den betroffenen Kämpferinnen selbst getroffen. Somit wird Kämpferinnen dieses elementare Recht auf freie Entscheidung und Selbstbestimmung über den eigenen Körper verwehrt.

Schwangerschaften sind innerhalb der FARC nicht erlaubt, Zwangsabtreibungen scheinen – abgesehen einiger Ausnahmen – die Regel und die Norm zu sein. Aus den Interviews geht hervor, dass Kämpferinnen stark unter diesem Aspekt leiden und dieser extrem negative Konsequenzen mit sich bringt. Einerseits sind sie mit den Folgen der Zwangsabtreibung konfrontiert, andererseits sind sie speziellen Problemen ausgesetzt, wenn sie versuchen einer erzwungenen Abtreibung zu entgehen.

Manchmal musst du also abtreiben. Manchmal hauen einige einfach ab. Aber wenn sie dich erwischen, ... –. Da schaut es dann schlecht aus, weil was soll man machen... (Veronica)

Schwangere Kämpferinnen, welche als Ausweg aus der Zwangsabtreibung die Flucht wählen und dabei erwischt werden, müssen mit der schwersten Strafe rechnen. Auf Desertion steht innerhalb der Gesetzgebung der FARC die Todesstrafe, ungeachtet des Grundes. Somit sind schwangere Kämpferinnen nicht nur mit Zwangsabtreibungen an sich konfrontiert, die Konsequenzen können bis hin zur Exekution bei Desertion führen[123].

Aus den Interviews lässt sich noch ein wesentlicher weiterer Aspekt der negativen Konsequenzen einer Zwangsabtreibung eruieren: psychologische Konsequenzen bei realer Durchführung der Zwangsabtreibung. Isabel hat selbst eine erlebt[124] und spricht in ihren Ausführungen offen über die Folgeerscheinungen aufgrund dieses Erlebnisses.

---

123   Exekutionen bei Desertion finden laut den Ausführungen von Veronica jedoch nicht immer statt – dies ist vielmehr abhängig vom Grad der (an die Behörden) mitgeteilten Information. Naja, es gibt Leute, die schon und Leute, die nicht [umgebracht werden; Anm.: MH]. Das hängt davon ab, was man gesagt hat, ob man Information weitergegeben hat. Weil sie bemerken alles, was du dort draußen machst. (Veronica)

124   Es ist möglich, dass auch andere Interviewpartnerinnen solche eine Zwangsabtreibung erlebt haben. Aus Gründen der Intimität und der Privatsphäre wurde dieser Bereich von mir nicht dezidiert angesprochen. Lediglich Isabel hat von sich aus direkt am Anfang des Gespräches dieses Thema eingebracht. Schon zu Beginn des Gesprächs, zu welchem Isabel mit ihrem neugeborenen Baby erscheint, erwähnt sie – unter Bezug auf das jetzige Kind – das erlittene Trauma durch die Zwangsabtreibung innerhalb der FARC.

Dieses Mal war es eine Schwangerschaft, die ich wollte. Die Begleitumstände waren zwar auch diesmal nicht die besten, aber nein, ich weiß nicht … – als ich erfuhr, dass ich schwanger war, hatte ich auf einmal diese Illusion, dass irgendwer … Und dann das Bewusstsein, dass man nicht darf, nein, nein und nein. Ich war z. B. eine starke Raucherin, Rauchen war meine Leidenschaft. Der Alkohol sprach mich nicht an, aber die Zigaretten. Ich konnte nicht aufhören, ich habe es versucht, aber nein – es ging nicht. Doch allein die Tatsache, zu wissen, dass ich schwanger bin, ein Kind haben werde – da wurde die Willenskraft stärker. Man muss sich ändern. Als ich dann diese Illusion aufgegeben hatte, hab ich irgendwie Angst bekommen, das war sehr hart. Daran zu denken, wie es gewesen wäre, wem es ähnlich geschaut hätte, … Ich habe viel gelitten. Ich konnte keine Babykleidung sehen, nichts, was mit kleinen Kindern zu tun hat, ich fühlte mich niedergeschlagen, kraftlos, ohne Orientierung. Warum habe ich das nicht vermieden, warum bin ich nicht abgehauen? Warum? Ich stellte mir viele Fragen. Wobei ich zu dieser Zeit nicht an solche Sachen dachte, damals dachte ich noch anders. Als dann drei Monate vergingen, starb der Vater. Und diese Vorstellung von der alleinerziehenden Mutter gefiel mir nicht besonders. Da fehlte mir dann auch irgendwie die Unterstützung. Ich hatte es auch niemandem gesagt, niemand wusste es. Und mit wem hätte ich gehen [desertieren; Anm.: MH] sollen? Allein war ich nicht fähig dazu, ich hatte Angst, dass sie mich erwischen würden. Es waren viele Sachen, sodass ich also dann beschloss es zu machen, anstatt für diese Person zu kämpfen. Als ich dann hier war, da war das ganz anders, da kam dann das Schuldgefühl. Aber gut, da konnte man nichts mehr machen. Und das verging erst, als ich wusste, dass ich wieder schwanger war. Da war ich dann auch wirklich schuld, denn da wollte ich dann gar nicht mehr, ich wollte nicht mehr Mutter sein. Nein, aber nachdem du einmal so was erlebt hast… (…) Ich weiß nicht. Ich habe mir immer viele Fragen gestellt. Der Vater meines jetzigen Kindes hat mir viel geholfen, aus dieser Depression rauszukommen. Ich fühlte mich immer schuldig: wenn ich doch weggegangen wäre, wenn ich … Vielleicht wäre es dann anders gekommen. (…). Auf jeden Fall zwangen sie mich dazu, abzutreiben. Sie erlaubten mir nicht, das Kind zu bekommen. Wenn sie es mir erlaubt hätten, wäre ich nicht mehr dorthin [in die Guerilla; Anm.: MH] zurückgekehrt. Aber nicht so sehr, um vor den FARC zu flüchten, sondern wegen mir selbst. Da wäre dann noch ein Mensch gewesen, für den ich verantwortlich bin. (Isabel)

Diese Passage illustriert die negativen Auswirkungen einer erzwungenen Abtreibung. Diese Guerillera hat stark unter der Zwangsabtreibung gelitten, das Gefühl der Impotenz und der Machtlosigkeit werden hier zum Ausdruck gebracht. Schuldgefühle – die ständige Frage, ob nicht eine andere Lösung möglich gewesen wäre – und Depressionen sind eine weitere Folge dieses Traumas. Diese Ausführungen reflektieren deutlich die Konsequenzen durch eine Zwangsabtreibung. Schuldgefühle werden mitgetragen, obwohl die Entscheidung nicht selbstständig und freiwillig getroffen wurde, sondern aufgezwungen wurde. Die Kämpferin hatte prinzipiell den Wunsch, das Kind zu bekommen, und dieser wurde von oben herab negiert bzw. verunmöglicht. Diese mangelnde Freiheit und Selbstbestimmung kann unter Umständen zu Traumata und Depressionen führen.

Auch andere Interviewpartnerinnen sprechen das Problem der erzwungenen Abtreibung an.

Klar, das war sehr hart, nicht zu dürfen. Denn als Frau wünscht man sich vor allem, Mutter zu sein, nicht wahr? Und wenn jemand eine Beziehung hat und den Partner liebt und schwanger wird, dann ist das sehr hart für einen, abtreiben zu müssen. Ja, sicher, das war s e h r hart. (Laura)

Auffällig ist sowohl hier als auch in der obigen Passage die subjektive Konzeption der Kämpferinnen bezüglich Mutterschaft und Frau-sein. Sie stellen de facto eine natürliche Verbindung zwischen dem Geschlecht und dem Wunsch nach Kindern dar, identifizieren Weiblichkeit mit Mutterschaft. Dies weist auf ein eher traditionelles Frauenbild hin. Aus feministischer Perspektive scheint diese biologische Gleichsetzung nicht zulässig. Ungeachtet der Fragestellung bzw. der Begründung eines Kinderwunsches – ob biologischer Mutterinstinkt oder nicht – bleibt jedenfalls zu konstatieren, dass jede Person das Recht auf persönliche individuelle Entscheidung haben muss.

Ein weiterer Aspekt, welcher von den ehemaligen Kämpferinnen in Bezug auf Zwangsabtreibung angesprochen wird, betrifft die gesundheitliche Ebene. Hier drängt sich die Frage auf, ob abgesehen von der prinzipiellen Problematik der Zwangsabtreibung zusätzliche »Nebenwirkungen« existieren, z.B. durch gesundheitliches Risiko. Die Kämpferinnen skizzieren das Bild einer relativ guten medizinischen Versorgung, inklusive gut ausgebildetem und spezialisiertem Personal bzw. ÄrztInnen.

Ja, es gibt dort Ärzte, die sehr gut sind – da bekommst du eine Kugel ab und die flicken dich in einer Sekunde wieder zusammen. Da gibt es sogar darauf [auf Abtreibungen; Anm.. MH] spezialisierte Ärzte. Viele Leute, die hier in der Stadt studieren, sind von ihnen und gehen nachher zurück und arbeiten mit ihnen [mit der Guerilla; Anm.: MH]. (Veronica)

Es gibt dort immer eine Krankenschwester und eine Hilfskrankenschwester, die sind beide immer präsent in den Gruppen. Es besteht also keine Gefahr für die Frau bei der Abtreibung. (Laura)

Frauen bei der Guerilla gehen durch die Abtreibungen kein spezielles Risiko ein, ausreichende medizinische Versorgung und Betreuung ist gewährleistet. Nach den Zwangsabtreibungen »dürfen« sich die Kämpferinnen einige Tage ausruhen, bevor sie wieder in die

Normalität des Alltages in der Guerilla zurückkehren. Diese Tatsache kann – innerhalb der gegebenen Umstände – als »positives« Element betrachtet werden. Auf medizinische Versorgung und Betreuung scheint seitens der Organisation Wert gelegt zu werden, um durch die Abtreibungen keine gesundheitsschädlichen Auswirkungen zu generieren. In diesem Bereich der medizinischen Versorgung wird jedoch ein Aspekt erwähnt, bei welchem Komplikationen und Schwierigkeiten auftauchen können. Teilweise offenbaren Kämpferinnen ihre Schwangerschaft erst relativ spät – im vierten oder fünften Schwangerschaftsmonat. In solchen Fällen unterliegt die Abtreibung einem erhöhten Gesundheitsrisiko.

> Wenn sie sahen, dass es sehr dringend war, dass der Eingriff schnell vorgenommen werden musste, dann konnte es gefährlich sein. Doch es gab dort auch Spezialisten zum Nähen, es gab alles. Also war es nicht wirklich gefährlich. Wenn das so war, dann bekam die Frau zwei, drei Tage Ruhestand nach dem Eingriff. Kompliziert war es dann allerdings schon bei Frauen, die aus Angst erst nach vier, fünf Monaten, wenn der Bauch schon zu wachsen beginnt, ihren Zustand bekannt gaben. Das ist dann schon eine komplizierte Abtreibung, sehr schwierig. Die mussten dann schon als Notfälle hinaus transportiert werden. (Laura)

Kämpferinnen versuchen, teilweise aus Angst vor einer Zwangsabtreibung, die Schwangerschaft geheim zu halten. Bei einer späten »Entdeckung« stellt eine Abtreibung jedoch ein höheres gesundheitliches Risiko dar. Da diese nichtsdestotrotz durchgeführt wird, werden die jeweiligen Frauen einer medizinisch riskanten Praxis unterzogen, welche mit negativen Konsequenzen enden kann. Aus medizinischer und feministischer Sicht stellt das eine Frauen diskriminierende und gefährdende Praxis dar.

Diesbezüglich existieren auch divergierende Praktiken. Eine Kämpferin stellt dar, dass im Fall einer späten Abtreibung Kämpferinnen das Kind ausnahmsweise bekommen können.

> Es gibt schon Fälle, wo die Frauen ihr Kind zur Welt bringen können, weil sie nichts gesagt haben oder es erst zu spät bemerkt haben. Wenn es also schon zu weit fortgeschritten ist, dann nicht – dann dürfen sie es bekommen. Wenn dann der Zeitpunkt der Entbindung näher kommt, schicken sie die Frauen nach Hause zu ihrer Mutter oder Schwiegermutter. Sie bekommen dann dort das Kind, bleiben noch einige Zeit, gehen schließlich wieder zu ihrer Einheit zurück und lassen das Baby in Haus der Mutter oder so. (Ana)

Diese Praxis zeigt einen anderen möglichen Umgang mit spät entdeckten Schwangerschaften. Die Möglichkeit, in solchen Fällen das Kind bekommen zu können, stellt – innerhalb der Regelung des Verbots von Schwangerschaften und der Praxis von Zwangsabtreibungen – unleugbar ein »positives« Element dar. Oben getätigte Ausführungen über die Durchführung einer Zwangsabtreibung trotz erhöhtem gesundheitlichem Risiko für die jeweiligen Kämpferinnen stellen – zu der schon erwähnten Diskriminierung von Zwangsabtreibungen – einen zusätzlich negativen Folgeeffekt dar.

Interessant in dem Zusammenhang der Zwangsabtreibung ist der Vergleich zu anderweitigen Darstellungen und Studien der 70er und 80er-Jahre. Hier wird gleichermaßen die Regelung einer prinzipiellen Ablehnung von Schwangerschaften im bewaffneten Kampf beschrieben. Doch gab es – wie Aussagen von Guerilleras dieser Zeit belegen – prinzipiell die Möglichkeit zur freien Entscheidung zwischen Abtreibung oder Austritt aus der bewaffneten Organisation. Die Entscheidung zu Abtreibungen wurden laut diesen Aussagen allein von den Kämpferinnen getroffen[125], ohne Zwang der Organisation (Lara 2000; Grabe 2000; Hoyos 2000). Generell wird eine gute Behandlung und Unterstützung im Falle einer Schwangerschaft dargestellt (Lelièvre Aussel et al. 2004: 172ff). Es ist unbestreitbar, dass sich die Rahmenbedingungen und der Kontext des Krieges in den letzten Jahrzehnten erheblich verändert haben, doch zeigen diese Beispiele den prinzipiellen Handlungsspielraum auch innerhalb der begrenzten Möglichkeiten auf. Die wesentliche Frage ist hier jene nach dem politischen Willen und dem Interesse nach einer Politik mit möglichst wenigen Beschränkungen für die Kämpferinnen.

Die Praxis der Verhütung

Mit der Thematik der Schwangerschaft und Abtreibung extrem verwoben ist der Bereich der Verhütung innerhalb der Guerilla-Gruppierungen. Nachdem Schwangerschaften teilweise nicht erlaubt sind, ergibt sich vor diesem Hintergrund die Frage nach den Verhütungsmethoden und -Mitteln. In der Guerilla wird Verhütung prinzipiell als Pflicht angesehen (Otero Bahamón 2006: 61; Wills Obregón 2005: 78). Um Schwangerschaften vorzubeugen, wird seitens der bewaffneten Organisationen großer Wert auf Verhütung gelegt. Gratis Verhütungsmittel werden seitens der Organisation zur Verfügung gestellt. Vorbeugung und Prävention von Schwangerschaften scheint einen hohen Stellenwert zu haben. Dies kann prinzipiell als positiv bewertet werden, da zumindest die Möglichkeiten zu verhüten für Kämpferinnen bestehen, damit diese nicht die Konsequenzen einer Schwangerschaft und erzwungenen Abtreibung tragen müssen.

Das wesentliche Element ist auch hier wiederum die Fragestellung nach Freiwilligkeit versus Zwang. Nicht alle Frauen vertragen die gleichen Verhütungsmittel, weshalb aus einer Gender-Perspektive die Auswahlmöglichkeit bezüglich der zu verwendenden Verhütungsmittel wesentlich wäre.

---

125   Rückblickend betrachten viele dieser ehemaligen Kämpferinnen jedoch auch diese Tatsache als diskriminierende Praktiken und stellen hier ein Ungleichgewicht zwischen den Geschlechtern fest. Viele Frauen trafen diesbezüglich die Entscheidung des Weiterbleibens innerhalb der Guerilla, was im Nachhinein als Verzicht und Limitierung erlebt wird (Hoyos 2000). Des weiteren wurde auch hier die Mutterschaft allein den Frauen zugeschrieben, Kämpfer mussten nicht so eine Entscheidung treffen (Lara 2000).

In diesem Bereich kann wieder ein markanter Unterschied bezüglich der Praktiken und Methoden der beiden Guerilla-Gruppierungen ELN und FARC skizziert werden. In Bezug auf ELN wird dargestellt, dass bezüglich der Verhütungsmethoden Auswahlmöglichkeit bestanden hat. Jede Kämpferin konnte frei darüber entscheiden, welche Methode sie anwenden wollte.

> Normalerweise ist es so, dass es mit Absicht passiert, wenn sich jemand schwängern lässt. Denn es gibt ja alle möglichen Verhütungsmittel, Pillen, Injektionen, die Spirale[126] – wobei sie da schon gesagt haben, dass das eher schlecht sei, wenn Mädchen damit verhüten. Aber wenn du wolltest, konntest du mit der Spirale verhüten. Wie du wolltest, du selbst konntest entscheiden, was du nehmen wolltest. (Martha)

Im Kontext der Fragestellung nach selbstbestimmter Entscheidung versus Unterordnung unter die Regeln und Normen stellt dies ein wesentliches Element dar. Verhütung wird laut der Interviewpartnerin als freie Entscheidung der jeweiligen Kämpferinnen betrachtet.

Im Unterschied zu dieser Darstellung unterliegt die Fragestellung nach Zwangsverhütung versus Auswahlmöglichkeit bei den FARC nicht ganz so klaren und eindeutigen Regeln bzw. Richtlinien. Hier spiegelt sich das charakterisierte Spannungsfeld zwischen freiwilliger Auswahlmöglichkeit auf der einen Seite und Zwangsverhütung auf der anderen Seite wider. Beide Kategorien und Sachverhalte existieren nebeneinander.

Zwei Ex-Kämpferinnen zeichnen anhand ihrer Aussagen das Bild einer verordneten Verhütung für alle Kämpferinnen – ohne Möglichkeit zur Individuellen Auswahl. Eine Verhütungsmethode wird allen Kämpferinnen einer Einheit verschrieben und verabreicht, unabhängig persönlicher Wünsche, Beschaffenheiten oder Anforderungen.

> Als ich zum Beispiel beitrat, hat man mir schon nach zwei Wochen eine Spirale eingesetzt. Egal, ob du noch Jungfrau bist oder nicht, sie setzen sie dir ein, damit du nicht schwanger wirst. Sie holen sie je nach Anzahl der Frauen und setzen sie dir dann ein. Das ist aber nicht so, dass du eintrittst und dann sofort eine bekommst. Wie ich eingetreten bin, haben sie sie mir schon sofort eingesetzt. Damals trat gerade ein großer Schub von Frauen in die Organisation ein, und allen haben sie eine Spirale eingesetzt, etwa 60 oder 70 Frauen. (Ana)

Hier wird die Praxis der allgemeinen verordneten Verhütung aller Kämpferinnen dargestellt. Unabhängig körperlicher Verfassungen wurde jeder Kämpferin eine Spirale eingesetzt, der gesamten Gruppe an Kämpferinnen gleichermaßen. Diese Darstellung illustriert eine relative Unfreiwilligkeit, obwohl nicht explizit von Zwang gesprochen

---

126 Die Spirale (IUP, Intrauterinpessar) ist eine spezielle, intrauterine Form der Empfängnisverhütung. Sie besteht aus einem meistens t-förmigen Objekt, welches in die Gebärmutter eingeführt wird und dort bis zu fünf Jahren bleiben kann. In den Interviews werden in Folge mehrere synonyme umgangssprachliche Ausdrücke für die Spirale verwendet, wie beispielsweise Apparat oder T (aufgrund der Form).

wird. Die Aussagen von Isabel zielen in dieselbe Richtung, wobei sie hingegen direkt und explizit die Methode des Zwanges anspricht.

Ja, weil das ist das andere Problem: Man kann nicht aussuchen. Die Frauen können ihre Planungsmethode nicht entsprechend ihrem Körper und ihrer Größe aussuchen. Wenn sie zum Beispiel allen Norplant[127] anordnen, dann alle Norplant. Wenn sie allen T anordnen, dann alle T. Also entweder alle Norplant, oder alle Apparat. Außer man hat schon etwas eingesetzt oder ist empfindlich gegen eine Methode und bekommt Blutungen usw., da machen sie dann eine Ausnahme. Aber ich war z. B. in vier verschiedenen Einheiten, und da war es immer die gleiche Methode für alle. Sie geben einen generalisierten Befehl heraus, der gilt dann für alle. (Isabel)

Die Methode zur Verhütung kann – ausgenommen spezieller Regelungen – nicht ausgewählt werden. Es werden standardisierte, generalisierte Richtlinien und Regeln ausgegeben, welche eine spezifische einheitliche Methode vorschreiben. Generelle Regelungen limitieren und verunmöglichen jegliches Mitspracherecht bzw. jegliche Entscheidungsfreiheit von Kämpferinnen. Diese skizzierte Zwangsverhütung durch kollektive Vorschreibungen wird auch von anderen Quellen angesprochen und kritisiert (AI 2004: 77; Wills Obregón 2005: 78).

Mögliche Folgeerscheinungen der einheitlichen Verhütung wurden bereits kurz erwähnt. Beide Interviewpartnerinnen weisen in ihren Ausführungen nachdrücklich auf die gesundheitlichen Konsequenzen und Beschwerden aufgrund der aufoktroyierten Verhütungsmethode hin. Dieser Aspekt markiert – abgesehen von der eingeschränkten Selbstbestimmung bezüglich ihres Körpers – einen weiteren Indikator für geschlechtsspezifische Diskriminierung.

Oh ja, wenn sie das einsetzen, tut es sehr weh. Bei mir kam noch dazu, dass ich noch ein Mädchen war und noch nie mit einem Mann geschlafen hatte. Und dann setzen sie dir das ein. Ich hatte es [die Spirale; Anm.: MH], bis ich wegging. Weil ich hatte immer starke Schmerzen, wenn ich die Regel bekam, hatte ich immer starke Krämpfe. Ich bekam alle Zustände. Nachdem ich dann

---

127 Norplant ist ein sogenanntes Hormonstäbchen. Es besteht aus sechs Stäbchen, welche in den Unterarm implantiert werden. Ebenso wie die Spirale verspricht es eine lange Wirkung, bis hin zu fünf Jahren. Es liegt die Vermutung nahe, dass es vor allem zu Zwecken der Bevölkerungskontrolle und Eindämmung der Geburten in der »Dritten Welt« entwickelt wurde. Genauso wie die Spirale ist Norplant nur durch einen operativen Eingriff einsetz- und wieder entfernbar, entzieht sich somit also der individuellen Handlungsoption der betroffenen Frauen. In der westlichen Hemisphäre ist das Präparat aufgrund seiner Nebenwirkungen stark kritisiert worden, so klagten beispielsweise im Jahr 1996 50.000 Frauen in den USA die Vertriebsfirma aufgrund Nebenwirkungen wie Migräne, Depressionen, Blutungen, Eierstockzysten, etc. (Bettina Bock von Wülfingen 2001). In Großbritannien und den USA ist es mittlerweile nicht mehr auf dem Markt.

weggegangen war, haben sie es mir im »Bienestar« [staatliche Einrichtung für Familienplanung; Anm.: MH] herausgenommen. (Ana)

Ich habe viel darunter gelitten. Ich erinnere mich, dass ich die Aufgabe hatte, den Frauen den Teil, der in die Gebärmutter kommt, einzusetzen. Ich selbst war etwa 12, 13 Jahre alt, als sie mir die Spirale eingesetzt haben – wie hätte ich da etwas dagegen tun können? Also das ist wie – mir hat alles weh getan, die Regel kam ganz stark und ich bekam schreckliche Kopfschmerzen. Der ganze Organismus ist dadurch durcheinander gekommen. Erst als ich dann erkrankte, haben sie sie mir wieder heraus getan. Weil es war ja ein genereller Befehl. Das ist ein schlimmer Schaden, den sie dabei den Frauen anrichten. Bei Mädchen mit 13, 14, 15 Jahren verwenden sie dieselben Mittel wie bei Frauen, die schon Beziehungen hatten und eine entsprechende Größe, entsprechendes Gewicht. Das ist schrecklich, der Hormonhaushalt kommt ganz durcheinander. Manchmal dachte ich deshalb, ich werde nie mehr Kinder bekommen können. Obwohl sie mir nicht gut bekamen, verwendete ich doch weiterhin Verhütungsmittel. Bis ich dann dachte, oh nein, ich glaub ich werde keine Kinder mehr bekommen können. Ich weiß nicht, wie das heute ist, aber damals – das war schlimm. (Isabel)

Das IUP wird bei Frauen jeden Alters eingesetzt – unabhängig ob Jungfrauen oder nicht. Mädchen, welche noch sehr jung und nicht vollständig entwickelt sind, noch keinen sexuellen Kontakt hatten, werden erheblichen gesundheitlichen Beschwerden und Risiken ausgesetzt. Schmerzen, Belastungen und die Möglichkeit eines bleibenden gesundheitlichen Schadens sind Folgen dieser Praxis für die minderjährigen Kämpferinnen. Isabel beschreibt die mangelnde körperliche Statur und Entwicklung bzw. Beschaffenheit jener Mädchen für das Einsetzen der Spirale. Dieser Aspekt der negativen gesundheitlichen Auswirkungen und Konsequenzen für Kämpferinnen muss aus feministischer Perspektive kritisiert werden. Das zwangsweise Einsetzen einer Spirale ohne Rücksicht stellt einen extremen – nur Frauen betreffenden – diskriminierenden und gefährdenden Aspekt dar. Untermauern lassen sich diese Aussagen durch anderweitige Hinweise, wo ebenso vom zwangsweisen Einsetzen dieser intrauterinen Vorrichtungen (auf Englisch IUDs, *intrauterine devices*) bei minderjährigen Kämpferinnen die Rede ist (Fearnley 2003: 15). So berichtet beispielsweise der Ombudsmann für Menschenrechte für das Jahr 2004 von 65 demobilisierten Kämpferinnen, welche alle eine Spirale implantiert hatten (AI 2006: 28). Öffentlich bekannt wurde diese Praxis durch die Entdeckung jener Vorrichtungen bei Leichen junger Guerilleras (Otero Bahamón 2006: 4). In Summe untermauern diese Indizien die These einer verordneten Empfängnisverhütung innerhalb der FARC-EP.

Isabel gibt in ihren weiteren Ausführungen Hinweise auf den Grund dieser Politik.

Sie suchten Mittel aus, die die Frauen nicht selbst wieder entfernen konnten. Wie zum Beispiel das Norplant oder der Apparat. Und sie suchten die billigsten und sichersten Mittel aus. Das Norplant hat seine Vor- und Nachteile. Der Vorteil ist, dass, wenn es dir gut bekommt, du fünf Jahre lang nicht aufpassen musst. Doch wenn du es nicht verträgst, dann sind es ungefähr 500.000 Pesos, die verloren gehen. Deshalb hatte alles seine Variationen. (Isabel)

Seitens der Organisation werden möglichst »effiziente« Methoden zur Verhütung eingesetzt – den beiden Kategorien Preis bzw. Sicherheit folgend. Aus einer militärischen und organisatorischen Perspektive ist dies nachvollziehbar, stellt jedoch praktische und strukturelle Kriterien über geschlechtersensible. Aus dieser Praxis bestätigt sich das Bild einer mangelnden Sensibilität bzw. Wichtigkeit seitens der FARC (die ELN scheint in diesem Bereich toleranter vorzugehen) für frauenspezifische Thematiken.

Doch kann diese Kritik nicht für die gesamte FARC an sich aufrecht erhalten werden. Zwei Interviewpartnerinnen stellen dar, dass Kämpferinnen sich selbst die jeweilige Methode zur Verhütung aussuchen konnten. Aus den unterschiedlichen Methoden konnte je nach persönlichem Wunsch ausgewählt werden. Die getätigten Aussagen suggerieren eine relative Freiwilligkeit innerhalb der Auswahlmöglichkeiten.

Das was sie wollten. Dort war es immer nur gemäß dem, was sie wollten. (Veronica)

Nun, die Verhütungsmethoden waren immer so, wie man es sich wünschte. Man bekommt die Methode, die man von ihnen verlangt. (Laura)

Diese Passagen weisen auf einen offenen und freien Umgang seitens der Organisation bezüglich Verhütungsmittel hin. Frauen haben die »Hoheit«, über die gewünschte Methode frei zu entscheiden. Hier lässt sich ein positiver Umgang bezüglich Recht auf Selbstbestimmung und freie Entscheidung über den eigenen Körper ausmachen. Dies zeigt, dass es prinzipiell möglich und umsetzbar ist, innerhalb der beschränkten und begrenzten Rahmenbedingungen des bewaffneten Kampfes Handlungsspielraum und Platz für persönliche individuelle Wünsche bzw. Anforderungen zu lassen.

Ein weiterer, für die Analyse relevanter Aspekt, betrifft die Frage der geschlechtsspezifischen Verteilung der Verhütung. Wird demnach nur den Frauen innerhalb der Guerilla die Verantwortung in Bezug auf Verhütung auferlegt oder werden auch Männern Verhütungsmethoden zur Verfügung gestellt und sie somit in die Verantwortung miteinbezogen? Eine Interviewpartnerin erwähnt diesbezüglich die Verteilung von Kondomen an männliche Kameraden. Wie jedoch bereits im Bereich der Geschlechtskrankheiten thematisiert wurde, bedeutet die Verteilung von Kondomen noch nicht gleichzeitig ihre Benutzung. Somit wird Frauen innerhalb der Guerilla die alleinige – oder hauptsächliche – Verantwortung der Verhütung auferlegt, inklusive der damit zusammenhängenden negativen Konsequenzen wie Zwangsverhütung, Zwangsabtreibung und den gesundheitlichen bzw. psychischen Folgen. Dies signalisiert keine geschlechtergerechte Verteilung bzw. Praxis, Kämpferinnen sind mit spezifischen Problematiken und Schwierigkeiten aufgrund ihres Geschlechts konfrontiert und werden dementsprechend diskriminiert. Diese Tatsache muss vor dem Hintergrund der gesamtgesellschaftlichen Geschlechterkonzeption gesehen werden, welche patriarchal und machistisch geprägt ist. Jene Tendenzen spiegeln sich auch innerhalb der Guerilla-Organisationen wider (Londoño/ Nieto 2006: 242).

Innerhalb der Auseinandersetzung mit der Thematik der Mutterschaft und Schwangerschaft zieht sich die Frage nach Selbstbestimmung und freien Entscheidungsmöglichkeiten wie ein roter Faden durch. Zwangsabtreibung und Zwangsverhütung gehören offensichtlich zur Praxis der FARC. Diese Praktiken sind aus feministischer Perspektive zu verurteilen, stellen sie doch einen Eingriff in die Integrität und Autonomie des weiblichen Körpers dar. Das Selbstbestimmungsrecht der Frauen und die Möglichkeit zur vollen Ausübung ihrer sexuellen und reproduktiven Rechte ist Teil des bereits etablierten feministischen Forderungskatalogs. Das Recht, selbst über den eigenen Körper entscheiden zu können, stellt eines der fundamentalen Rechte des Individuums dar. In diesem Kontext stellen Zwangsabtreibung und Zwangsverhütung einen Eingriff und Verstoß gegen sexuelle und reproduktive Rechte der Frauen dar – gehören gar zu den Verletzungen der Menschenrechte. Auf der vierten Weltfrauenkonferenz in Beijing (1995) wurde erstmals diesbezüglich festgehalten: »*The human rights of women include their right to have control over and decide freely and responsibly on matters related to their sexuality, including sexual and reproductive health, free of coercion, discrimination and violence.*« (Beijing Aktionsplattform, Paragraph 96, zit. nach AI 2004: 47).

Nach diesen Ausführungen bezüglich Intimität und Körper, kann die Schlussfolgerung gezogen werden, dass Kämpferinnen innerhalb der Guerilla nicht das Recht bzw. die Möglichkeit haben, ihre vollen Rechte auszuleben und teilweise mit diskriminierenden Praktiken aufgrund ihres Geschlechts konfrontiert sind. Jene hier dargestellten Aspekte bezüglich Gewalt gegen Frauen, Sexualität bzw. Schwangerschaft zeichnen das Bild einer Benachteiligung und Diskriminierung und keiner Geschlechtergerechtigkeit bzw. -gleichheit. Somit muss eine teilweise negative Bilanz gezogen werden.

Abschließend hier nochmals die unterschiedlichen Kriterien bzw. Indikatoren für sexuelle Rechte. Konkret beinhalten diese: »*(...) the right of all persons, free of coercion, discrimination and violence, to the highest attainable standard of health in relation to sexuality, including access to sexual and reproduktive health care services; seek, receive and impart information in relation to sexuality; sexuality education; respect for bodily integrity; choice of partner; freedom to decide to be sexually active or not; consensual sexual relations; consensual marriage; freedom to decide whether or not, and when to have children; and freedom to pursue a satisfying, safe and pleasurable sex life.*« (AI 2004: 48) Innerhalb der Guerilla treffen einige dieser Aspekte nicht zu; Kämpferinnen dieser bewaffneten Organisationen werden somit in einem ihrer elementaren Rechte behindert und eingeschränkt.

EXKURS: FRAUEN BEI DEN PARAMILITÄRS

Nachdem ausführlich die Situation der Frauen innerhalb der beiden Guerilla-Organisationen dargestellt und analysiert wurde, soll ein kurzer Exkurs den diesbezüglichen Vergleich bei den Paramilitärs illustrieren. Das Bild von Frauen bei den Paramilitärs ist verschwommen und unvollständig, es existieren kaum Daten bzw. Informationen über weibliche Paramilitärs[128]. Die Forscherinnen Londoño/Nieto sprechen in diesem Zusammenhang von einer »(...) *besonders unsichtbaren Bevölkerung*« (Londoño/Nieto 2006: 117)[129]; Frauen bei den Paramilitärs stellen die großen »Unsichtbaren« im kolumbianischen Konflikt dar. Auch im Zuge dieser Forschung konnte nur ein Interview mit einer ehemaligen Kämpferin geführt werden, weshalb keine gleichwertige Interpretation wie bei der Guerilla durchgeführt werden konnte. Nichtsdestotrotz ist es – vor allem hinsichtlich der marginalen Informationen – aufschlussreich, in skizzenhafter Form ein Bild über die Situation von Frauen bei den Paramilitärs zu zeichnen.

Frauen werden von den Paramilitärs in markant geringerem Ausmaß als bei der Guerilla rekrutiert bzw. in ihre Reihen integriert. Dies gründet auf der generellen politisch-ideologischen Haltung der Paramilitärs, welche einem rechten reaktionären Kurs zuzuordnen ist. Auch die Interviewpartnerin, welche bei den Paramilitärs war, spricht in ihren Ausführungen diesen Aspekt an.

Im Unterschied zur Guerilla gibt es bei den *Autodefensas* sehr wenige Frauen. Vielleicht wegen der Ideologie ... wegen den Prinzipien, welche beide Gruppierungen unterscheiden, waren wir sehr wenige Frauen. (Victoria)

Die Ideologie und die Prinzipien der jeweiligen Gruppierungen spielen eine zentrale Rolle bei der Fragestellung nach Geschlechtergleichheit, Geschlechtergerechtigkeit und genderspezifischer Diskriminierung. Wie konkret drückt sich jedoch diese ideologische Differenz aus? Worin manifestiert sie sich? Londoño/Nieto weisen darauf hin: »(...) *verbunden mit ihrem konservativen rechten Projekt, begünstigt die paramilitärische Ideologie patriarchales Benehmen und Verhalten der Kontrolle und Herrschaft über die Frauen, wie beispielsweise den Eingriff in ihren Körper und ihr alltägliches Leben.*« (Londoño/Nieto 2006: 231). Wie dies in der Praxis ausschaut, soll anhand einer Beschreibung der Interviewpartnerin über die Situation und Konzeption von Frauen bei den Paramilitärs illustriert werden.

---

128 Drei Studien haben bereits Interviews mit ehemaligen Kämpferinnen der Paramilitärs wiedergegeben (Otero Bahamón 2006; Cárdenas Sarrias 2005; Londoño/Nieto 2006). Diese werden in Folge auch hier zur Unterstützung herangezogen.

129 Obwohl ihre Existenz bekannt ist, ist über ihre Situation innerhalb der Gruppierung wenig bekannt. Es ist schwer an sie persönlich heranzukommen, weiters gehen sie in der Öffentlichkeit und auch den Demobilisierungsprogrammen – mehr noch als Kämpferinnen der Guerilla – unter (Londoño/Nieto 2006: 117).

Also ich werde dir eine Sache sagen, schau. Nehmen wir mal an: von zehn
Frauen, welche den *Autodefensas* beitreten, kann ich dir sagen – sieben kommen, sind Prostituierte, welche ihre Dienste den Kommandanten anbieten. Wo
der Kommandant sich dann verliebt, unter Anführungszeichen, und sie hier behält. Er behält sie für sich, gibt ihr eine Uniform. Doch diese Mädchen müssen
nie Wache halten, müssen nie Holz holen, müssen nie kochen. Sie sind n i e
in einem Kampf. ... Sieben, nicht? Die anderen drei haben schon militärische
Ausbildung bekommen. Das sind Mädchen, die sie mit zehn Jahren aus den
Häusern holen, aus den *fincas*, und sie ausbilden. (Victoria)

Diesen Ausführungen zufolge werden Frauen bei den Paramilitärs vielmehr zu sexuellen
Diensten als als reale Kämpferinnen rekrutiert, nur ein geringer Prozentsatz fungiert
als Kämpferin. Paramilitär-Frauen werden als Sexualobjekte gesehen und gehandhabt,
das Bild bzw. Konzept von Frauen als »gleichwertigen« Kämpferinnen ist weniger verbreitet. Jene Tendenz stimmt überein mit Interviews anderer ehemaliger Frauen bei den
Paramilitärs. Diese weisen darauf hin, dass innerhalb der bewaffneten Organisation
Frauen großteils auf ihre traditionellen Rollen beschränkt bleiben – ausgedrückt vor
allem durch die Beschränkung auf Haushaltstätigkeiten sowie durch den Ausschluss aus
Kampfhandlungen (Otero Bahamón 2006a: 55). Anderweitige Hinweise untermauern
dieses Bild der traditionellen Geschlechterkonzeptionen der Paramilitärs. So berichtet
beispielsweise die Menschenrechtsorganisation AI in ihrem Bericht der Jahres 2004 von
Fällen, in welchen Mädchen zum Zwecke der Verrichtung von Haushaltstätigkeiten
von Paramilitärs entführt bzw. zwangsrekrutiert wurden. Ein Informant beschreibt das
Phänomen folgendermaßen: »*They [the paramilitaries] take them away for a week at a
time. They force them to do the washing for several men. One women was forced to wash
clothes for 20 men (...).*« (AI 2004: 27). Aus diesen Ausführungen kann geschlossen
werden, dass bei den Paramilitärs ein traditionell konservatives Frauenbild vorherrscht,
welches Frauen wiederum in den privaten, intimen Bereich drängt.

Traditionelle Geschlechterstereotype werden von den Paramilitärs nicht bekämpft, im
Gegenteil, sie werden weiter verschärft und reproduziert. Somit führt diese bewaffnete
Organisation die innerhalb der patriarchalen Gesellschaft vorhandenen Schemata weiter.
Hier lässt sich ein markanter Unterschied zu der Guerilla bzw. den *Guerilleras* ausmachen.
Wie illustriert, herrscht bei der Guerilla – zumindest auf theoretisch-ideologischer Ebene
– ein progressiver Ansatz, welcher Frauen aus ihrer traditionellen Rolle ausbrechen und
(mehr oder weniger) gleichberechtigt agieren lässt[130]. Die Interviewpartnerin weist im
Laufe des Gesprächs auch auf diesen Aspekt hin.

---

130   Dass diese Gleichberechtigung in der Praxis nicht immer zutrifft bzw. real auch negative Konsequenzen
      für die jeweiligen Kämpferinnen haben kann, wurde bereits zur Genüge ausgeführt. Es erscheint nichts-
      destotrotz von Relevanz, den prinzipiellen Ansatz im Gegensatz zu den Paramilitärs hervorzustreichen.

Aber ich zum Beispiel, ich, die ich dort [bei den Paramilitärs; Anm.: MH] war, ich sage: ich ziehe den Hut vor den Guerilleras. Weil sie bekommen schon richtige militärische Ausbildung, wie es sich gehört. Weil sie halten schon Wache, kochen. Sei es die Frau von wem auch immer, und sei es egal welche Frau – sie muss schon im Kampf sein. Aber die Frauen der *Autodefensas* eher wenig, auf militärischer Ebene nicht. Sie werden eher nicht so sehr für den militärischen Teil verwendet, sondern als die Frauen der Kommandanten und aus. Da sind die Aufgaben mehr aufgeteilt. (Victoria)

Diese Passage illustriert die bei den Paramilitärs vorhandene klassische geschlechtsspezifische Arbeitsteilung bzw. das vorherrschende traditionelle Frauenbild. Im Gegensatz zu Frauen bei der Guerilla, welche aktiv an Kampfhandlungen beteiligt sind und dieselben Tätigkeiten verrichten, werden paramilitärische Frauen vor allem auf den Aspekt des Intimen bzw. auf ihre Rolle als Sexualobjekt beschränkt.

In Bezug auf diese beobachtete »Verwendung« von Frauen zu sexuellen Diensten lässt sich folgendes Bild zeichnen: Gemäß diesen Ausführungen findet dieses Phänomen auf zweierlei Ebenen statt. Auf der einen Seite werden teilweise Sexarbeiterinnen (gezwungenermaßen) bei den Paramilitärs behalten und als Frau oder Freundin eines Kommandanten ge- bzw. missbraucht. Diesbezüglich lassen sich weitere Hinweise finden, welche dieses Phänomen der Zwangsrekrutierung von Sexarbeiterinnen illustrieren. Laut Angaben der Tageszeitung *El Tiempo* vom 6. August 2007 beispielsweise wurden im Putumayo, einem südlichen Landesteil Kolumbiens, *»Prostituierte von Paramilitärs entführt und Missbrauch ausgesetzt.«* (Mesa Mujer y Conflicto Armado 2007: 25). Die Interviewpartnerin beschreibt jedoch in Bezug auf die sexuellen Praktiken innerhalb der Paramilitärs noch ein anderes Phänomen. Sie skizziert das Bild einer generell hohen Promiskuität bei den AUC und einer offenen »freien« Ausübung der Sexualität. Die restlichen Frauen bei den Paramilitärs, welche als »normale« Kämpferinnen fungieren, zeichnen sich durch einen sehr aktiven Sexualverkehr aus.

Als ich gekommen bin, gab es drei [Kämpferinnen; Anm.: MH]. Von diesen drei haben sie zwei in Kämpfen getötet. Und die andere – sie nannten sie die *Piraña*, sie war achtzehn Jahre, kam aus U. Sie war eine Frau, welche seit dem Alter von neun Jahren bei den *Autodefensas* war. Aber schau – diese Frau hat sich mit der ganzen Welt hingelegt, mit der ganzen Welt hat sie es gemacht und jeden, mit dem sie es machte, hat sie in ein Heft notiert. Ich habe 500 Männer gezählt. (Victoria)

Dieses Phänomen der »freien« Sexualität muss – wie auch bei der Analyse der Guerilla – tiefgründiger eruiert und hinterfragt werden. Entpuppt sich dies in der Realität als sexistisch-diskriminierendes Element, vielmehr als emanzipatorische »freie« Sexualität?

Gerade bei einer Rekrutierung junger Mädchen (im Beispiel neun Jahre) spielt der Faktor der Sozialisation innerhalb der Gruppierung eine wesentliche Rolle, der Großteil der Sozialisation findet im Kontext dieser bewaffneten Organisation statt. Wiederum auf den Aspekt von Zwang versus Freiwilligkeit angesprochen, erläutert die Interviewpartnerin folgendes:

> Ja. Ja, es gab Male, wo sie gezwungen wurden. Also vielleicht gezwungen, so richtig gezwungen, gab es fast nicht. Es war so, dass der Kommandant zu einer Siedlung kam, sie sahen ein Mädchen von dreizehn Jahren, von zwölf Jahren, haben ihr die Ohren heiß geredet, haben sie mitgenommen, haben sie flach gelegt, haben sie bei sich behalten und sie hat dann schon angefangen – mit dem einem, mit dem anderen, mit dem einen, mit dem anderen. (Victoria)

Dieses Interviewfragment zeichnet ein ziemlich genaues Bild jenes Phänomens. Hier wird zwar zuerst der Aspekt von Zwang angesprochen, um dann jedoch in die Skizzierung einer anderweitigen Praxis umzuschlagen. Obgleich real kein Zwang angewendet wird (bzw. werden muss), wird das Ziel der sexuellen Ausbeutung über andere (leichtere) Methoden erreicht. Somit muss in diesem Kontext auch von einer Rekrutierung zu sexuellen Diensten gesprochen werden. Direkter Zwang bzw. Druck[131] wird nicht mehr benötigt. Die jeweilige Person wurde so sozialisiert, wodurch sich jene Praxis für sie in »Normalität« umwandelt. Untermauern lässt sich diese Darstellung wiederum durch Berichte, welche die Zwangsrekrutierung junger Mädchen als sexuelle Sklavinnen bzw. zum Zwecke (sexueller) Beziehungen mit Kommandanten aufzeigen (AI 2004: 26f; CIDH 2006: 36).

Das in Bezug auf die Rolle von Frauen bei den Paramilitärs skizzierte Bild einer traditionellen und konservativen Sichtweise lässt sich anhand der weitergehenden Auseinandersetzung mit der Fragestellung nach Sexualität innerhalb dieser bewaffneten Organisation bestätigen. Einzelne Beispiele der Interviewpartnerin weisen in die Richtung eines respektlosen, repressiven und teilweise gewalttätigen Umgangs mit Frauen. So erwähnt sie Erlebnisse, bei welchen Kämpfer vor den Augen aller anderen Personen mit einer Sexarbeiterin Sexualverkehr hatten. Diese Hinweise lassen den Schluss einer extrem männlich-dominanten und frauendiskriminierenden bzw. unterwerfenden Praxis der Sexualität innerhalb der Paramilitärs zu.

Das Leben innerhalb der Paramilitärs ist geprägt von teilweise brutalen Methoden und Praktiken. Aus einem Genderfokus betrachtet, ergibt sich diesbezüglich ein noch diskriminierenderes Bild, wonach Frauen bei den *Paras* aufgrund ihres Geschlechts zu-

---

131   Auf die Existenz von direktem Zwang und Druck weist die Aussage einer anderen ehemaligen Paramilitär-Frau hin. Sie erläutert ihr Erlebnis mit einem Kommandanten, welcher sie mit Drohungen – bis hin zu physischer Gewaltanwendung – zwang, seine Frau zu sein (Cárdenas Sarrias 2005: 247).

sätzlich von Gewalt betroffen sind. Die Anwendung von physischer und sexueller Gewalt gegen Frauen ist bei den Paramilitärs ein weit verbreiteteres Phänomen als bei der Guerilla, wo eher Einzelfälle überliefert sind. Dies untermauert die angesprochene traditionelle und konservative Geschlechterkonzeption innerhalb der Paramilitärs. Die Interviewpartnerin der Paramilitärs schildert eines der diesbezüglichen – extrem brutalen – Erlebnisse.

Also wenn sie den Paramilitärs den Lohn zahlten, so bestanden die Feste von ihnen darin, Alkohol und Prostituierte zu besorgen. Ich erinnere mich so sehr, dass sie unter diesen Prostituierten eine ... – also sie haben ungefähr zehn Prostituierte geholt und unter ihnen eine Caleña, eine s e h r schöne Frau – also ein schöner Körper, ein schönes Gesicht. Diese Frau, dieses Mädchen hat dann die ganze Nacht gearbeitet und sich so ungefähr zwei Millionen Pesos verdient. In der Früh hat sie dann den Kommandanten um Erlaubnis gebeten, zum nächsten Dorf zu gehen um mehr Kondome zu holen, weil sie ihr ausgegangen waren. Der Kommandant hat ihr die Erlaubnis gegeben. Die anderen Freundinnen, als sie weg war, gehen und sagen dem Kommandanten, dass diese Frau eine Unterstützerin der Guerilla ist und dass sie der Guerilla erzählen wurde, wo wir waren und so. Als das Mädchen zurück kam, haben sie sie angebunden, sie geschlagen – und sie sagte, sie sei keine Unterstützerin der Guerilla, sie sei nur eine Prostituierte, die für ihre Kinder arbeitet, aber dass sie nichts mit der Guerilla zu tun habe. Das hat aber alles nichts geholfen. [Und weiter mit gebrochener Stimme] Ungefähr zu siebt haben sie sie vergewaltigt, dort vor den Augen aller, und nachdem sie sie vergewaltigt haben, haben sie sie geköpft. ... Und trotz all dem hat sich diese Frau die Hände hier an den Hals gelegt und gesagt: ›meine Kinder, meine Kinder‹. ... Und so ist sie liegen geblieben. ... Sie haben sie zerstückelt und in den Fluss geschmissen. Ungefähr dreißig Minuten später rufen sie über Funk an und sagen ›Macht dieser Frau nichts, diese Frau hat nichts mit der Guerilla zu tun‹. Doch das war schon zu spät. (Victoria)

Dieses Beispiel illustriert auf extreme Art und Weise die gewalttätige, frauendiskriminierende, brutale Praxis der Paramilitärs. Physische und sexuelle Gewalt gegen Frauen manifestiert sich hier in ihrer schlimmsten Ausprägung durch Massenvergewaltigung. Durch die bisher eruierten und skizzierten Indikatoren lässt sich darauf schließen, dass dies in verbreitetem Ausmaß innerhalb der Paramilitärs vorkommt[132].

---

132   Cárdenas Sarrias weist in seiner Forschung zwar darauf hin, dass auch bei den Paramilitärs auf Vergewaltigung Todesstrafe steht, doch kann dies anhand der hier gesammelten Informationen nicht bestätigt werden (Cárdenas Sarrias 2005: 218).

Weiters kann diese männlich-dominante und gewalttätige Ausübung der Sexualität anhand anderer Beispiele untermauert werden, so sind Vergewaltigungen der Paramilitärs gegen zivile Frauen hinreichend bekannt und dokumentiert. Mesa Conflicto Armado und Mujer in ihrem Bericht des Jahres 2007 hierzu: »*Die Paramilitärs sind seit der Dekade der 90er verantwortlich für sexuelle Gewalt, wie Vergewaltigungen, sexuelle Sklaverei, erzwungene Schwangerschaft und andere Delikte der sexuellen Gewalt gegen eine immer noch unbestimmte Zahl an Frauen*« (Mesa Mujer y Conflicto Armado 2007: 23)[133]. Vergewaltigung erscheint somit nicht als Ausnahme oder Einzelfall, sondern vielmehr als Teil einer systematischen Strategie und Politik der Gewalt gegen Frauen (Londoño/Nieto 2006: 237). Die diesbezügliche Situation von Frauen innerhalb der Paramilitärs ist nicht weiter bekannt (Londoño/Nieto 2006: 238), doch lässt sich aus diesem Beispiel und dem Interview mit der ehemaligen Paramilitär-Frau eine ähnliche Tendenz vermuten.

In Bezug auf Schwangerschaft und Mutterschaft skizziert die Kombattantin eine ähnliche Praxis wie bei der Guerilla. Auch hier gab es die Regel der Abtreibung bei Schwangerschaften – Victoria musste diese als Krankenschwester selber durchführen. Verhütung und Kondome waren teilweise vorhanden, wurden jedoch selten benutzt. Diese Praxis der Abtreibung ist relativ gleich wie jene der Guerilla. Cárdenas Sarrias beschreibt ebenfalls diese Regeln, jedoch einen etwas offeneren und nicht so kontrollierten Umgang damit (Cárdenas Sarrias 2005: 223). Die Studie von Otero Bahamón skizziert hingegen das Bild einer »freien« Mutterschaft und Ausübung der Mutterrolle innerhalb der Paramilitärs. Sie meint diesbezüglich, dass die Paramilitärs die traditionelle »natürliche« Mutterrolle der Frauen nicht verwerfen und Frauen aus diesem Grund die Möglichkeit geben, die Mutterschaft auszuleben (Otero Bahamón 2006a: 58). Sich auf die Möglichkeit der Schwangerschaft innerhalb der AUC beziehend, meint Victoria:

> Nein. Niemals. Weil wir waren mobil. Wir haben uns jeden zweiten Tag in der Nacht bewegt. Und du weißt der Boden, also der Boden von C. ist wirklich sehr schwer zum Gehen. Also nein. Es war nicht möglich. … Vielleicht, die, die es schaffte rauszukommen, durfte nach Hause gehen und tschüß. Aber eigentlich wurde immer die Abtreibung gemacht. (Victoria)

Diese Divergenz kann mit Unterschieden innerhalb der diversen paramilitärischen Einheiten erklärt werden. Beide Phänomene können parallel zueinander vorkommen.

---

133   Auch nach dem bereits skizzierten »Prozess der Demobilisierung« von Paramilitärs lassen sich immer noch Fälle von sexueller Gewalt gegen Frauen ausmachen. Diese werden (aufgrund von Sicherheitsproblemen) nur mehr mangelhaft gemeldet, weshalb keine genauen Daten über die realen Vorkommnisse existieren (Mesa Mujer y Conflicto Armado 2007).

Zusammenfassend kann in Bezug auf die Situation der Frauen bei den Paramilitärs Folgendes festgestellt werden. Es zeichnet sich bei jeder der einzelnen Thematiken ein traditionell-konservatives Bild der Frauen und der Geschlechterrollen ab – diese ideologische Basis zieht sich wie ein roter Faden durch die Ausführungen. Frauen werden, auch wenn sie in die paramilitärischen Reihen integriert werden, nicht im Rahmen einer emanzipatorischen oder progressiven Haltung gesehen. Vielmehr müssen diese dort wiederum traditionell geschlechtsspezifische Tätigkeiten verrichten und sind Unterdrückung und Diskriminierungen ausgesetzt. Somit bedeutet in dieser bewaffneten Organisation die Rolle als Kämpferin keine Aufweichung geschlechtsspezifischer Stereotype, diese werden im Gegenteil dort reproduziert und perpetuiert. Was dies konkret für Frauen innerhalb der Paramilitärs bedeutet und wie sie diese Situation erleben, bedürfte weiterer Erforschung und Analyse.

3. Die Rückkehr in das zivile Leben

Die Fragestellung nach einer potentiellen Aufweichung der geschlechtsspezifischen Rollenstereotype durch die weibliche Beteiligung am bewaffneten Kampf kann ohne die Analyse der Zeit nach dem Austritt aus den bewaffneten Organisationen nicht zur Gänze beantwortet werden. Diese ist aufgrund zweierlei Ebenen von Relevanz: auf der einen Seite steht die Frage nach strukturellen und gesellschaftlichen Prozessen. Wie wird seitens der »Aufnahmegesellschaft« mit demobilisierten KämpferInnen – und hierbei Frauen im speziellen – umgegangen? Wird seitens des Regierungsprogrammes geschlechtssensibel agiert? Der zweite wesentliche Aspekt betrifft die persönlichen subjektiven Transformationen und Brüche, mit welchen sich demobilisierte Frauen konfrontiert sehen. Was bedeutet der Austritt aus den jeweiligen bewaffneten Organisationen und der Wiedereintritt in das zivile Leben persönlich für sie? Wie bilanzieren sie rückblickend ihre Zeit innerhalb der bewaffneten Organisationen? Können eventuelle Gewinne aus der Zeit im bewaffneten Kampf ausgelebt werden oder findet auch hier die erwähnte Rückkehr in die »Normalität« und traditionelle Geschlechterrollen statt? Nachdem während der Phase der Demobilisierung und Reintegration kein signifikanter Unterschied zwischen den Erfahrungen und Erlebnissen der diversen bewaffneten Organisationen ausgemacht werden konnte, werden in Folge sowohl Guerilla als auch Paramilitärs gemeinsam analysiert. Vordergründig dreht es sich nicht mehr um die bewaffneten Gruppierungen an sich, sondern vielmehr um die »Aufnahmegesellschaft« und ihren Einfluss auf die Frage einer Aufweichung der Geschlechterrollen durch die Partizipation am bewaffneten Kampf.

3.1. geschlechtsspezifische Gründe für den Austritt?

Der Austritt aus den bewaffneten Gruppierungen deckt ein relativ breites Spektrum an Motivationen und Ursachen ab. Unterschieden werden muss an erster Stelle zwischen freiwilligen Austritten – also Desertion – und unfreiwilligen Austritten aufgrund von Gefangennahme oder ähnlichem. Unter den interviewten Frauen schildert eine den letzten Bereich. Sie wurde bei einer militärischen Aktion mit ihrer Kompanie vom Militär erwischt und eingekreist, der Großteil der Guerilleros und Guerilleras sind gefallen. Nur die Interviewpartnerin selbst und ein paar weitere Kämpferinnen konnten entwischen. Nach einigen Tagen Versteck und Flucht wurden sie schließlich entdeckt und mussten sich dem Militär stellen. In ihren Ausführungen betont die Interviewpartnerin diesen unfreiwilligen Grund für die Demobilisierung, sie persönlich wollte nicht aus der Guerilla austreten, wäre von sich aus noch länger dort geblieben. Hier haben gegenüber negativen Aspekten innerhalb der Guerilla überwogen, möglicherweise erklärbar auch mit der vergleichsweise kürzeren aktiven Zeit[134].

Die anderen interviewten Frauen sind auf freiwilliger Basis aus der bewaffneten Gruppierung ausgetreten – also desertiert. Beim Eintritt in die jeweiligen bewaffneten Gruppierungen wird eine Verpflichtung auf Lebenszeit eingegangen, Austritt ist laut den internen Regeln nicht erlaubt. Somit bleibt als alleiniger Ausweg die Desertion, wobei hierauf die höchste Strafe – Todesstrafe – steht. Alle interviewten ehemaligen Kämpferinnen haben eine große Hürde auf sich genommen, bei der Entscheidung die bewaffnete Gruppierung zu verlassen.

> Dort blieb ich so dann zwei Jahre, bis ich vor einem Jahr, im Juni, flüchtete. Nicht dass sie mich gehen lassen hätten: ich bin desertiert. Ich glaube, wenn ich ihnen mit meiner Bitte, weggehen zu dürfen, lange in den Ohren gelegen wäre, hätten sie mich eher umgelegt als gehen lassen. (Victoria)

Dies zeigt die potentiellen Konsequenzen bei der Entscheidung, die bewaffnete Gruppierung zu verlassen. Gründe und Motivationen, dennoch diesen Schritt zu tätigen, variieren unter den interviewten Frauen. Diese Interviewpartnerin wurde von den Paramilitärs zwangsrekrutiert, weshalb sie de facto seit ihrem Eintritt nach Möglichkeiten suchte, um wieder zu entkommen. Bei der ersten Chance hat sie diese wahrgenommen und ist desertiert.

Eine andere ehemalige Kämpferin (Martha) gibt sowohl gesundheitliche Beschwerden als auch den Wunsch des Beisammenseins mit ihren Kindern[135] als ausschlaggebende

---

134 Diese Kämpferin war im Vergleich mit den anderen interviewten Frauen am kürzesten innerhalb des bewaffneten Kampfes aktiv. So war sie »nur« drei Jahre, während die Zeitspanne der restlichen Interviewpartnerinnen zwischen fünf und neun Jahren betrug.

135 Martha war Kämpferin der ELN, in welcher im Gegensatz zur FARC Kinder zum Teil erlaubt wurden.

Gründe für die Desertion an. Die Präsenz zweier Kinder verstärkt zusätzlich zu anderen Aspekten den Drang, ein anderes Leben zu führen.

> Naja, wegen der Krankheit. Und dann ist es ja auch so, dass sich viel für einen verändert, wenn man Kinder hat. Man hätte doch kein Herz, wenn man die Kinder einfach zurücklassen wollte. Ja, es kam der Moment, wo ich einfach nicht mehr wollte. Dazu kommen dann noch andere Sachen, weshalb man nicht mehr will, aber da beißt man halt die Zähne zusammen. Doch die Geschichte mit den Kindern und dann das mit der Krankheit, das hat mir gereicht, da wollte ich dann nicht mehr. (Martha)

An dieser Stelle kann eine Beziehung zu dem Aspekt der Mutterschaft innerhalb der Guerilla hergestellt werden. Das von der Guerilla getätigte Argument der erhöhten Gefahr der Desertion aufgrund von Mutterschaft lässt sich hier bestätigen. Einzelne Opfer und Nachteile werden seitens der Kämpferin in Kauf genommen, die Präsenz eines Kindes ist jedoch der ausschlaggebende Grund zur Flucht. Der Wunsch, bei den Kindern zu sein, ist dementsprechend größer, »weil wenn du erstmal Kinder hast, möchtest du vor allem mit ihnen sein« (Martha). Dieses Phänomen des Austrittes aus der bewaffneten Gruppierung aufgrund von Mutterschaft lässt sich durch anderweitige Informationen untermauern, Otero Bahamón skizziert in ihrer Diplomarbeit das selbe Phänomen (Otero Bahamón 2006a: 73). Somit kann aus einer strukturell militärisch-organisatorischen Perspektive der bewaffneten Gruppierungen die Angst vor dem Verlust der Kämpferinnen aufgrund von Mutterschaft nachvollzogen – nicht jedoch legitimiert – werden.

Dieser Tendenz gegenübersteht die Tatsache des Austrittes aus der FARC aufgrund des konträren Phänomens – des Verbotes von Mutterschaft, aufgrund der verpflichtenden Zwangsabtreibung. Eine Ex-Kämpferin erwähnt diesbezügliche Gründe, sie wollte gemeinsam mit einer schwangeren Freundin desertieren.

> Nach einiger Zeit wurde das Mädchen schwanger. Und ich sagte: ›Oh wie schön, nur nicht abtreiben, das ist ...‹ – und ich erzählte ihr von meinem schrecklichen Trauma. Und so fassten wir den Entschluss, zu flüchten. Allein wäre ich nicht abgehauen, da habe ich gar nicht daran gedacht. (Isabel)

Diese Ausführungen illustrieren die Tatsache der Desertion aufgrund von Schwangerschaft und dem Wunsch nach Mutterschaft. Den Darstellungen folgend, treten Kämpferinnen bei beiden Varianten gleichermaßen aus – beim Gewähren von Mutterschaft seitens der Organisationen als auch bei deren Verbot. Die Unterdrückung jenes Aspektes der Mutterschaft bewegt in beide Richtungen Kämpferinnen zum Austritt. So schreibt auch IOM in ihrem Bericht ähnliches: »(...) *die Motivation von Frauen, aus der Gruppe auszutreten, ist stark mit der Mutterschaft verbunden, entweder weil unterdrückt oder erzwungen.*« (IOM 2006: 35). Vor diesem Hintergrund wäre es, wie bereits analysiert, wesentlich Kämpferinnen das Recht zu gewähren, bei einem Kinderwunsch diesen in aller Freiheit ausleben zu dürfen und autonom über diesen intimen Bereich des Körpers entscheiden zu können.

Die drei restlichen Interviewpartnerinnen liefern in ihren Ausführungen Hinweise auf den Wunsch nach Veränderung bzw. nach einem anderen Leben als Motivation zum Austritt. Alle drei machen Anspielungen darauf, dass sie schon (zu) lange in den bewaffneten Gruppierungen waren und nach dieser Erfahrung etwas anderes, neues machen wollten.

> Da fasste ich also den Entschluss, wegzugehen. Ich sagte mir, das ist nichts mehr für mich, ich muss ein anderes Leben führen. (Veronica)

> Dann begann alles wieder aufzuleben – alle diese Illusionen, die schon stumpf geworden waren. Sie sagte zu mir: ›Wieso laufen wir denn nicht beide davon? Schau, wir haben die Möglichkeit, zu arbeiten, zu studieren.‹ Ich wollte immer studieren, Medizin studieren, ganz ernsthaft. Und ich sagte ihr: ›Gut, in Ordnung, wie toll.‹ (Isabel)

Wünsche und Illusionen nach einem anderen Leben entpuppen sich als ausschlaggebende Elemente zum Austritt. Diese Aspekte markieren keinen konkreten Anlass, spiegeln vielmehr einen diffusen Wunsch nach Veränderung und Transformation wider. Die Ursachen, welche dieses Gefühl in den entscheidenden Schritt zur Desertion umschlagen haben lassen, variieren untereinander. Bei der Forschung zur demobilisierten Bevölkerung in Bogotá gaben insgesamt zumindest 6 %[136] die Kategorie »ein neues Leben anfangen« als ausschlaggebendes Kriterium zur Demobilisierung an (Alcaldía de Bogotá 2006: 35). Auch eine Kämpferin, welche als Ursache des Austrittes die Mutterschaft angibt, erwähnt ein längeres Gefühl des Unbehagens und der Veränderung, welches sich durch den Wunsch, beim Kind zu sein, in Handeln umwandelt. Alle diese Kämpferinnen haben eine Zeitspanne zwischen sechs und neun Jahren in der bewaffneten Gruppierung verbracht, ein vergleichsweise langer Zeitraum. Demgegenüber steht die Aussage von Ana, welche »erst« drei Jahre in der Guerilla verbracht hat und keinen diesbezüglichen Wunsch äußert. Somit kann die Zeitspanne innerhalb der bewaffneten Gruppierungen als ein potentieller Faktor zum Austritt gesehen werden. Je länger der Aufenthalt im bewaffneten Kampf, umso stärker wird der Wunsch nach etwas »neuem«.

Bedeutsam ist in diesem Zusammenhang wiederum die Tatsache, dass vor allem wesentliche Jahre der Kindheit und Jugend innerhalb der bewaffneten Gruppierungen verbracht wurden. Dies verstärkt die Tendenz, wonach beim Eintritt in das »Erwachsenenalter« der Wunsch nach Veränderung und Transformationen stärker ausgeprägt wird. In der Forschung von Silvia Otero Bahamón lassen sich ähnliche Hinweise entdecken

---

136   Nach bewaffneter Organisation segregiert teilt sich dieser Prozentsatz folgendermaßen auf: 8 % FARC, 8 % ELN und 4 % AUC (Alcaldía de Bogotá 2006: 35).

– auch hier wird seitens der Interviewpartnerinnen die lange Zeit in der Gruppe und die damit verbundene »Müdigkeit« als Motiv zum Austritt erwähnt. Daraus zieht Otero Bahamón den Schluss, dass sich der Austritt meistens dann vollzieht, wenn die Kosten der Aktivität innerhalb der bewaffneten Gruppierungen die Gewinne übertreffen. Positive Elemente werden im Laufe der Zeit von den negativen Aspekten überholt und liefern dann – bei einem punktuellen Ereignis oder gegebenen Moment – den Entschluss zum Verlassen der jeweiligen Organisation (Otero Bahamón 2006a: 74).

Diese Tatsache kann m. E. Rückschlüsse auf die ideologische Überzeugung der jeweiligen Kämpferinnen liefern. So zeichnet eine ideologisch fundierte und überzeugte Guerillera[137] das Bild des tiefen politischen Bewusstseins, welches die zu erbringenden »Opfer« im bewaffneten Kampf relativiert und ertragbarer macht. *»Man macht alles gern, weil man weiß, dass sich dieses Opfer später in einen Triumph verwandelt, den Triumph der Revolution.«* (Video La Guerrillera). Die Überzeugung von einem Erfolg und einer »Belohnung« der Mühen ist der Antrieb, welcher die Nachteile und Lasten des Lebens innerhalb der Guerilla ertragbarer werden lässt. Beim Wegfall bzw. nicht so ausgeprägtem Vorhandensein einer solchen ideologisch und politisch gefestigten Überzeugung scheint es nachvollziehbar, dass negative Elemente in der bewaffneten Gruppierung und der Wunsch nach einem anderen Leben mehr ins Gewicht fallen. Hier kann wiederum auf die erwähnte These der Depolitisierung des Konflikts verwiesen werden. Bei geringer bzw. mangelnder ideologischer Motivation und Überzeugung zum Eintritt in die jeweilige Gruppierung scheint das Fehlen dieses »realen« Grundes den Ausstieg zu legitimieren bzw. »erleichtern«. Es muss jedoch darauf verwiesen werden, dass dies nicht generalisierbar ist. Obgleich eine mangelnde ideologische Motivation in den Aussagen der demobilisierten KämpferInnen eruiert werden kann, können keine Rückschlüsse auf die gesamte Gruppe der KämpferInnen gezogen werden, da die noch in den diversen Gruppierungen verbleibenden Personen nicht berücksichtigt werden können (Londoño/Nieto 2006: 57).

In Bezug auf das Ziel der Arbeit, geschlechtsspezifische Aspekte der Präsenz von Frauen innerhalb der bewaffneten Gruppierungen herauszuarbeiten, bleibt zu erwähnen, dass diese sich auch bei den Gründen für die Abgabe der Waffen widerspiegeln. Der speziell Kämpferinnen betreffende Aspekt der Schwangerschaft und Mutterschaft zieht sich wie ein roter Faden durch die Etappe der Beteiligung am bewaffneten Kampf – die Problematik rund um das Gewähren der Schwangerschaft in

---

137 Folgende Aussagen wurden entnommen aus einem Video mit der Guerillera Lucero Palmera, der Partnerin von Simón Trinidad, einem der obersten Guerillaführer der FARC. Sie vermittelt das Bild einer ideologisch und politisch überzeugten Guerillera, da sie im Verlauf des Interviews mit Nachdruck auf die Wichtigkeit und Präsenz des politischen Bewusstseins bzw. der Ideologie innerhalb der FARC verweist (Video La Guerrillera).

den bewaffneten Gruppierungen beeinflusst auch die Entscheidung zum definitiven Austritt aus diesen.

Ungeachtet der diversen unterschiedlichen Motivationen zum Verlassen der bewaffneten Gruppierungen muss darauf verwiesen werden, dass die Form und der Grund des Austrittes den Prozess der Demobilisierung und Reintegration in das zivile Leben beeinflussen. Mehr dazu im nächsten Kapitel.

3.2. Der DDR-Prozess als besonderes Hindernis für Kämpferinnen

Der folgende Themenkomplex fokussiert auf den zeitlichen Bereich der Reintegration, der Wiedereingliederung in das zivile Leben ehemaliger Kämpferinnen. Die hier getätigten Aussagen können teilweise auf die gesamte demobilisierte Bevölkerung an sich umgelegt werden, wirken sich jedoch verschärft auf ehemalige Kämpferinnen aus. Vor allem der erste Bereich rund um die Problematik der Sicherheit scheint keinen explizit »gegenderten« Inhalt zu haben. »Neutrale« Aspekte aus einer Genderperspektive zu betrachten, bedeutet jedoch, geschlechtsspezifische Hintergründe zu eruieren, gegebene Tatsachen zu reflektieren und mögliche Auswirkungen für die Genus-Gruppe zu analysieren.

Zum Verständnis des folgenden Themenkomplexes ist es wichtig, nochmals auf den spezifischen Kontext der Reintegration in Kolumbien zu verweisen. Die dargestellten Aspekte der Reintegration in das zivile Leben können nicht abgetrennt vom gesamtgesellschaftlichen Kontext des kolumbianischen Konflikts betrachtet werden. Wie bereits skizziert, befindet sich Kolumbien trotz bestehender Prozesse der Demobilisierung immer noch im Krieg. Der bewaffnete Konflikt geht in all seiner Schärfe weiter, während parallel dazu einzelne KämpferInnen aus den bewaffneten Gruppierungen austreten und in das zivile Leben zurückkehren. Diese individuellen Demobilisierungen haben durch das gleichzeitige Fortbestehen des Konflikts mit negativen Konsequenzen zu rechnen.

3.2.1. DER WEG IN DIE ISOLATION UND UNSICHTBARKEIT

Allen Ausführungen der Reintegration liegt die Sicherheitsproblematik für die jeweiligen demobilisierten Personen als konstituierender Faktor zugrunde. Fast alle Interviewpartnerinnen sind aus den bewaffneten Gruppierungen desertiert. Auf Desertion steht seitens der bewaffneten Gruppierungen Todesstrafe, diese stellt aus Sicht der Organisationen eines der schlimmsten Vergehen dar. Durch die potentiell mögliche Informationsweitergabe bzw. rein aufgrund der Bestrafung werden Demobilisierte von ihren jeweiligen bewaffneten Gruppierungen im zivilen Leben verfolgt und bedroht[138]. Aufgrund dieser speziellen Umstände sehen sich viele Ex-Kämpferinnen mit permanenten Sicherheitsproblemen und Angst konfrontiert. Alle Interviewpartnerinnen schildern in ihren Ausführungen die Situation und ihre damit verbundenen Gefühle relativ gleich. Auffallend ist, dass ausschließlich alle interviewten Frauen von sich aus auf dieses Thema zu sprechen gekommen sind. Dies zeugt davon, dass der Aspekt der Sicherheit ein extrem präsentes und relevantes Thema im Alltag der Demobilisierten darstellt.

Konkret wird diese Problematik der Sicherheit an mehreren Faktoren ersichtlich. Als erstes prägendes Element wird der »geographische Bereich« erwähnt. Drei ehemalige Kämpferinnen erwähnen, dass sie nach dem Austritt aus der bewaffneten Organisation nicht in ihre Heimat bzw. ihr Herkunftsdorf zurückgekehrt sind und dass sie in Zukunft auch nicht mehr dorthin zurück können.

> Da ich abgehauen bin, kann ich nicht mehr dorthin zurückkehren. Am Anfang hätten sie [die FARC; Anm.: MH] mich sogar wieder aufgenommen, aber ich ging nicht zurück. Später hieß es dann schon, ich brauche gar nicht mehr zu kommen. (Ana)
>
> Ich kenne sehr wohl den Einfluss der *Autodefensas* im ganzen Land, und ich wusste, dass ich in P. [ihrem Herkunftsort; Anm.: MH] nicht bleiben konnte. (Victoria)

Die jeweilige bewaffnete Gruppierung weiß, woher ihre KämpferInnen stammen. Aus diesem Grund müssen die Kämpferinnen die ehemalige »Heimat« verlassen, da sie dort nicht mehr sicher sind.

Alle interviewten Kämpferinnen mussten nach der Demobilisierung in eine neue Stadt ziehen und dort – allein mit der Unterstützung des Regierungsprogrammes – ein neues Leben anfangen. Bis auf eine Interviewpartnerin sind alle ehemaligen Kämpferinnen im Verlauf ihres Prozesses der Reintegration nach Bogotá, der Hauptstadt Kolumbiens, gezogen. Zahlen bestätigen, dass der Großteil der individuell Demobilisierten nach Bogotá zieht. So sind beispielsweise 2005 von je 100 Demobilisierten 97 nach Bogotá gekommen (Alcaldía de Bogotá 2006: 19). Dies kann aus mehreren Gründen der Fall sein[139], offenbart sich jedoch sicherlich auch vor dem Hintergrund der Sicherheitsproblematik. In größeren Städten besteht mehr Chance auf Anonymität, es ist leichter, sich zu »verstecken« und nicht aufzufallen. Zumindest 4 % der Demobilisierten in Bogotá geben die Anonymität als Vorteil der großen Stadt an (Alcaldía de Bogotá 2006: 39).

---

138   Konkret miterlebt wurde so eine Todesdrohung bei Martha, welche gemeinsam mit ihrem Partner aus dem ELN desertiert ist. Jener Partner hatte einen höheren Rang inne und wird aus diesem Grund mit allen Mitteln – bis hin zum Ausschreiben eines Kopfgeldes – verfolgt.

139   Ein wesentlicher Grund besteht sicherlich auch in den stärker vorhandenen Möglichkeiten und Ressourcen, auch scheint die Unterstützung der Regierung auf die Hauptstadt fokussiert.

Dieses Verwehren der Rückkehr in Orte der Vergangenheit hat nicht nur geographische Veränderungen bzw. Brüche zur Folge. Hand in Hand mit einem möglichen Gefühl der Entwurzelung bedeutet dieses Phänomen, dass keinerlei Rückhalt von familiären oder sonstigen ehemals nahe stehenden Personen gegeben ist. Verglichen mit Prozessen der Demobilisierung und Reintegration der 90er Jahre zeigt sich die Relevanz dieses Aspekts. Ehemalige Kämpferinnen dieser Periode geben an, dass die Rückkehr in ihre Herkunftsorte und zur Familie[140] ein wesentlicher Bestandteil und Aspekt des »Wohlfühlens« bedeutete (Lelièvre Aussel et al. 2004: 204). Die Unterstützung und der Halt der Familie werden als zentraler Faktor für die weitere Lebensentwicklung angesehen (Londoño/Nieto 2006: 137). Vor diesem Hintergrund erscheinen die Auswirkungen des neuen Kontextes für die weiblichen Demobilisierten, welchen eben jener wesentliche Faktor verwehrt wird, nochmals gravierender.

Ein weiteres Element, welcher diesem Gefühl der mangelnden Sicherheit entspringt, betrifft die damit verbundene Angst. Vor allem zwei ehemalige Kämpferinnen sprechen diesen Bereich an.

Schau, angefangen – seit ich von dort weggegangen bin, lebe ich in ständiger Gefahr. Ich weiß, dass mich in irgendeinem Moment irgendwo eine Kugel erreichen kann, und aus ist es mit mir. (Victoria)

Diese Interviewpartnerin stellt die Angst sehr konkret und plastisch dar, indem sie mit der Gewissheit lebt, jederzeit von einer Kugel getroffen werden zu können. Dies reflektiert die permanente Angst und das Leben damit in ihrer extremsten Ausprägung.

Eine weitere Ausführung und Darstellung der gelebten Angst liefert Martha[141].

Wir blieben also und kehrten nicht mehr zurück. Wir sind nicht mehr zurückgekehrt. Schließlich hatten wir Angst. Vielleicht suchten sie einen hier? Deshalb denkt man doppelt darüber nach. Man hat Angst, denn viele Leute sind mit den Programmen [zur Reintegration; Anm.: MH] nicht einverstanden. Aber dort identifizieren sie dich. Und diese Leute kehren dann wieder dorthin [in die bewaffneten Gruppierungen; Anm.: MH] zurück und das macht es dann sehr schwierig. (Martha)

---

140   Laut Angaben eines ehemaligen Mitglieds des M-19 sind von 150 ehemaligen Kämpferinnen, welche an einem nationalen Treffen von Ex-Kombattantinnen teilgenommen haben, 98 % in ihre Herkunftsorte und zu ihrer Familie zurückgekehrt. Dies verdeutlicht die zentrale Bedeutung der familiären Unterstützung für demobilisierte Frauen (Londoño/Nieto 2006: 137).

141   Vollständigkeitshalber muss erwähnt werden, dass in beiden skizzierten Fällen die Sicherheitsprobleme und die Verfolgung besonders schwerwiegend sind. Auf den Partner von Martha wurde ein Kopfgeld ausgesetzt, der Ehemann von Victoria wurde im Zuge ihrer Desertion von den Paramilitärs ermordet. Diese Erfahrungen machen die Stärke und die permanente Präsenz der Angst und Unsicherheit verständlich.

Zuerst weist Martha auf die Angst vor dem Austritt hin, um dann festzustellen, dass sich genau diese Angst bestätigt hat. Speziell wird auf die Schwierigkeiten beim Regierungsprogramm der Reintegration aufmerksam gemacht, da viele Personen aufgrund von Unzufriedenheit mit dem Programm oder generell mit dem zivilen Leben in die bewaffneten Gruppierungen zurückkehren (International Crisis Group 2009: 8). Ein Problem hierbei besteht darin, dass sie die andere demobilisierte Personen identifizieren können und dementsprechend Informationen weiterleiten können. Bei Gesprächen mit anderen Personen wurde diese Angst bestätigt, ebenso wird in der Studie über demobilisierte Personen in Bogotá auf diese Ängste hingewiesen (Alcaldía de Bogotá 2006: 39). IOM skizziert vor diesem Hintergrund, dass vor allem viele ehemalige Kämpferinnen nicht bzw. nur sehr beschränkt ihr Haus verlassen, aus Sorge bzw. Angst um ihr Leben oder das ihrer Kinder (IOM 2006: 46). Diese Phänomene lassen erahnen, unter welch großer Angst und schwierigen Sicherheitslage demobilisierte Kämpferinnen leben müssen und welche Beschränkungen bzw. Hindernisse sich für den Alltag im zivilen Leben dadurch ergeben.

Mit diesem Aspekt der Angst und der unsicheren Lage verbunden ist die Notwendigkeit von Flucht und häufigerem Ortswechsel.

Wir haben jetzt viele Sicherheitsprobleme gehabt. Immer wieder mussten wir umsiedeln. Also, aber gut – irgendwie werden wir schon weiterkommen. (Laura)

Die schwierige Sicherheitslage beeinträchtigt das zivile Leben in enormem Ausmaß. In drei unterschiedlichen Kontexten erwähnt jene Interviewpartnerin das Problem der Sicherheit, worin sich dessen Bedeutung für das gesamte Leben der demobilisierten Personen offenbart.

Damit zusammen hängt die Beschränkung bzw. de facto Verunmöglichung, ein »normales« Familienleben zu führen. Vorweg soll erwähnt werden, dass Laura schon vor dem Eintritt zwei Kinder hatte, welche während ihrer aktiven Beteiligung in der Guerilla bei einer Tante untergebracht waren.

Seit zwei Monaten habe ich sie jetzt schon nicht mehr gesehen, denn sie sind bei ihrem Papa. Eben weil wir auch Probleme mit der Sicherheit hatten. Deswegen haben wir immer wieder den Wohnsitz gewechselt. Deswegen habe ich auch die Kinder nicht bei mir, denn ich möchte nicht, dass sie vielleicht für einen die Rechnung zahlen. So ist es also besser noch eine Zeit lang auszuharren. Nachdem wir nun schon so lange, so viele Jahre ausgeharrt haben. Also besser, ich organisiere zuerst meine Sachen sehr gut und lasse dann die Kinder nachkommen. (Laura)

Diese ehemalige Kämpferin zeigt auf, dass nicht nur das eigene Leben gefährdet ist, sondern sich diese Bedrohung auf das Umfeld und die Familie ausweiten kann. Die Aussage verdeutlicht, wie stark durch die Notwendigkeit des häufigen Umziehens die Verwirklichung eines »geregelten normalen« Lebens verhindert wird.

Als weiteres erschwerendes Element zur Reintegration entpuppt sich die Geheimhaltung der Vergangenheit. Durch die permanente Angst und die allgegenwärtige Präsenz des Konflikts wird es verunmöglicht, offen und ohne Zurückhaltung über die Vergangenheit zu reden. Ana weist auf diesen Aspekt hin.

> Ich rede nie mit jemandem darüber. Niemand hier weiß etwas. So etwas erzählt man nicht leichtfertig herum. Man muss vorsichtig sein, weil wer weiß... Das macht einem schon manchmal Angst. (Ana)

Aus Angst wird sicherheitshalber vorgebeugt. Es könnte immer die Gefahr der Weitergabe von Information bestehen, weshalb es sicherer ist über die Vergangenheit und die vorige Existenz zu schweigen[142]. Dieser Aspekt beeinflusst und beeinträchtigt die Fähigkeit zum Aufbau tiefgründiger sozialer Beziehungen, außer oberflächlicher Kommunikation ist nicht viel möglich.

Alle diese Faktoren tragen in Summe dazu bei, dass die demobilisierten Kämpferinnen im Ausüben eines »normalen« zivilen Lebens und im Prozess der Reintegration eingeschränkt werden. Dies stellt ein spezifisches Charakteristikum im kolumbianischen Kontext und der Realisation des DDR-Prozesses in Kolumbien dar. Diese »Beeinträchtigung« hat sowohl auf persönlicher Ebene für die jeweiligen demobilisierten Personen als auch auf gesamtgesellschaftlicher Ebene negative Auswirkungen auf einen erfolgreichen Prozess der Reintegration. Die ehemaligen Kämpferinnen werden wieder in die Isolation und Unsichtbarkeit gedrängt, nach ihrer Teilhabe am kollektiven »öffentlichen« Terrain der bewaffneten Gruppierungen verschwinden sie zunehmend aus dem öffentlichen Leben und kehren in den individuellen privaten Bereich zurück.

3.2.2. Verschärfende Faktoren – Ablehnung und Verschwiegenheit

Der Bereich der Stigmatisierung und Zurückweisung von ehemaligen KämpferInnen seitens der »Aufnahmegesellschaft« bzw. damit einhergehend der Bereich der Verschwiegenheit seitens der Demobilisierten markiert ein zentrales Element der Reintegration. Neben der oben eruierten Sicherheitsproblematik ist es dieses Problem, welches die demobilisierten Personen – und Frauen hier in speziellem Maße – am meisten belastet und beeinträchtigt in ihrem Versuch, ein »geregeltes normales« Leben wieder aufzubauen. Alle Interviewpartnerinnen haben diesen Bereich in den Gesprächen als zentral und gleichzeitig sehr ähnlich dargestellt. Ähnliche Empfindungen und Ge-

---

142   Von diesem Aspekt konnte ich mich persönlich vergewissern. Zur Realisation des Interviews bin ich in das Dorf der Interviewpartnerinnen gefahren und dort zwei Tage geblieben. Nachdem in dem kleinen Ort meine Präsenz sicherlich sofort aufgefallen ist, hat mich meine Interviewpartnerin zum Anlass eines Besuches bei der Nachbarin zur Seite genommen, um mich darauf aufmerksam zu machen, dass sie mich als »Freundin aus Bogotá« vorgestellt hat. Niemand hier wisse nämlich von ihrer Vergangenheit.

fühle der Zurückweisung kommen auch in anderen Studien zum Ausdruck, wo ehe-malige Kämpferinnen das Gefühl der Marginalisierung und Diskriminierung seitens der Gesellschaft als solcher ansprechen (Otero Bahamón 2006a: 75ff).

Die beiden hier skizzierten Bereiche – Stigmatisierung bzw. Zurückweisung auf der einen Seite und Verschwiegenheit bzw. Geheimhaltung auf der anderen Seite – hängen komplementär miteinander zusammen. Aus Angst vor Ablehnung wählen die demobilisierten Kämpferinnen die Strategie der Geheimhaltung. Alle Interview-partnerinnen sagen aus, dass sie nicht über ihre Vergangenheit reden; niemand bzw. sehr wenige Personen in der Umgebung bzw. aus dem Umfeld weiß bzw. wissen Be-scheid über ihre Zeit innerhalb einer bewaffneten Gruppierung. Auf der einen Seite lässt sich hier die Verbindung zu dem dargestellten Aspekt der Sicherheit ziehen. Diese Geheimhaltung hängt jedoch auch mit einem generell eher negativen Bild der kämpfenden Gruppierungen innerhalb der kolumbianischen Gesellschaft bzw. mit dem Konflikt an sich zusammen (IOM 2006: 47). In diesem Kontext entwickelt sich ein Phänomen, welches Personen, die aus diesem Krieg kommen und darin gekämpft haben, mit Ressentiments betrachten lässt. Demobilisierte werden mit der Praxis der jeweiligen bewaffneten Gruppierungen in Verbindung gebracht, worauf negativ reagiert wird. Besonders drei ehemalige Kämpferinnen weisen in ihren Ausführungen mit Nachdruck auf diesen Aspekt hin.

> Nein, niemand weiß Bescheid. Wir wollen nicht darüber reden, denn es könnte jemand zuhören. Es sind auch schon Sachen vorgefallen, weshalb wir nicht da-rüber reden wollen. Man wird schlecht angesehen. Es gibt viele Leute, die uns [die Guerilla; Anm.: MH] nicht mögen – die Mehrheit. (Martha)

Die Guerilla hat mit einigen Handlungen wie Entführungen, Erpressungen und der Beteiligung am Drogenhandel negativ auf sich aufmerksam gemacht, weshalb laut Aus-führungen von Martha der Großteil der Bevölkerung ihr nicht (mehr) positiv gegenüber steht. Aus diesem Grunde werden die KämpferInnen der Guerilla zurückgewiesen bzw. besteht bei ihnen die Angst, zurückgewiesen zu werden. Um dieser Ablehnung nicht ausgesetzt zu werden, verschweigen die Ex-Guerilleras präventiv ihre Vergangenheit und ehemalige Identität.

> Es ist wegen der Ideologie. Es gibt viel Ablehnung. Die Leute haben Vorurteile gegen die Guerilleros und behandeln uns manchmal schlecht. In der Gruppe [von Demobilisierten; Anm.: MH] gab es ein Mädchen, das nicht mehr kam, als sie wusste, dass ich von den FARC war, denn die FARC haben ihren Vater umgebracht. Ich verstehe das, denn die FARC haben auch viel Schlechtes an-gerichtet. Sie haben unschuldige Menschen umgebracht. Das mit der Ideologie hat sich mit der Zeit sehr geändert, es ist nicht mehr wie am Anfang, viel ist verloren gegangen. Deshalb kann ich die Ablehnung verstehen. Viele Leute

denken: ›Ah, die waren das!‹ Oder gar: ›Du warst das.‹ Das ist schwierig. Aber
wir fühlen uns sehr verloren. Wir können mit niemandem sprechen, niemandem
etwas erzählen, denn dann kommt die Zurückweisung. In meinem Wohnviertel
weiß niemand etwas über meine Herkunft; wenn sie es wüssten, würden sie uns
wahrscheinlich gar keine Unterkunft vermieten. (Laura)

Obwohl die Ablehnung und Zurückweisung von Teilen der Gesellschaft verstanden wird
aufgrund der Handlungen der Guerilla, stellt dies für die demobilisierten Personen Er-
schwernisse und Hindernisse dar. Die konkrete Problematik und Schwierigkeit wird
in dieser Passage relativ gut zum Ausdruck gebracht. Durch reale Erfahrungen und
Erlebnisse entstehen Bilder und Vorstellungen in den Köpfen der Gesellschaft über die
bewaffneten Gruppierungen und damit verbunden über die ehemaligen KämpferInnen.
Die generelle Abneigung wird auf reale konkrete Individuen übertragen. Dies ist nachvollziehbar, wenn, wie oben angesprochen, einem selbst Leid und Schaden durch
diese bewaffnete Gruppierung zugefügt wurde – dies erschwert einen differenzierten
und reflektierten Zugang zu der Problematik. Demobilisierte Kämpferinnen sehen
sich jedoch mit Hindernissen beim Versuch der Reintegration und Wiederversöhnung
konfrontiert.

Eine Ebene, in welcher sich diese Ablehnung und die damit zusammenhängenden
Problematiken widerspiegeln, betrifft vor allem das Ausleben bzw. Ermöglichen sozialer
Beziehungen. Wie bereits erörtert, beeinträchtigt die präventive Verschwiegenheit und
Geheimhaltung der Vergangenheit den Aufbau einer tief gehenden Freundschaft oder
Bindung, da die reale Identität und ehemalige »Beschäftigung« nicht preisgegeben wer-
den kann.

Zum Beispiel dort, wo ich als Krankenschwester ausgebildet wurde, weiß niemand, dass ich eine Demobilisierte bin. Ebenfalls in der Schule, die ich nun be-
suche. Niemand, selbst in meinem Freundeskreis: Jeder kennt nur mein ober-
flächliches Leben, aber niemand mein wirkliches. Und wenn über Nachrichten
diskutiert wird, dann mische ich mich möglichst nicht ein, denn sonst könnte
mir irgendein Wort auskommen, das ich nicht sagen sollte. (Isabel)

Aber auf jeden Fall besteht immer das Risiko, dass auf dich gezeigt wird.
Meine Nachbarn wissen nicht, wer ich bin, der Besitzer meiner Wohnung weiß
es auch nicht. Wenn er es wüsste, würde er mich sicher rausschmeißen. Es ist
schwierig, ja, ziemlich schwierig. In meinem Privatleben traue ich mich nicht,
mit einer zivilen Person eine Beziehung anzufangen, denn ich weiß, wenn ich
dieser Person meine Vergangenheit erzähle, wird sie die Beziehung abbrechen.
Wahrscheinlich leiden auch meine Kinder unter dieser Vergangenheit, fühlen
sich durch meine Schuld von der Gesellschaft zurückgewiesen. Es ist wirklich
schwierig. (Victoria)

Hier wird die Problematik des Aufbauens neuer Freundschaften ersichtlich. Alle kennen nur das oberflächliche Leben der ehemaligen Kämpferinnen, über ihre realen Gefühle, das Innenleben weiß niemand Bescheid. Mit einem anderen Beispiel weist Victoria in dieselbe Richtung. Sie erwähnt in dem Abschnitt die Schwierigkeit der Ablehnung, diesmal beim Aufbau einer partnerschaftlichen emotionalen Beziehung. Aus diesen Ausführungen lässt sich das Ausmaß der Beeinträchtigung und der Hindernisse erahnen, soziale Beziehungen auf jeder Ebene werden erschwert. Dies kann in Konsequenz zu schwerwiegenden »Nebenwirkungen« wie Isolation und Vereinsamung führen[143]. Auch anderweitige Quellen skizzieren ähnliche Tendenzen, so beschreibt IOM in ihrem Bericht die Verschwiegenheit bezüglich der Vergangenheit als ein markantes Element. *»Das Gebot des Schweigens zwingt viele dieser Frauen dazu, die Beziehungen mit der Aufnahmegesellschaft auf ein Minimum zu reduzieren. Einige Frauen geben an, allein zu sein und keine Freundschaft in Bogotá zu haben.«* (IOM 2006: 46f). Freundschaften, Netzwerke zur Unterstützung bzw. soziale Beziehungen fehlen und drängen ehemalige Kämpferinnen in eine Situation der Einsamkeit und Hilflosigkeit. Diese Faktoren wirken sich nochmals verschärfend auf den beschriebenen Prozess der Unsichtbarkeit und Isolation aus.

Nicht nur auf gesamtgesellschaftlicher -und makrosozialer Ebene existiert diese Schwierigkeit der Ablehnung. Auch im engen und nahe stehenden Umfeld demobilisierter Kämpferinnen wird ihnen diese entgegengebracht. Eine ehemalige Kämpferin berichtet von einem Erlebnis mit ihrer Schwester, also direkt innerhalb der Familie.

> Ich habe ja drei Schwestern, nicht? Als eine von ihnen draufkam, was ich machte, hat sie den Kontakt zu mir abgebrochen. Sie will nichts mehr wissen von mir. Das tut mir sehr weh, ich rufe sie an, doch sie antwortet mir nicht, sie möchte mit mir nicht reden. Die Ablehnung ist zu groß. Das ist wegen der Ideologie. Ihr Mann ist bei der Armee, und vielleicht hat sie deshalb solche Angst, denn das sind zwei sehr unterschiedliche Ideologien. Ich weiß es nicht. Aber es tut weh, von der eigenen Schwester zurückgewiesen zu werden.
>
> (Laura)

Der Einfluss der ideologischen Differenzen im internen bewaffneten Konflikt zeigt sich in all seiner Ausprägung. In Hinblick auf die skizzierte Schwierigkeit des Aufbaus neuer sozialer Beziehungen für demobilisierte Kämpferinnen wiegt dies besonders schwer. Wenn schon bekannte und prinzipiell in einem Näheverhältnis stehende Personen auf-

---

143 Vor diesem Hintergrund kann man/frau auch eine Verbindung zu dem teilweise sehr ausgeprägten Redebedürfnis der Interviewpartnerinnen ausmachen. Durch die nötige Verschwiegenheit und Geheimhaltung der Vergangenheit bestand bzw. besteht offenbar eine größere Notwendigkeit und der Wunsch sich jemandem mitzuteilen.

grund der Vergangenheit den Kontakt abbrechen bzw. mit Ablehnung reagieren, kann nicht auf dieser eher vertrauten Ebene Halt und Unterstützung gefunden werden. IOM beschreibt dieselbe Problematik der potentiellen Zurückweisung seitens der Familie von ehemaligen Kämpferinnen (IOM 2006: 48).

Diese skizzierte Problematik der Ablehnung und Stigmatisierung führt dann in einem nächsten Schritt zu der bereits angesprochenen präventiven Geheimhaltung. Um nicht mit einer solchen negativen Reaktion konfrontiert zu sein, optieren die ehemaligen Kämpferinnen für eben jene Strategie des Verschweigens. Laura verweist darauf anschließend an die Darstellung der Erfahrung mit ihrer Schwester:

> Er [der Sohn; Anm.: MH] weiß noch nichts davon. Es war sehr schwierig, dass er nichts erfährt. Damit er nicht erfährt, was ich gemacht habe, welches Leben ich geführt habe. Ich will es nicht riskieren, dass er mir morgen deswegen Vorwürfe macht. Ach, es geht so viel in meinem Kopf herum. Ich habe sogar mit Psychologinnen darüber gesprochen. Einerseits würde ich es ihm gerne erzählen, andererseits habe ich Angst, dass er mich ablehnt. Er vor allem, denn die anderen Kinder sind noch sehr klein. Wie furchtbar, eine Mama, die bei der Guerilla war, usw. Er redet viel davon, dass er zur Armee gehen will, dass er Polizist werden will, ein Oberst will er sogar werden, eine ganz hohe Position. Da fürchte ich, dass er an seine eigene Laufbahn denkt und sieht, was die Mama getan hat. Dass er die beiden Sachen vermischt und mich deswegen zurückweist. Deshalb habe ich ihm bis jetzt noch nichts davon erzählt. Es ist sehr schwierig, denn ich weiß nicht, wie er reagieren würde. Ich habe Angst, dass er mich ebenfalls so ablehnen könnte wie meine eigene Schwester. Weil er möchte auch Soldat werden und das trennt uns ideologisch voneinander. Ich habe Angst, dass er mit einer Guerilla-Mama Probleme haben könnte.
> (Laura)

Da diese ehemalige Kämpferin konkret schon die Erfahrung einer Zurückweisung und Ablehnung innerhalb ihrer eigenen Familie erlebt hat, ist es nochmals schwerer, offen über ihre Vergangenheit zu reden. Die Belastung durch die Angst vor Zurückweisung manifestiert sich in der Tatsache, dass diese Ex-Kämpferin bereits mit Psychologinnen über diese Problematik gesprochen hat, um Rat und Unterstützung einzuholen[144].

---

144   Auch während des gesamten Interviews hat Laura immer wieder auf diesen Aspekt und ihre persönliche Problematik verwiesen. Nach dem Ende des Interviews in einem eher gemütlicheren informellen Rahmen hat sie mich selbst auch persönlich um Rat in dieser Situation gebeten und gefragt, wie sie damit umgehen solle. Dies illustriert die realen negativen und belastenden Auswirkungen für die demobilisierten Kämpferinnen.

Die Stigmatisierung und damit zusammenhängend das negative Bild der Demobilisierten beeinträchtigt die Möglichkeit der Restrukturierung des Lebens und der
Zukunft. Engste Lebensverhältnisse und soziale Beziehungen der demobilisierten Bevölkerung sind Beschränkungen ausgesetzt, welche eine vollkommene Reintegration
auf der sozialen Ebene behindert und erschwert. Faktoren wie das negative Bild von
KombattantInnen, erlebte Zurückweisungen bzw. die Angst davor und das Verschweigen der ehemaligen Identität sind zusätzliche Hindernisse im Prozess der Reintegration und wirken gleichzeitig hemmend für einen transformatorischen und
emanzipatorischen Prozess der Geschlechterverhältnisse.

3.2.3. DOPPELTE STIGMATISIERUNG –
FRAU UND KÄMPFERIN

Aufgrund der getätigten Ausführungen kann der Frage nachgegangen werden, ob bzw.
inwieweit eine doppelte Stigmatisierung von weiblichen Kämpfenden vorliegt und
existiert. Müssen ehemalige Kämpferinnen aufgrund ihres Geschlechts mit zusätzlichen
Hindernissen oder Diskriminierungen rechnen?

Aus den Interviews lässt sich herauslesen, dass zusätzlich zu der oben dargestellten
Problematik Demobilisierter, ehemalige Kämpferinnen mit einem weiteren Aspekt der
Stigmatisierung konfrontiert sind. So stellen zwei Interviewpartnerinnen dar, dass de-
mobilisierte Kämpferinnen mit einem negativen Bild vor allem aus frauenspezifischer
Sicht belegt sind. Dieses Bild besteht in dem Stigma der demobilisierten Frauen als
»leicht zu haben«. Durch die teilweise starke Promiskuität innerhalb der bewaffneten
Gruppierung entsteht diese Vorstellung von ehemaligen Kämpferinnen, welche dann
alle demobilisierten Frauen unter demselben Stereotyp zusammenfasst. Auch andere
Quellen bestätigen das gleiche Phänomen der zusätzlichen Stigmatisierung von ehemaligen Kämpferinnen (IOM 2006).

Ja, denn die demobilisierten Frauen haben den Ruf, schamlose Frauen zu sein.
Dass sie hier dasselbe weitermachen wie dort. Dass sie mit dem einen und mit
dem anderen gehen. Wenn es also heißt, ›ah, du bist eine Demobilisierte‹, dann
glauben sie gleich, dass ich es mit jedermann treibe. Das stimmt aber nicht.
(Victoria)

Ich war in einen Soldaten verliebt, doch unser unterschiedlicher Hintergrund
trennte uns ständig. Es waren wie zwei verschiedene Welten. Und er hatte die
Vorstellung, wir wären alle gleich. Dass jede sich mit jedem gleich in der ersten
Nacht ins Bett legt. Da habe ich dann auf die Bremse gedrückt und nein gesagt.
Er hatte eine sehr verallgemeinerte Vorstellung. Und nein, da ist es wirklich
besser, solche Situationen zu vermeiden. Wir haben dann nichts miteinander
gehabt, nie – dabei ist es dann geblieben. (Isabel)

Beide Interviewpartnerinnen illustrieren in unterschiedlichen Kontexten das selbe Phänomen: demobilisierte Kämpferinnen werden von Teilen der Gesellschaft[145] in eine bestimmte Kategorie eingeteilt und stigmatisiert. Die Tatsache eines relativ freien Umgangs mit Sexualität innerhalb der bewaffneten Gruppierungen wird auf alle demobilisierten Frauen umgelegt. Laut den oben getätigten Aussagen führen demobilisierte Frauen in der Phase der Reintegration dieses offenere Ausleben der Sexualität teilweise weiter. Dadurch entsteht dieses generalisierte Konzept der demobilisierten Frauen als offen und freizügig in sexueller Hinsicht, worunter alle demobilisierten Kämpferinnen gleichermaßen subsumiert werden. Alle ehemaligen Kämpferinnen werden mit diesem Stigma belegt, unabhängig davon, ob dies der Realität entspricht oder nicht. Somit zeigt sich, dass Ex-Kämpferinnen nicht nur wegen ihrer Mitgliedschaft in einer der bewaffneten Gruppierungen, sondern auch aufgrund derer divergierenden und nicht der Norm entsprechenden Praktiken in Bezug auf Sexualität zu jener der kolumbianischen Gesellschaft stigmatisiert werden. Bei beiden Geschlechtern lässt sich in der Phase der Demobilisierung gleichermaßen eine hohe Promiskuität ausmachen. Männer jedoch, welche frei und offen ihre Sexualität ausüben, tun dies in Reproduktion bzw. Perpetuierung ihrer traditionell anerkannten Geschlechterrollen, Frauen hingegen agieren konträr zu den von ihnen erwarteten Normen und Rollen. Bei Nicht-Ausübung jener Rolle folgt Stigmatisierung – doppelte Stigmatisierung als ehemalige weibliche Kämpferin (IOM 2006: 29).

3.3. Empowerment oder »Rückkehr zur Normalität«?

Dieses Kapitel widmet sich dem Rückblick auf die Zeit innerhalb der bewaffneten Gruppierung bzw. dem Ausblick auf die Zeit im zivilen Leben aus der momentanen Perspektive der demobilisierten Kämpferinnen. Rückblickend betrachtet kann ein ganzheitliches Bild der Zeit innerhalb der bewaffneten Gruppierungen geliefert und die Frage nach einer eher positiven bzw. negativen Bilanz gestellt werden. Dies ist vor dem Hintergrund der Fragestellung nach Empowerment bzw. »positiven« Aspekten für Frauen durch die Beteiligung am bewaffneten Kampf relevant. Die These der »Rückkehr zur Normalität« nach der Demobilisierung inklusive Wiederherstellung traditioneller Geschlechterrollen wurde bereits eruiert. Auf Basis jenes theoretischen Postulats ist es wichtig, sich auf empirischer Ebene anhand der momentanen Lebensverhältnisse der ehemaligen Kämpferinnen dieser Frage zu widmen.

---

145   Dieses Phänomen zeigt sich natürlich nur bei Sektoren der Gesellschaft, welche auch mit Demobilisierten zu tun haben und über deren Identität Bescheid wissen. Auf die gesamte kolumbianische Gesellschaft an sich kann das nicht übertragen werden, da, wie beschrieben, hier eine Geheimhaltung und Unsichtbarkeit von ehemaligen Kämpferinnen vorherrscht.

3.3.1. Ein Rückblick auf die Zeit als Kämpferin – Gibt es Gewinne?

Der Aspekt der Bilanz und der rückblickenden Einschätzung der Zeit innerhalb der bewaffneten Gruppierungen ist auf mehreren Ebenen wichtig und aufschlussreich. Auf der einen Seite kann nachträglich ein generelles Bild über diese Zeit gezeichnet werden. Wie wird diese aus heutiger Sicht von den ehemaligen Kämpferinnen eingeschätzt? Überwiegen rückblickend eher positive oder negative Elemente? Kann also gesagt werden, dass aus der Zeit innerhalb der bewaffneten Gruppierung für das jetzige Leben Gewinne davongetragen werden konnten? Oder war es vielmehr eine »verlorene« Zeit rein negativer Natur?

Abgesehen von diesen eher generellen Aspekten ist die Analyse dieses Bereichs speziell aus einem Gender-Fokus von Relevanz. Die Fragestellung nach einer emanzipatorischen Wirkung der Beteiligung von Frauen innerhalb dieses männlichen Territoriums des Krieges ist aus feministischer Perspektive zentral. Hier können keine generalisierbaren gesellschaftlichen Analysen über die Auswirkung der weiblichen Partizipation getätigt werden, sondern vielmehr Schlussfolgerungen auf subjektiver und individueller Ebene gezogen werden. Haben Frauen durch die Präsenz innerhalb der bewaffneten Gruppierungen emanzipatorische Elemente für sich persönlich mitgenommen? Bewirkt die Tatsache des »Ausbrechens« aus traditionell geschlechtsspezifischen Rollen und Normen und das Erleben einer – im Falle der Guerilla – ausgeprägteren Geschlechtergerechtigkeit bzw. Gleichheit persönliche Transformationen, Brüche und Emanzipation?

Bei der Analyse der persönlichen Bilanz der Zeit in der bewaffneten Gruppierung seitens der ehemaligen Kämpferinnen zeigen sich markante Unterschiede. Alle Frauen haben individuell unterschiedliche Erfahrungen gemacht, woraus sich auch rückblickend divergierende Einschätzungen ergeben. Die Aussagen variieren zwischen den beiden Polen gänzlich negativ versus gänzlich positiv, wobei der Großteil der Interviewten sich eher in der Mitte ansiedeln lässt. Vor diesem Hintergrund ist vor allem eine Interviewpartnerin herauszustreichen, welche kein positives Element aus der Zeit innerhalb der Guerilla ausmachen konnte und demzufolge eine generell negative Bilanz zieht. Martha hat – zusätzlich zu der negativen Bilanz aus politischer Perspektive[146] – auch persönlich keine positiven Aspekte aus der Zeit innerhalb der bewaffneten Gruppierungen gezogen.

---

146 Diese Interviewpartnerin liefert eine politisch-ideologische Analyse und Bilanz des bewaffneten Kampfes, sie analysiert bzw. reflektiert den Konflikt in Kolumbien. Durch die Aussichtslosigkeit auf Erfolg und die Kosten des Konflikts kann ihrer Ansicht nach in Summe keine positive Bilanz gezogen werden, Nachteile und negative Aspekte des Konflikts überwiegen. Diese Ausführungen – gemeinsam auch mit Hinweisen einer anderen Interviewpartnerin, welche ein eher konträres Bild einer positiven Bilanz zeichnet – lassen generelle Rückschlüsse auf Aspekte der Ideologie zu: die alleinige Tatsache der Erwähnung von politisch-ideologischen Aspekten könnte der These der mangelnden bis gar nicht existenten politischen und ideologischen Formation bzw. Motivation entgegengestellt werden. Trotz aller Tendenzen und Entwicklungen in Richtung »Depolitisierung« sind nichtsdestotrotz ideologische Elemente für die ehemaligen Kämpferinnen bis zu einem gewissen Grad von Relevanz.

Nein, keine. Gewinne keine. Nein, auch nicht als Frau, nein. Gewinne habe ich keine mitgenommen. (Martha)

Konträr dazu zeichnet vor allem eine Interviewpartnerin eine gänzlich positive Bilanz.

Für mich war es gut, das erlebt zu haben, es war eine gute Erfahrung, eine der besten, die ich hatte. (Ana)

Innerhalb dieser beiden Extreme einer rein positiven versus negativen Bilanz befinden sich die restlichen Aussagen der ehemaligen Kämpferinnen. Diese stellen sowohl positive als auch negative Elemente dar und setzen diese zueinander in Bezug. Trotz aller negativen Erlebnisse und Konsequenzen durch die Zeit innerhalb der bewaffneten Gruppierungen können rückblickend betrachtet teilweise auch positive Elemente und Gewinne ausgemacht werden. Zwei Interviewpartnerinnen sprechen diese Differenzierung explizit an.

All das hat mir schon sehr viel geholfen, glaube ich. Trotz der traurigen Sachen, der Konfrontation mit so vielen Ungerechtigkeiten, so vielen Toten, mit dem Schrecken des Todes, dem Schrecken des Krieges, denn der Krieg ist etwas, das ich nicht einmal meinem schlimmsten Feind wünsche. Aber ich glaube, dass ... –, also ich sehe es jetzt von der positiven Seite, verstehst du? Manchmal lassen mich die Erinnerungen nicht schlafen, ich habe Albträume, manchmal weine ich. Denn es ist eine Sache, nun zusammenfassend darüber zu erzählen, als wirklich dort gewesen zu sein, Tag für Tag, Nacht für Nacht. Doch das Leben geht weiter. Und in gewisser Hinsicht danke ich Gott, dass er mir erlaubt hat, dort zu sein und zurückzukehren, um nun etwas zu tun. (Victoria)

Das ist etwas ganz anderes. Man gewöhnt sich daran, und wenn man sich mit der Idee angefreundet hat, kann man sogar ein ganz gutes Leben dort führen. Wenn du dich schlecht fühlst, dann versuchst du, dich zu entspannen. Und wenn es dir gut geht, dann toll. In der Guerilla habe ich auch sehr schöne Sachen erlebt. All das hilft einem heute. Man lernt viel. Wenn ich mich von meiner jetzigen Lage aus daran erinnere, so fallen mir viele schöne Sachen ein, die ich erlebte. Also schön, wenn du sie von hier aus betrachtest, nicht von dort. (Isabel)

Trotz (oder gerade aufgrund) vieler negativer Erfahrungen und Erlebnisse während der Zeit innerhalb der bewaffneten Organisationen, versuchen diese Interviewpartnerinnen rückblickend betrachtet auch positive Aspekte darin auszumachen. Wesentlich hervor zu streichen ist, dass beide einen Unterschied zwischen dem realen Erleben bzw. der Zeit in der bewaffneten Gruppierung selbst und der rückblickenden Einschätzung ziehen. Bei einer solchen rückblickenden Bilanz, Reflexion und Analyse ist es »einfacher«, positive Aspekte auszumachen, als während der Zeit innerhalb der bewaffneten Gruppierung selbst. Generell kann bilanziert werden, dass die ehemaligen Kämpferinnen die Zeit innerhalb der Gruppierungen (in unterschiedlichem Ausmaß) sowohl negativ als

auch positiv charakterisieren. Gleich – bis auf eine Ausnahme – unter den Interviewpartnerinnen ist die allgemeine Einschätzung, die Zeit habe sie weitergebracht und ihnen
geholfen.

Konkret kann aus den Interviews folgende negative Konsequenz aus der Zeit innerhalb der bewaffneten Gruppierungen heraus gelesen werden. Der Bereich der gesundheitlichen Probleme stellt sich als ein wesentlicher Aspekt bei der Bilanz über die Zeit
im bewaffneten Kampf heraus. Körperliche Beschwerden und Behinderungen aufgrund
von Unfällen, Verletzungen im Kampf oder zu starker körperlicher Anstrengung sind
Schäden, welche meistens irreparabel und permanent sind – also das Leben in der zivilen
Gesellschaft genauso prägen und beeinträchtigen. Durch die Zeit innerhalb der bewaffneten Organisationen sind ehemalige Kämpferinnen mit negativen körperlichen Folgen
konfrontiert. Vor allem bei zwei Interviewpartnerinnen wird die negative Auswirkung
durch die körperlichen Beschwerden offensichtlich.

> Ich habe eine Kugel in der Wirbelsäule und noch eine in diesem Arm. Ich kann
> ihn nicht bewegen, wie eine halb lahme Henne. Ich muss alles mit einem Arm
> tun, den Mais aussäen zum Beispiel [lacht]. Naja, und manchmal tut mir die
> Wirbelsäule sehr weh, so dass ich gar nicht gehen kann. Deswegen kann ich
> auch nicht jede Arbeit machen, kann ich fast nicht arbeiten. (Veronica)

> Ich sehe keinen Gewinn in dieser Zeit, irgendwie nicht. Höchstens die Krank-
> heit war ein Gewinn [lacht]. Das ist alles, was ich von dort mitgenommen habe.
> (Martha)

Die negativen Auswirkungen zeigen sich in aller Deutlichkeit: die Krankheit bzw. Ver-
letzung stellt den wesentlichsten »negativen« Gewinn, wie die Interviewpartnerin es
ironisch bezeichnet, dar.

Aus einer Genderperspektive betrachtet, bekommt diese Thematik nochmalige
Brisanz und Relevanz, wenn der Grund der Krankheit (zu) viel körperliche Anstrengung
ist. Wie bereits erläutert, kann es durch die Prämisse der Gleichheit unter »männlichen«
Maßstäben für Kämpferinnen teilweise zu körperlichen Beschwerden und Problemen
kommen. Generell leider auch mehr ehemalige Kämpferinnen als Kämpfer unter solchen
gesundheitlichen Problemen aufgrund der Aufgaben innerhalb der Guerilla (IOM
2006: 30). Dies illustriert nochmals in aller Stärke die negative Auswirkung dieser androzentrischen Politik.

Ein wesentlicher Bereich, welcher in den Interviews wiederholt vorkommt, betrifft
den generellen Aspekt des Gewinnes an Stärke. Durch die Erfahrung und das Erleben
teilweise schwieriger Momente kann mit mehr Stärke und Sicherheit dem jetzigen
»neuen« Leben mit all seinen Herausforderungen und Schwierigkeiten begegnet werden.
Einige Interviewpartnerinnen stellen dar, wie diese Erfahrungen sie gelehrt haben, das
Leben so zu nehmen und sich nicht so leicht unterkriegen zu lassen.

Für mich war es eine gute Erfahrung, man wird stärker dadurch, leidet weniger. Wenn man nichts hat, so ist das kein großes Problem. Man hat das alles schon durchlebt, man leidet nicht mehr so leicht wegen etwas. Ich habe dort mehr gelernt als verloren, ich habe nie etwas verloren, im Gegenteil, ich wurde stärker, bin nicht mehr so empfindlich und leide nicht mehr wegen jeder Kleinigkeit. (Ana)

Ja, man wird sehr stark. Wenn man dort lebt, dann kann einen nichts mehr so leicht umwerfen. Das hat mir viel geholfen, ja sicher – es gibt einem eine Stärke und Tapferkeit. Jetzt habe ich vor nichts Angst, vor nichts und niemandem, nur vor Gott im Himmel. Es hat mir geholfen, stärker zu werden. (Victoria)

Diese Aussagen illustrieren den Aspekt der gewonnenen Stärke durch die – teilweise sehr negativen – Erfahrungen innerhalb der bewaffneten Gruppierungen. Stärke und Sicherheit bzw. der Verlust von Angst können als zentrale persönliche Gewinne aus der Zeit innerhalb des bewaffneten Kampfes gewertet werden.

Als Tenor im Bereich der positiven Bilanz kann vor allem bei den ehemaligen Kämpferinnen der Guerilla[147] ein zentraler Aspekt heraus gelesen werden. Die Tatsache, eine Arbeit zu verrichten, stellt eine Bereicherung für die interviewten Frauen dar, was vor allem aus geschlechtsspezifischer Sicht relevant ist. Arbeit bzw. Aktivität an sich wird von den meisten als das positivste Element thematisiert. Dies ist auch in Hinblick auf Zukunftspläne bedeutend, da die Frauen aussagen, sie haben gelernt zu arbeiten und wollen dies auch weiterhin beibehalten bzw. umsetzen. Aus einer Genderperspektive betrachtet, liefern diese Aussagen Hinweise bezüglich der geschlechtsspezifischen Arbeitsteilung und der Aufweichung dieser durch die Erfahrung einer »gleichen« Rollenverteilung innerhalb der Guerilla. Hier wird aus dem Schema der traditionellen Geschlechterrollen ausgebrochen, Frauen konnten Seite an Seite mit ihren *compañeros* arbeiten und dieselben Tätigkeiten verrichten. In einem eher traditionellen und machistischen Land wie Kolumbien, in welchem – vor allem in ländlichen Gegenden – noch das Bild und Konzept des männlichen Ernährers und der weiblichen Hausfrau vorherrscht, stellt diese Erfahrung einer anderweitigen Arbeitsteilung für Kämpferinnen einen Bruch dar (IOM 2006: 22f; Londoño/Nieto 2006: 51). Diese Erlebnisse und Erfahrungen generieren bei den ehemaligen Kämpferinnen den Wunsch, in Zukunft weiterhin selbstständig zu arbeiten und die Erfahrungen von größerer Autonomie bzw. der Aufweichung der traditionellen rigiden Geschlechterrollen auch im zivilen Leben weiterzuführen. Diese positive Bilanz in Bezug auf die Möglichkeit, einer Arbeit nachzugehen, ziehen fast alle

---

147   Die Guerilla wird hier deswegen so herausgestrichen, da hier eher emanzipatorische und positive Elemente bzw. Aspekte für Frauen ausgemacht werden konnten.

Frauen und sehen dies als einen großen Gewinn ihrer Zeit innerhalb der Guerilla. Kategorien wie Stärke und Unabhängigkeit begleiten die diesbezüglichen Erläuterungen der ehemaligen Kämpferinnen.

Man wird unabhängiger. (Ana)

Wie ich schon gesagt habe: man lernt, unabhängig zu sein. Man lernt, für sich selbst zu sein. Ich habe viele Paare gesehen – wie es auch mir selbst mit dem Vater meiner Kinder passierte –, er arbeitete und hat mich nicht arbeiten lassen. Zuhause schon, aber sonst nicht. Der Gewinn liegt nun darin, dass man unabhängig wird, man hat keine Scheu mehr, alles anzufassen, jede Arbeit zu tun. Diese Unabhängigkeit ist sehr gut für einen, sehr schön. Das ist wohl der Gewinn, den man dort als Frau hat. (Laura)

Die Wichtigkeit der Unabhängigkeit in Verbindung mit der Möglichkeit, einer Arbeit nachzugehen, kommt hier zur Geltung. Dies stellt einen der wesentlichsten Gewinne aus der Zeit während des bewaffneten Kampfes für die interviewten Frauen dar. Es kann der Schluss gezogen werden, dass ehemalige Kämpferinnen diese Unterminierung der geschlechtsspezifischen Arbeitsteilung und der stereotypen Geschlechterrollen als Gewinn ihrer Zeit innerhalb des bewaffneten Kampfes betrachten und den Wunsch äußern, diese Brüche bzw. Transformationen auch nach der Rückkehr in das zivile Leben aufrecht erhalten zu können. Unabhängigkeit, Stärke und Autonomie markieren zentrale positive Referenzpunkte, welche als Kriterien in Richtung Empowerment bewertet werden können. In Folge wird der Frage nachgegangen, in wie weit diese Gewinne auch nachhaltig von Nutzen sind und umgesetzt werden können.

3.3.2. Zur Umsetzbarkeit der emanzipatorischen Ansätze

Können potentielle, durch die Zeit innerhalb der bewaffneten Gruppierung gezogene Gewinne auch im zivilen Leben realisiert werden? Wie wollen die ehemaligen Kämpferinnen ihr »neues« Leben aufbauen, welche Wünsche und Zukunftspläne haben sie?

Wie bereits erörtert, zeigen sich bei allen Interviewpartnerinnen Wünsche, Ambitionen und Illusionen in dieselbe Richtung. Eine geregelte Arbeit finden, eine Ausbildung machen bzw. Projekte realisieren sind häufig wiederholte Wünsche bei der Frage nach der Zukunftsplanung. In diesem Kontext wird auch das Programm der Regierung angesprochen, welches jeder/m ehemaliger/m KämpferIn ermöglichen soll, ein Projekt zu realisieren. In dieses Programm und diese Unterstützung projizieren die Interviewpartnerinnen teilweise große Hoffnungen. Aus den Aussagen der interviewten Frauen können ambitionierte Wünsche bezüglich der Restrukturierung des Lebensprojektes heraus gelesen werden. Zu arbeiten und eine Ausbildung zu machen, stellen die zwei wesentlichen Grundpfeiler im Aufbau des neuen Lebens in der zivilen Gesellschaft dar.

Ich mache jetzt zwei Sachen. Das eine ist eine Ausbildung zur Krankenschwester, das andere ein Kurs zum Gründen eines eigenen Betriebes. Diesen Kurs haben zehn Leute vom Programm [Regierungsprogramm zur Reintegration; Anm.: MH] bekommen. Ich habe also für die Zukunft diese beiden Möglichkeiten, und das finde ich sehr gut. (Victoria)

Für die Zukunft habe ich viel vor. Ich möchte arbeiten und noch einmal arbeiten. Arbeiten und ein eigenes Haus haben, wo ich keine Miete mehr zahlen muss. Einen eigenen Ort haben, wo man in Ruhe leben kann. (Martha)

Ja, wir haben also mit ihm [ihrem Freund, Anm.: MH] ein Projekt geplant. Alle hundert Familien, die hier arbeiten, haben Kinder. Und sie haben Probleme diese in einen Kindergarten zu geben, deshalb hatten wir die Idee uns in diesem Bereich auszubilden. Um dann vielleicht einen eigenen aufmachen zu können, wo wir auf die Kinder aufpassen. Damit die Eltern arbeiten können, sich hier ausbilden und auch ihre Kinder hier haben können. Deshalb haben wir die Idee, dieses Projekt an Doña C. weiterzuleiten. (Laura)

Ich mache jetzt eine Ausbildung als Krankenschwester, und wenn Gott will, so werde ich bald in diesem Beruf arbeiten. (Isabel)

Die Wichtigkeit der Arbeit beim Aufbau des neuen Lebens in der Zivilgesellschaft für ehemalige Kämpferinnen wird hier ersichtlich. Vor allem auch aus ökonomischen Gründen stellt der Gelderwerb einen wesentlichen Faktor für die erfolgreiche Konstruktion des neuen Lebensprojekts dar (IOM 2006: 11).

Inwieweit wurden bzw. werden diese Wünsche und Ambitionen realisiert? Sind auf gesellschaftlicher Ebene Hindernisse und Beschränkungen für Ex-Kämpferinnen zu verzeichnen? Drei Ex-Kämpferinnen erwähnen die Faktoren Stärke und Unabhängigkeit als Gewinn und äußern dahingehend den Wunsch, auch in Zukunft einer Arbeit nachgehen zu können. Zwei Interviewpartnerinnen wird von ihrem jeweiligem Partner jedoch dieser Wunsch verwehrt und ein traditionelles Schema der Arbeitsteilung aufgedrängt. Die Ausübung einer Hausfrauen- und Mutterrolle wird seitens der Partner explizit gewünscht. Beide Ex-Kombattantinnen bleiben entgegen ihren Wünschen und Ambitionen zuhause.

Ich würde gerne arbeiten, aber T. [ihr Freund; Anm.: MH] lässt mich nicht, weil das Kind noch sehr klein ist. Aber ich habe keine Scheu, irgendetwas zu arbeiten, und wenn ich Holz hacken müsste, dann mach ich das. Ich will auf jeden Fall arbeiten. (Ana)

Der Machismo ist hier stark zu spüren. Der Mann bestimmt. Die Frau soll zuhause bleiben und er geht arbeiten. Das gefällt mir aber nicht, ich habe immer gerne gearbeitet. Doch er will, dass die Frau zuhause bleibt. Wenn ich ihm nun sage, dass ich arbeiten möchte, so schimpft er ständig. (Veronica)

Das klassische traditionelle Bild der geschlechtsspezifischen Arbeitsteilung wird direkt angesprochen. Die Frau soll zuhause bleiben und auf die Kinder aufpassen (zumindest während diese noch klein sind), während der Mann einer außerhäuslichen Tätigkeit nachgeht. Diese traditionellen Geschlechterbilder der Männer[148] stoßen jedoch mit emanzipatorischen Ansätzen der ehemaligen Kämpferinnen zusammen. Die gewonnene Stärke scheint aber nicht groß genug, um sich dieser Einschränkung zu widersetzen. Emanzipatorische Ansätze und Wünsche der ehemaligen Kämpferinnen werden also durch traditionelle Geschlechterkonzeptionen in der patriarchalen Gesellschaft blockiert. Nicht alle ehemaligen Kämpferinnen können dieses emanzipatorische Empfinden, welches sie in der Zeit innerhalb der Guerilla erworben haben, im zivilen Leben durchsetzen. Patriarchale Strukturen und Konzeptionen hindern ehemalige Kämpferinnen daran, ihre möglichen Gewinne aus der Zeit innerhalb der bewaffneten Gruppierungen real und vollständig auszuleben. Dies stellt ein zentrales Phänomen in der Phase der Reintegration dar. Nach Beendigung des bewaffneten Kampfes tendiert die Gesellschaft zu einer Rückkehr zum »Status Quo«, welche eine Rückkehr zu traditionellen stereotypen Geschlechterrollen impliziert. Ehemalige Kämpferinnen werden wieder in das alte »normale« Schema zurückgedrängt, in den privaten Bereich der Kindererziehung und Hausarbeit (IOM 2006; Londoño/Nieto 2006; Otero Bahamón 2006a; Fearnley 2002). Dass diese Forderung nach Wiederherstellung der traditionellen Geschlechterrollen auch von Seiten ehemaliger Guerilleros gestellt wird, legt den Schluss nahe, dass diese gelebte »Gleichheit« unter den Geschlechtern nur für die Zeit innerhalb der Gruppierung galt und nicht vollkommen internalisiert bzw. akzeptiert wurde[149]. »*Für viele Männer waren die Veränderungen hinsichtlich der Interaktion mit Frauen während ihrer Zeit der Mobilisierung konjunkturell. Diese Veränderungen vollziehen sich leichter in einem kollektiven Rahmen als in der persönlichen Intimität, weshalb nicht die Notwendigkeit gesehen wurde, die Doktrinen der Gleichheit bis auf den Grund der Paarbeziehungen anzuwenden. Diese Tatsache hatte wesentliche Auswirkungen auf die Frauen nach ihrer Demobilisierung, als die Männer wieder ›normale und herkömmliche Machistas‹ in ihren Heimen wurden (…).*«* (Lelièvre Aussel et al 2004: 146).

---

148 Relevant ist die Tatsache, dass diese Männer genauso ehemalige Kämpfer der Guerilla sind.

149 Als ein zentraler Indikator dieses Aspektes der »Rückkehr zum Status Quo« kann auch der markante Zuwachs an häuslicher und innerfamiliärer Gewalt gesehen werden. Erfahrungen zahlreicher Länder in Post-Konflikt-Situationen als auch Erfahrungen der vergangenen Demobilisierungswellen in Kolumbien weisen dieses Phänomen auf (IOM 2006: 13). Bei der ersten Welle der Demobilisierung ist aus einzelnen Berichten und Aussagen bekannt, dass dieselben Partner, welche während der Zeit in der bewaffneten Gruppe Geschlechtergleichheit propagierten, nach der Rückkehr in das zivile Leben Gewalt gegen ihre ehemaligen Mitkämpferinnen anwendeten (Lelièvre Aussel et al. 2004: 148). Im aktuellen Demobilisierungsprozess ist auch eine hohe Anzahl an Fällen häuslicher Gewalt identifiziert worden, ein großer Teil der Fälle jedoch gegenüber den Partnerinnen von Ex-Kombattanten und nicht bei den ehemaligen Kombattantinnen selber (IOM 2006).

So beschreibt Fundación Mujer y Futuro diesen Prozess anhand der Demobilisierung der neunziger Jahre. Selbige Tendenz ist auch in der Gegenwart erkennbar. Andere Beispiele aus den Interviews illustrieren jedoch das gegenteilige Phänomen. Vor allem zwei Interviewpartnerinnen konnten die durch die Zeit innerhalb der Guerilla gewonnene Unabhängigkeit und Stärke weiter behalten und in ihrem jetzigen Leben umsetzen.

Meine Vorstellung ist, weiterhin unabhängig zu bleiben. Wie ich schon gesagt, ich habe dieses Projekt, welches ich Doña C. vorlegen möchte. Ich habe eines und er [ihr Freund; Anm.: MH] hat ein anderes. So haben wir also zwei verschiedene Projekte, und egal welches verwirklicht wird, hilft es um weiter zu kommen. Denn wir werden wohl nicht das ganze Leben lang miteinander zusammen verbringen, vielleicht morgen schon nicht mehr. Deswegen soll er an seine Zukunft denken, und ich denke an die meine. Ja, klar. Ich möchte unabhängig bleiben. Die Unabhängigkeit ist das Beste, was man haben kann. Dass einem niemand etwas anschaffen kann. (Laura)

Unabhängigkeit ist für diese Interviewpartnerin einer der wesentlichsten Aspekte, vor allem in Hinblick auf Partnerschaften. Beide haben ein eigenes selbstständiges Projekt, können somit getrennt und unabhängig voneinander arbeiten und leben. Vor allem verglichen mit Aussagen derselben Interviewpartnerin, in welcher sie ihre (negativen) Erfahrungen mit ihrem ersten Mann darstellt, zeigt einen markanten Unterschied. Die Zeit in der Guerilla und darin erlebte Geschlechterverhältnisse können potentiell emanzipatorische Wirkung auf ehemalige Kämpferinnen haben. Eine stärkere Ausprägung von Willenskraft, Durchsetzungsvermögen, Stärke und Unabhängigkeit stellen Gewinne aus der Zeit innerhalb der Guerilla dar, welche in diesem Fall auch weiter wirken und innerhalb der Partnerschaft ausgelebt werden. Ähnliche Tendenzen in Richtung mehr Autonomie und Stärke skizzieren auch Beispiele von ehemaligen Kämpferinnen der neunziger Jahre (Lelièvre Aussel et al 2004: 213).

Nun stellt sich die Frage, ob generell von einer Emanzipation von Frauen durch die Beteiligung am bewaffneten Kampf und diesem männlich dominierten Bereich gesprochen werden kann. Es ist schwer, eine einheitliche generalisierbare Aussage zu tätigen. Es zeigt sich jedoch, dass – in unterschiedlichem Ausmaß – emanzipatorische Elemente bzw. Charakteristika entwickelt werden. Die Frage, ob bzw. inwieweit diese frauenspezifischen »Gewinne« auch aufrecht erhalten oder umgesetzt werden können, liegt jedoch nicht allein im eigenen Ermessen der jeweiligen Frauen. Gesellschaftliche Strukturen und Konzeptionen, welche Frauen generell in einer traditionellen Rolle sehen und sehen wollen, behindern deren Umsetzung. Bei einem positiv eingestellten Umfeld hingegen steigen für die ehemaligen Kämpferinnen die Chancen und Möglichkeiten, diese emanzipatorischen Faktoren auch ausleben zu können.

Abgesehen von diesem wesentlichen Element der Arbeit als Grundpfeiler für das neue Leben in der zivilen Gesellschaft sprechen die ehemaligen Kämpferinnen noch einen zweiten zentralen Punkt an: Kinder bzw. Mutterschaft. Das Zusammensein mit den Kindern und der Aufbau einer »normalen« geregelten Familie sind in der jetzigen Phase der Reintegration und für das zukünftige Leben von besonderer Bedeutung. Hier kann zwischen zwei Ebenen unterschieden werden: Demobilisierte Kämpferinnen, welche während der Phase der Reintegration schwanger wurden, und auf der anderen Seite Kämpferinnen, welche schon Kinder hatten und diese während der Zeit innerhalb der bewaffneten Gruppierung verlassen mussten.

Zum ersten Aspekt ist festzustellen, dass generell in der Phase der Wiedereingliederung eine Zunahme an Schwangerschaften von ehemaligen Kombattantinnen zu verzeichnen ist[150]. Dies stellt ein zentrales Charakteristikum der Reintegration dar (IOM 2006). Auch bei den interviewten ehemaligen Kämpferinnen wurden drei in der Zeit der Reintegration schwanger. Eine Interviewpartnerin liefert Hinweise auf den Grund dieses Phänomens.

Es ist jetzt unsere Absicht, weiterzukommen. Jetzt mit unserem Baby, das ist jetzt unsere Moral. Weiter machen. Wir wollen eine Familie sein, und unser Baby soll einmal studieren können und alles haben, was es braucht. (Veronica)

Das Baby erlangt enorme Wichtigkeit für das zukünftige Leben. Der Wunsch, dem Kind alles Nötige und Mögliche zu geben, stellt laut dieser Interviewpartnerin eine Triebkraft für die Zukunft dar. Schwangerschaft und Mutterschaft als Ansporn beim Aufbau des zukünftigen Lebens. In ihrer Studie über demobilisierte Kämpferinnen skizziert IOM ein ähnliches Bild. Ehemalige Kombattantinnen gehen relativ schnell familiäre Bindungen mit Schwangerschaft ein, was als Ausdruck des Wunsches nach Zuneigung und Begleitung gesehen werden kann. Es scheint einen ausgeprägten Wunsch nach Stabilität und emotionaler Sicherheit zu geben, wobei die Schwangerschaft eine Chance bietet, Stärke und Kraft daraus zu schöpfen bzw. in dieser problembehafteten Zeit der Reintegration Begleitung zu haben und vorwärts zu blicken[151] (IOM 2006: 36).

---

150   In Bezug auf das Regierungsprogramm zur Demobilisierung und die Frage einer Geschlechterperspektive kann vor diesem Hintergrund ein Beispiel gebracht werden: Aufgrund der zahlreichen Kinderbetreuungsverpflichtungen demobilisierter Kämpferinnen können diese zum Teil nicht an den für den Weiterbezug der finanziellen Unterstützung verpflichtenden Arbeitskreisen des Programms teilnehmen, woraus ihnen eine Streichung der Unterstützung oder gar Ausschluss aus dem Programm drohen können. Dies verdeutlicht wiederum die mangelnde Sensibilität seitens des DDR-Programms der Thematik gegenüber unter der Prämisse des »genderneutralen Blicks«.

151   Andere eruierte potentielle Faktoren für die Zunahme an Schwangerschaften während der Reintegration liegen laut IOM vor allem in zwei Bereichen. Auf der einen Seite die Unterdrückung der freien Ausübung von Schwangerschaft in den bewaffneten Gruppierungen, welche Frauen die Möglichkeit einer freien selbst bestimmten Entscheidung über ihren Körper entzieht. Auf der anderen Seite

Zur zweiten Variante: Frauen treten bereits als Mütter in die bewaffnete Gruppierung ein. Durch die »verlorene« Zeit ohne die Kinder existiert in der Phase der Reintegration ein starker Wunsch nach Zusammenleben mit ihnen. Vor allem Laura illustriert diesen Aspekt.

Ich werde ein neues Leben führen, ein ruhiges Leben. Ein Leben, wie es sein soll, ohne Konflikt mit den Gesetzen. Ein stabiles Leben mit meinen Kindern. Ich möchte sie aufwachsen sehen, so wie ich mir wünsche, dass sie eine Ausbildung bekommen und an meiner Seite heranwachsen. Ich möchte in Zukunft mit meinen Kindern zusammenleben. Mit ihnen gemeinsam viele Dinge erleben und ihnen das geben, was ich ihnen früher nicht geben konnte, weil ich nicht da war. Weil ökonomisch konnte ich ihnen helfen, meine Tante hat mich darum gebeten und ich konnte ihnen etwas geben. Doch das Wichtigste von mir mussten sie vermissen: meine Liebe, meine Unterstützung als Mutter. Jetzt kann ich ihnen das geben. Ich habe viele Absichten, und Gott möge mir helfen, dass ich weiterkomme. Ich weiß, dass er mir helfen wird. Mein größtes Ziel ist es, meine Kinder bei mir zu haben und sie einen richtigen Weg zu führen, dass sie einmal etwas werden im Leben. Dass sie nicht mehr an Sachen denken müssen, an die ich dachte, Sachen, die ich machen musste, weil ich nicht hatte, was ich brauchte. Das Größte sind für mich jetzt meine drei kleinen Kinder. Und es wird schon werden. Da sind wir und es wird besser, so Gott will. Und für ihre Zukunft werde ich kämpfen. (Laura)

Das größte Ziel und der größte Wunsch für die Zukunft besteht im Zusammensein mit den Kindern und dem Aufbau eines stabilen Lebens. Der Familienwunsch bzw. der Wunsch nach einem stabilen »normalen« und geregelten Leben stellt den wichtigsten Faktor für die Zukunft innerhalb des zivilen Lebens dar. Dies muss m. E. vor dem Kontext des Konflikts und der eigenen Vergangenheit der ehemaligen Kämpferin gesehen werden. Durch die Zeit innerhalb der bewaffneten Gruppierung – und häufig auch schon vorher – wurde das Führen eines geregelten Lebens verunmöglicht; ein Aspekt, welcher nach-

---

spielt auch der gesellschaftliche Druck innerhalb der eher konservativen und machistischen Gesellschaft Kolumbiens eine Rolle. Erwachsene Frauen ohne Kinder sind in Kolumbien einem gesellschaftlichen Druck ausgesetzt. Vor diesem Hintergrund kann die Rückkehr zur traditionellen Mutterrolle eine mögliche Strategie gegen eine potentielle Stigmatisierung bzw. negative Sanktionierung gesehen werden (IOM 2006: 33ff). Meines Erachtens sollte bei der Analyse dieses Aspektes jedoch nicht die Verhütung außer Acht gelassen werden. Wie bereits skizziert, kommt der Verhütung innerhalb der Guerilla-Gruppierungen ein zentraler Stellenwert zu. Während der Phase der Reintegration wird jedoch keine Verhütung mehr gewährleistet, was weiter zur Zunahme an Schwangerschaften beitragen kann. So berichtet beispielsweise eine Ex-Guerillera, dass ihr sofort beim Eintritt in das ICBF das Diaphragma abgenommen wurde und sie gleich darauf (ungewollt) schwanger wurde. Dies stellt also einen weiteren möglichen Grund für die erhöhte Zahl an Schwangerschaften dar.

geholt werden möchte. Zu diesem »normalen« geregelten Leben zählten – wie auch in der traditionellen patriarchalen Gesellschaft gelebt und vermittelt – Familie und Kinder als ein wesentlicher Bestandteil. Anhand des Vergleichs mit ehemaligen Kämpferinnen der 70er und 80er-Jahre kann dieses Phänomen bestätigt werden. Das Wiedersehen mit den Kindern stellte laut den Aussagen der Ex-Kombattantinnen den wichtigsten Aspekt der Demobilisierung bzw. größten Grund zur Freude dar. Die Mutterschaft bot den Frauen Sinn und Unterstützung beim Wiederaufbau ihres neuen »normalen« Lebens (Lelièvre Aussel 2004: 207). Weiters spielt der Wunsch, den Kindern das zu bieten, was selbst nicht gelebt werden konnte, eine zentrale Rolle.

Als ich schwanger war, dachte ich daran, dass sie mit diesem Kind nicht das machen dürfen, was sie mit mir gemacht haben. Und dass ich nie das tun werde, was sie mit mir gemacht haben. Und ich dachte daran, wie wichtig die Liebe und das Vertrauen sind. Wenn ich genug bekommen hätte, wäre ich wahrscheinlich nicht so rebellisch gewesen, wäre ich nicht so ganz anders geworden. Ich möchte jetzt nicht meiner Mutter die Schuld geben, sie ist jemand, der mir heute viel hilft, sie ist ein sehr lieber Mensch. Doch sie wurde halt mit den alten Vorstellungen erzogen, mit viel Schlägen, mit sehr wenig Liebe. Ein Bussi war schon das höchste der Gefühle... An all das dachte ich, als ich schwanger war. Ich habe heute nur mein Kind, und ich möchte nie, dass es dasselbe tut, was ich getan habe, weder aus Abenteuerlust noch aus sonst einem Grund. Aber die Fehler der Vergangenheit helfen einem, sie nicht zu wiederholen. Nie mehr. Sondern ich möchte den Kindern Liebe geben, viel Liebe. (Isabel)

Nicht dieselben Fehler zu machen, welche ihre Eltern gemacht haben, und die Wichtigkeit, den eigenen Kindern das zu geben, was in der eigenen Kindheit nicht existent war, stellen weitere Faktoren dar. Die Wichtigkeit der Kinder für demobilisierte Kämpferinnen eröffnet sich aus einer anderen Perspektive: die Herausforderung und Aufgabe der Zukunft liegt darin, den Kindern die besten Möglichkeiten zu bieten. Dies kann als ein weiterer potentieller Grund für die große Orientierung und Projektion auf Kinder und Familie innerhalb dieser Phase der Reintegration und des Aufbaus eines neuen Lebens gewertet werden.

Ungeachtet der Tatsache, ob Kinder schon vor dem Eintritt in den bewaffneten Kampf oder erst nachher existierten, zeigt sich die Wichtigkeit und Relevanz von Kindern bzw. einer Familie für die ehemaligen Kämpferinnen in der Phase der Reintegration. Auch anderweitige Studien beschreiben dieses Phänomen: *»Es herrscht ein starkes Bestreben, den Familienkreis, der vor dem Eintritt in die bewaffnete Gruppierung bestand oder der während dieser Zeit weiterlebte, wieder herzustellen.«* (Alcaldía de Bogotá 2006: 37). Diese Wichtigkeit resultiert m. E. daraus, dass Kinder Halt, Stärke und auch einen Antrieb zum Weitermachen und Durchhalten liefern. Das Wissen der

Existenz von Personen, für die frau/man wichtig ist und für die es sich lohnt, vorwärts zu kommen, stellt einen zentralen Aspekt hierbei dar. Kinder bieten eine Stütze und Hilfe für die jeweiligen demobilisierten Personen. Dies bekommt vor dem Kontext der Individualisierung und Isolierung ehemaliger Kämpferinnen während der Etappe der Demobilisierung nochmalige Relevanz: Kinder können die entstandene Einsamkeit durchbrechen und Geborgenheit und Zuneigung liefern. Hier zeigt sich gleichzeitig ein weiteres Spannungsfeld in der Analyse der Geschlechterrollen: auf der einen Seite kann und muss kritisiert werden, dass Frauen nach ihrer Rückkehr in das zivile Leben zum Teil wieder in traditionelle Geschlechterstereotype gedrängt werden. Andererseits stellt sich heraus, das gerade die traditionelle Mutterrolle ehemaligen Kämpferinnen Halt und Unterstützung bieten kann und von ihnen individuell als positiver Faktor gewertet wird – vor allem vor dem Hintergrund des beschriebenen Isolierungsprozesses in der Phase der Reintegration.

Schlussbemerkungen

Frauenbeteiligung im bewaffneten Kampf in Kolumbien entpuppt sich als komplexes Gebilde diverser Prozesse, ambivalenter Phänomene und miteinander konvergierender Tendenzen. Dieses zeichnet sich aus durch eine lange Tradition an kriegerischen Konflikten des Landes; durch unterschiedliche Motivationen sowohl seitens der bewaffneten Gruppierungen Frauen als Kämpferinnen zu rekrutieren als auch der jeweiligen Frauen, in den bewaffneten Kampf einzutreten sowie durch unterschiedliche politische und ideologische Rahmenbedingungen bzw. Kontexte. Vor allem entlang der beiden Trennlinien zeitlich und ideologisch lassen sich markante Differenzen ausmachen. Kämpferinnen des aktuellen Konflikts in Kolumbien stehen anderen Verhältnissen und Rahmenbedingungen gegenüber als jene, welche in den siebziger und achtziger Jahren aktiv gekämpft haben. Die veränderte Situation des Konflikts bzw. die erwähnte teilweise Entideologisierung und Degradierung des Konflikts haben in letzter Instanz auch Auswirkungen auf die Kämpfenden selber. So zeigt beispielsweise die Darstellung der Motive von Guerilla-Kämpferinnen eine Verschiebung von hauptsächlich ideologischen Gründen hin zu vermehrten *push*-Faktoren (wenn auch, wie gezeigt, Ideologie nicht gänzlich verschwunden ist). Diese Tatsache wirkt sich m. E. auch auf die hier analysierte Fragestellung aus. Besonders in Guerilla-Gruppierungen, welche seit ihrem Entstehen von einem Gleichstellungsdiskurs – auch in Geschlechterfragen – begleitet waren, spiegelt sich diese rückläufige Tendenz wider. Ehemalige Kämpferinnen der 70er und 80er Jahre berichten zwar von machistischen und frauendiskriminierenden Erfahrungen, was darauf schließen lässt, dass auch innerhalb Gruppierungen mit einem theoretischen Gleichheitsanspruch dieser in der Praxis nicht immer umgesetzt wurde. Hier können Parallelen zur Situation der aktuellen Guerilla-Kämpferinnen gezogen werden, diese Tendenz ist dementsprechend nichts neues. Nichtsdestotrotz wirkt sich meines Erachtens der Verlust von ideologischen Motivationen und Überzeugungen in der Aktualität besonders auch auf die Frage nach Geschlechtergleichheit bzw. Diskriminierung aus. Der vorhandene Machismus und das fehlende Bewusstsein für Geschlechterfragen seitens der *guerrilleros* tritt ohne die »mindernde« und kompensierende ideologische Komponente verstärkt in den Vordergrund und erschwert so die Umsetzung der theoretischen Postulate in die Praxis.

Ein anderer Aspekt, bei welchem sich die veränderten Rahmenbedingungen des Konflikts auf die Situation der Kämpferinnen direkt auswirken, zeigt sich vor allem in Fragen der Intimität. Kämpferinnen der siebziger und achtziger Jahre war es eher erlaubt, schwanger zu werden und Kinder zu bekommen, als Kämpferinnen in der Gegenwart. Dies mag vielleicht anderweitige Gründe haben, wird seitens der Guerilla-Führung

jedoch auf den lang andauernden und schweren Konflikt zurückgeführt. Es soll hier an
dieser Stelle noch einmal betont werden, dass verständlicherweise der Kontext jegliches
Handeln beeinflusst und erschwert. Die Erfahrungen von Kämpferinnen (z. B. in Bezug
auf Schwangerschaft) können nicht abgetrennt von dem gesamtgesellschaftlichen Kontext
des Konflikts analysiert werden, dieser limitiert individuelle Freiheiten erheblich. Aus
einer theoretisch-feministischen Perspektive wäre jedoch obiges Argument der Guerilla
zu kritisieren. Es zeigt mangelnde Gendersensibilität in Bezug auf den weiblichen Körper
und lässt den einzelnen Frauen wenig Spielräume bzw. Handlungsmöglichkeiten.

Die zweite oben erwähnte Trennlinie verläuft entlang der Ideologien. Dies kann vor
allem verdeutlicht werden anhand einer Gegenüberstellung der Paramilitärs und der
Guerilla. Es konnte hier leider der Darstellung der Paramilitärs aufgrund mangelnder
Information nicht genug Aufmerksamkeit geschenkt werden, trotzdem sticht der markante Unterschied zwischen paramilitärischen und Guerilla-Gruppierungen sofort ins
Auge. Geschlechterkonzeptionen und geschlechtsspezifische Rollenstereotype sind unterschiedlicher Natur, was wiederum auf die unterschiedliche bis konträre ideologische und
politische Ausrichtung der beiden bewaffneten Akteure zurückzuführen ist. Während
bei den Paramilitärs Frauen eher in dem traditionellen Rollenbild verhaftet bleiben und
dieses dort perpetuiert und eingeebnet wird, wird innerhalb der Guerilla auf gewissen
Ebenen doch eine Verschiebung und Veränderung des Rollenbildes vorangetrieben. Bis
auf den Bereich des Kampfes, wo zum Teil auch Frauen zugelassen werden, herrscht bei
den Paramilitärs ein diskriminierender Umgang mit Frauen, basierend auf einem traditionellen und konservativen Frauen- bzw. Geschlechterbild. Frauen bei den Paramilitärs
werden hauptsächlich für spezifisch weiblich konnotierte Tätigkeiten rekrutiert und sind
oftmals gewalttätigen und sexuellen Übergriffen ausgesetzt. Im Gegensatz dazu lässt die
aktive Einbindung von Frauen in den Kampf, die gleich verteilten Aufgaben und der erwähnte respektvolle Umgang mit Kämpferinnen auf ein progressives, gleichberechtigtes
Frauenbild der Guerilla schließen. Dies markiert also einen essentiellen Unterschied zu
den Paramilitärs und auch dem Rest der Kolumbianischen Gesellschaft in Bezug auf das
Frauenbild und die Rolle der Kämpferinnen.

Generell bewegen sich Frauen in bewaffneten Gruppierungen in einem Spannungsverhältnis zwischen Emanzipation und Gleichberechtigung auf der einen Seite und
diskriminatorischen und unterdrückenden Elementen auf der anderen Seite. Dieses
Spannungsfeld lässt sich anhand der beiden zentralen Analysekategorien verdeutlichen:
innerhalb der Guerilla kann einerseits auf der Ebene der Arbeitsteilung eine annähern-
de Gleichberechtigung ausgemacht werden, auf der Ebene der »Aufstiegschancen« für
Kämpferinnen in höhere Position jedoch hemmende und diskriminierende Elemente.
Diese Schlussfolgerung lässt sich gleichermaßen umlegen auf das zweite strukturierende
Element in der Guerilla. Der Umgang mit dem weiblichen Körper und der Intimität der

Kämpferinnen ist auf der einen Seite wiederum gekennzeichnet von einem emanzipatorischen Anspruch, aber diskriminatorischen Praktiken auf der anderen Seite.

Abgesehen davon kann auch das obige Postulat der Gleichheit, wie wir gesehen haben, in der Realität in Ungleichheit bzw. Benachteiligung umschlagen. An Fragen der körperlichen Belastung oder der »gläsernen Decke« sei hier erinnert, vor allem jedoch an die spezifisch sensiblen Fragen des weiblichen Körpers und der weiblichen Intimität. Dies verdeutlicht also das Spannungsfeld von Kämpferinnen innerhalb der Guerilla und der bewaffneten Gruppierungen – zwischen Gleichberechtigung und Diskriminierung, Emanzipation und Unterdrückung.

Was haben diese Erfahrungen konkret für Auswirkungen auf das allgemeine Rollenbild bzw. auf die weiblichen Kämpferinnen selbst? In Hinblick auf die gesamtgesellschaftlichen Konsequenzen durch die Beteiligung von Frauen am Kampf in Kolumbien und die Frage einer generellen Rollenaufweichung lassen sich schwer Rückschlüsse ziehen. Die Sicherheitsproblematik durch den andauernden Konflikt macht es für die ehemaligen Kämpferinnen notwendig, ihre Vergangenheit geheim zu halten und führt dadurch wieder zu einer mangelnden öffentlichen Wahrnehmung bzw. Unsichtbarkeit weiblicher Kombattantinnen. Ehemalige Kämpferinnen verschwinden vor diesem Hintergrund wieder in der Versenkung und Isolation, statt neue gesellschaftliche Bereiche oder Bühnen zu betreten. Dies erschwert eine generelle Transformation der Geschlechterrollen und -Konzeptionen, da auf gesamt-gesellschaftlicher Ebene aktive Kämpferinnen wieder ausgeblendet werden. Auch in jenen gesellschaftlichen Bereichen jedoch, welche mit KämpferInnen der bewaffneten Organisationen konfrontiert sind und/oder mit diesen arbeiten, herrscht noch Geschlechterblindheit und mangelnde Sensibilität bezüglich weiblicher KämpferInnen. Besonders sticht hier das Regierungsprogramms zur Demobilisierung hervor, welches unter der »genderneutralen« Konzeption diskriminierende Elemente für ehemalige Kämpferinnen beinhaltet. Doch auch andere Beispiele (wie das erwähnte Forum zur Reintegration des Innenministeriums) signalisieren, dass weitgehend noch traditionelle Geschlechterbilder vorherrschen.

Und für die Kämpferinnen selbst? Einerseits lassen sich Elemente des Empowerment und der Stärkung des Selbstbewusstseins ausmachen, welche vielleicht ohne die Erfahrung der Rolle als Kombattantin weniger ausgeprägt wären. Vor allem innerhalb der Guerilla kommt dieses Element zum Tragen, indem Kämpferinnen andere Formen des Agierens und des Interagierens der Geschlechter erleben. Ein markanter Faktor diesbezüglich stellt der Bereich der Arbeit dar. Frauen in der Guerilla dürfen bzw. müssen gleich wie ihre männlichen *compañeros* arbeiten – eine Tatsache, welche ihnen in der restlichen kolumbianischen Gesellschaft oftmals verwehrt bleibt. Rückblickend betonten viele Interviewpartnerinnen die Wichtigkeit dieser selbständigen Arbeit als persönlichen Gewinn.

Dem persönlichen Wunsch nach einem emanzipierten Lebensentwurf stehen jedoch gesellschaftliche Limitationen und Barrieren gegenüber. Das Potential, die weibliche Beteiligung am bewaffneten Kampf sowohl für die Frauen selber als auch für die breitere Gesellschaft als Emanzipation und Fortschritt zu nutzen und somit einer realen Rollentransformation bzw. -aufweichung einen Schritt näher zu kommen, wäre vorhanden. Dieses ist jedoch nach der Rückkehr in das zivile Leben nicht immer auslebbar. Die »Rückkehr zur Normalität« beschränkt ehemalige Kämpferinnen teilweise in dem Maße, dass sie ihre eigenen Wünsche zur Selbstverwirklichung nicht in die Realität umsetzen können. Nach der Rückkehr in das zivile Leben finden sich demobilisierte Frauen isoliert und in den traditionellen Strukturen bzw. Rollen wieder. Am Beispiel der Arbeit kann dies wieder festgemacht werden, wo der Wunsch nach selbstständiger Arbeit durch die entgegengesetzten traditionellen Vorstellungen des Partners eingeschränkt wird. Somit bleibt das Empowerment auf einer illusorischen, nicht jedoch realen Ebene.

In kriegerischen Prozessen könnte das durch die Partizipation im bewaffneten Kampf erworbene Potential von Empowerment genutzt werden, um gesellschaftliche Transformationen voranzutreiben. Aber statt diese Ausgangslage als Start für einen positiven Wandel hinsichtlich der Geschlechtergleichberechtigung zu nutzen, zeigt die Tendenz Kolumbiens eher in die umgekehrte Richtung. Auf individueller Ebene existieren seitens der ehemaligen Kämpferinnen sehr wohl Ansätze, die Erlebnisse des bewaffneten Kampfes als transformatorisches Werkzeug zu nutzen und (auch) im zivilen Leben aus den traditionellen Geschlechterrollen auszubrechen. Um dieses Potential jedoch fruchtbar zu machen, bedarf es politischen Willens und entsprechender Strukturen auf gesellschaftlicher Ebene, welche es den jeweiligen Frauen ermöglichen, dieses auch umzusetzen.

Bibliographie

LITERATUR

Ahrens, Jens-Rainer; **Apelt**, Maja; **Bender**, Christiane, 2005: Einleitung. S. 7-12 In: Ahrens, Jens Rainer; Apelt, Maja; Bender, Christiane: Frauen im Militär: Empirische Befunde und Perspektiven zur Integration von Frauen in die Streitkräfte. Wiesbaden: VS Verlag für Sozialwissenschaften.

AI, Amnesty International, 2007: Annual Report Colombia 2007. Abrufbar über: http://thereport.amnesty. org/engRegions/Americas/Colombia [Zugegriffen 20.06.2007]

AKUF, Arbeitsgemeinschaft Kriegsursachenforschung, 2006: Das Kriegsgeschehen 2006. Abrufbar über: http://www.sozialwiss.uni-hamburg.de/publish/Ipw/Akuf/publ/AKUF-Pressemitteilung 2006.pdf [Zugegriffen 13.04.2007]

Alvaréz Correa, Miguel; **Aguirre**, Julián, 2002: Guerreros sin sombra. Niños, niñas y jóvenes vinculados al conflicto armado. Procuraduría General de la Nación. Bogotá: Instituto de Bienestar Familiar ICBF.

Amiet, Barbara; **Baillod**, Jürg; **Schär Moser**, Marianne, 2000: Chancen für die Chancengleichheit. Kursbuch zur Gleichstellung von Frau und Mann im Erwerbsleben, Zürich: Hochschulverlag.

AMLAE, Asociación de mujeres nicaragüenses »Luisa Amanda Espinoza«, o. J · Estrategia de AMLAE.

Anderlini, Sanam Naraghi; **Conaway Pampell**, Camille, 2004: Inclusive Security, Sustainable Peace: A Toolkit for Advocacy and Action. Teil 3, Security Issues. International Alert & Women Waging Peace. Abrufbar über: http://www.huntalternatives.org/pages/87_inclusive_security_toolkit.cf [Zugegriffen 13.04.2007]

Andreas, Carol, 1999: »It's right to fight«. Women insurgents in Peru. S. 312-328 In: Dombrowski, Nicole Ann (Hg.), 1999: Women and War in the Twentieth Century. Enlisted with or without consent. New York/London: Garland Publishing, Inc.

Apelt, Maja, 2005: Geschlecht und Militär – Grundzüge der neueren Diskussion. S. 13-29. In: Ahrens, Jens-Rainer; Apelt, Maja; Bender, Christiane: Frauen im Militär: Empirische Befunde und Perspektiven zur Integration von Frauen in die Streitkräfte. Wiesbaden: VS Verlag für Sozialwissenschaften.

Archila Neira, Mauricio, 2005: Idas y venidas, vueltas y revueltas. Protestas sociales en Colombia 1958-1990. Bogotá: Instituto Colombiano de Antrología e Historia.

Barth, Elise Fredrikke, 2002: Peace as disappointment. The reintegration of female soldiers in post-conflict societies. A comparative study from Africa. International Peace Research Institute (PRIO). Abrufbar über: http://www.peacewomen.org/resources/DDR/AfricaBarth.html [Zugegriffen 28.07.2006]

Bennet, Olivia; **Bexley**, Jo; **Warnock**, Kitty, 1995: Armas para luchar, brazos para proteger. Las mujeres hablan de la guerra. Barcelona: Icaria.

Blair, Elsa T.; **Nieto**, Yoana V., 2004: Las mujeres en la guerra: una historia por contar. Revista Universidad de Antioquia 277: 12-26. Editorial Universidad de Antioquia

Bock von Wülfingen, Bettina, 2001: Verhüten – Überflüssig. Medizin und Fortpflanzungspolitik am Beispiel Norplant. Schriftenreihe Nut. Mössingen-Talheim: Talheimer Verlag

Bourdieu, Pierre, 2005: Die männliche Herrschaft. Frankfurt am Main: Suhrkamp Verlag.

Cárdenas Sarrias, José Armando, 2005: Los Parias de la Guerra. Análisis del proceso de demovilización individual. Treinta historias de ex combatientes, guerrilleros o paramilitares. Bogotá: Ediciones Aurora.

Castellanos, Gabriela; **Rodríguez**, Alba Nubia; Bermúdez, Norma Lucia, o. J.: Mujeres y conflicto armado: Representaciones, prácticas sociales y propuestas para la negociación. S. 168-184 In: Castellanos, Gabriela; Accorsi, Simone (Hg.), Sujetos femeninos y masculinos. La Manzana de la Discordia. Centro de Estudios de Género, Mujer y Sociedad. Universidad del Valle, Colombia.

Castro, María Clemencia; **Díaz**, Lucía Carmen, 1997: Guerrilla, reinserción y lazo social. Bogotá: Almudena Editores.

Cherpak, Evelyn, 1995: Las mujeres en la Independencia. Sus acciones y sus contribuciones. S. 83-116 In: Las Mujeres en la Historia de Colombia. Bogotá: Norma

CERAC, Centro de Recursos para el Análisis de Conflictos, 2005: El Conflicto Colombiano. Hacia donde va? Abrufbar über: http://www.cerac.org.co/pdf/CSISPresentationwithtextV11Spanish_Low.pdf [Zugegriffen 10.03.2006]

CIPAF, Centro de Investigación Para la Acción Femenina, 1988: Nora Astorga guerrillera... embajadora de la paz y de la vida. Santo Domingo: CIPAF.

Cropley, Arthur J., 2005: Qualitative Forschungsmethoden. Eine praxisnahe Einführung. 2. Auflage, Frankfurt/Main: Verlag Dietmar Klotz GmbH.

Diekmann, Andreas, 2003 (1995): Empirische Sozialforschung. Grundlagen, Methoden, Anwendungen. 10. Auflage, Hamburg: Rowohlt Taschenbuch Verlag GmbH.

Dombrowski, Nicole Ann, 1999: Soldiers, Saints, or Sacrificial Lambs? Women's Relationship to Combat and the Fortification of the Home Front in the Twentieth Century. S. 2-32 In: Dombrowski, Nicole Ann (Hg.), 1999: Women and War in the Twentieth Century. Enlisted with or without consent. New York/London: Garland Publishing, Inc.

Eifler, Christine, 2003: Militär und Geschlechterverhältnis. S. 26-36. In: Männlichkeit und Krieg. Dokumentation einer Fachtagung des Forum Männer in Theorie und Praxis der Geschlechterverhältnisse. Berlin: Heinrich-Böll-Stiftung.

Elshtain, Jean Beathke, 1987: Women and War. Chicago: The University of Chicago Press.

Elshtain, Jean Beathke; **Tobias**, Sheila, 1990: »Preface«. S. ix-xii. In: Elshtain, Jean Beathke; Tobias, Sheila (Hg.), Women, Militarism, and War. Essays in History, Politics and Social Theory. Savage, Maryland: Rowman & Littlefield.

Enloe, Cynthia, 1990: Bananas, Bases, and Patriarchy. S. 189-206. In: Elshtain, Jean Beathke; Tobias, Sheila (Hg.), Women, Militarism, and War. Essays in History, Politics and Social Theory. Savage, Maryland: Rowman & Littlefield.

Enloe, Cynthia, 1996: Alle Männer sind in der Miliz, alle Frauen sind Opfer. Die Politik von Männlichkeit und Weiblichkeit in nationalistischen Kriegen. S. 92-110 In: Fuchs, Brigitte; Habinger, Gabriele (Hg), Rassismen und Feminismen. Differenzen, Machtverhältnisse und Solidarität zwischen Frauen. Wien: Promedia.

Enloe, Cynthia, 2004: The curious feminist. Searching for women in a new age of empire. Berkeley, California; London: University of California Press.

Essletzbichler, Elisabeth, 2003: »Sin las Soldaderas no hay Revolución Mexicana. Lo real, lo ficticio y lo imaginario: El modelo femenino de las Soldaderas en la Revolución Mexicana.« Wien: Diplomarbeit, Universität Wien.

Farr, Vanessa, 2005: La Desmilitarización con Perspectiva de Género como Herramienta para la Construcción de la Paz. Instituto de Estudios Regionales, INER. Cuadernos INER No. 2, Serie Traducciones. Medellin: Universidad de Antioquia.

Fearnley, Lillah, 2003: Routes to armed Struggle and Challenges of Demobilisation. A Case Study of female Combatants in Colombia. London: Dissertation, University of London.

Ferro Medina, Juan Guillermo; *Uribe Ramón*, Graciela, 2002: El Orden de la Guerra. Las FARC-EP: Entre la organización y la política. Bogotá: Editorial Pontificia Universidad Javeriana.

Flach, Anja, 2007: Frauen in der kurdischen Guerilla. Motivation, Identität und Geschlechterverhältnis in der Frauenarmee der PKK. Köln: PapyRossa.

Flick, Uwe, 2006 (2002): Qualitative Sozialforschung. Eine Einführung. 4. Auflage, Hamburg: Rowohlt Taschenbuch Verlag GmbH.

FSLN, Frente Sandinista de Liberación Nacional, 1987: El FSLN y a mujer en la Revolución Popular Sandinista. Managua: Editorial Vanguardia.

Froschauer, Ulrike; *Lueger*, Manfred, 2003: Das qualitative Interview. Wien: WUV Universitätsverlag.

Gamboa López, Miguel, 2002: Politische Theorie und Gewalt. Wege aus dem kolumbianischen Labyrinth. Aachen: Shaker.

Gantzel, Klaus Jürgen, 2002: Neue Kriege? Neue Kämpfer? Forschungsstelle Kriege, Rüstung und Entwicklung. Arbeitspapier, Universität Hamburg – IPW.

Goldstein, Joshua, 2001: War and Gender. How gender shapes the war system and vice versa. Cambridge: Cambridge University Press

González E., Fernán, 2004: Conflicto violento en Colombia: una perspectiva de largo plazo. S. 10-17. In: Alternativas a la guerra. Iniciativas y procesos de paz en Colombia. Controversia, Bogotá Februar 2004.

González Uribe, Guillermo, 2002. Los niños de la Guerra Bogotá: Editorial Planeta Colombiana, S.A.

Grabe, Vera, 2000: Razones de Vida. Bogotá: Editorial Planeta Colombiana, S. A.

Grabner, Kerstin; *Sprung*, Annette, 1999: Krieg und Vergewaltigung. S. 161-176 In: Hey, Barbara; Huber, Cécile; Schmidlechner, Karin (Hg), Krieg: Geschlecht und Gewalt. Graz: Leykam.

Harders, Cilja, 2002: Geschlechterverhältnisse in Krieg und Frieden – eine Einführung. S. 9-27 In: Harders, Cilja, Roß, Bettina (Hg), Geschlechterverhältnisse in Krieg und Frieden. Perspektiven der feministischen Analyse internationaler Beziehungen. Opladen: Leske & Budrich.

Hedinger, Sandra, 2002: Krieg und Frieden im Denken von Bertha von Suttner, Rosa Luxemburg, Hannah Arendt und Gegenwartsautorinnen. S. 45-60 In: Harders, Cilja, Roß, Bettina (Hg), Geschlechterverhältnisse in Krieg und Frieden. Perspektiven der feministischen Analyse internationaler Beziehungen. Opladen: Leske & Budrich.

Hegel, G. W. F., 1986: Phänomenologie des Geistes. Frankfurt am Main: Suhrkamp Taschenbuch Verlag.

Henderson, James, 1984: Cuando Colombia se desangró. Un estudio de la Violencia en metrópoli y provincia. Bogotá: El Ancora Editores.

Hernandez-Osorio, Alvaro, 2007: Kolumbien: der (un)lösbare Konflikt? Wien: Diplomarbeit, Universität Wien.

Hobsbawm, Eric, 1998 (1994): Das Zeitalter der Extreme. Weltgeschichte des 20. Jahrhunderts. 3. Auflage. München: Deutscher Taschenbuch Verlag.

Hörtner, Werner, 2006: Kolumbien verstehen. Geschichte und Gegenwart eines zerrissenen Landes. Zürich: Rotbuchverlag.

HRW, Human Rights Watch, 2004: Aprenderás a no llorar. Niños combatientes en Colombia. Bogotá: Editorial Gente Nueva.

Ibañez, Ana Cristina, 2001: El Salvador: War and untold Stories – Women Guerrilleras. S. 117-131 In: Moser, Caroline O.N.; Clark, Fiona C. (Hg.), 2001: Victims, Perpetrators or Actors? Gender, Armed Conflict and political violence. London & New York: Zed Books Ltd.

International Crisis Group, 2009: Ending Colombia's FARC Conflict: Dealing the right card. Latin America Report Nr. 30 – 26 March 2009.

IOM, International Organization of Migration, 2006: Informe final Consultoría Género y Reincorporación – Modalidad Individual.

IOM, International Organization of Migration, 2006: Informe final Consultoría Género y Reincorporación – Modalidad Colectiva.

Iturbe, Lola, 1974: La Mujer en la Lucha Social y en la Guerra Civil de España. Mexico, D. F.: Editores Mexicanos Unidos, S. A.

Jaramillo Castillo, Carlos Eduardo, 1987: Las Juanas de la Revolution. El papel de las mujeres y los niños en la guerra de los mil dias. S. 211-230 In: Anuario colombiano de historia social y de la cultura. Nr. 15. Bogota: Universidad Nacional de Colombia.

Joos, Yvonne, 2004: Geschlechterverhältnisse in Kriegen und gewaltförmigen Konflikten. In: Beiträge zur feministischen Theorie und Praxis. Nr. 65. Abrufbar über: http://www.cfdch.org/pdf/friedenartikel_ beitraege.pdf [Zugegriffen 17.07.2007]

Kampwirth, Karen, 2006 (2002): Women and guerrilla movements: Nicaragua, El Salvador, Chiapas, Cuba, 2. Auflage, Pennsylvania: Pennsylvania State University Press.

Kampwirth, Karen, 2004: Feminism and the Legacy of Revolution. Nicaragua, El Salvador, Chiapas. Ohio: Ohio University Press.

Katschnig-Fasch, Elisabeth, 1999: Zur Genese der Gewalt der Helden. Gedanken zur Wirksamkeit symbolischer Geschlechterkonstruktionen. S. 65-77 In: Hey, Barbara; Huber, Cécile; Schmidlechner, Karin (Hg), Krieg: Geschlecht und Gewalt. Graz: Leykam.

Krause, Ellen, 2003: Einführung in die politikwissenschaftliche Geschlechterforschung. Kapitel 4.4. Geschlechterforschung und internationale Beziehungen. S. 238-264. Opladen: Leske & Budrich.

Kreisky, Eva, 2003: Fragmente zum Verständnis des Geschlechts des Krieges. Vortrag Wien, 09.12.2003 Abrufbar über: http://evakreisky.at/onlinetexte/geschlecht_des_krieges.pdf [Zugegriffen 20.02.2006]

Lara, Patricia, 2000: Las mujeres en la guerra. Bogotá, Planeta Colombia Editorial.

Lelièvre Aussel, Christiane; *Echavarria Moreno*, Graciliana; *Ortiz Perez*, Isabel, 2004: Haciendo memoria y dejando rastros. Encuentros con mujeres excombatientes del Nororiente de Colombia. Fundación mujer y futuro, Bucaramanga.

Londoño, Luz Maria; *Nieto*, Yoana Fernanda, 2006: Mujeres no Contadas. Procesos de desmovilización y retorno a la vida civil de mujeres excombatientes en Colombia, 1990-2003. La Carreta Social, Bogota, Colombia.

Londoño Fernández, Luz Maria, 2005: La corpOralidad de las guerreras: Una mirada sobre las mujeres excombatientes desde el cuerpo y el lenguaje. Revista de Estudios Sociales Nr. 21: 67-74. Bogotá.

Londoño Fernández, Luz Maria; *Nieto Valdivieso*, Yoana, 2005: Encuentros con mujeres excombatientes. En busca de otros lenguajes para contar la guerra. Revista Universidad de los Antioquia Nr. 280: 14-39. Medellín, Universidad de Antioquia.

Lorentzen, Lois Ann; *Turpin*, Jennifer, 1996: Introduction: The Gendered New World Order. S 1-11 In: Turpin, Jennifer, Lorentzen, Lois Ann (Hg), The Gendered New World Order. Militarism, Development and the Environment. New York: Routledge.

Mathis, Sibylle, 2002: Ein- und Aus-Blicke feministischer Friedensarbeit. S. 105-119 In: Harders, Cilja, Roß, Bettina (Hg), Geschlechterverhältnisse in Krieg und Frieden. Perspektiven der feministischen Analyse internationaler Beziehungen. Opladen: Leske & Budrich.

Mayring, Philipp, 2003 (1983): Qualitative Inhaltsanalyse. Grundlagen und Techniken. 8. Auflage, Weinheim und Basel: Beltz Verlag.

Meertens, Donny, 2005: Mujeres en la guerra y la paz: cambios y permanencias en los imaginarios sociales. S. 256-276 In: Mujer, nación, identidad y cuidadanía: siglos XIX y XX. IX Cátedra anual de Historia Ernesto Restrepo Tirado. Bogota: Ministerio de Cultura:

Mesa de Trabajo Mujer y Conflicto armado, 2007: Mujer y conflicto armado. Informe sobre violencia socio política contra mujeres, jóvenes y niñas en Colombia. Séptimo Informe. Bogotá: Ediciones Antropos.

Moreno Echavarria, Graciliana, 2003: La Vivencia de las Mujeres en la Guerrilla. Un Episodio por Revelar. S. 35-39. In: Ortiz Pérez, Isabel; Lamus Canavate, Doris; Lelièvre Christiane: Las Mujeres en la Guerra y su Participación en la Construcción de la Paz. Bogotá: Profamilia.

Moser, Caroline; *Clark*, Fiona, 2001. Experiencias de América Latina en Género, Conflicto y la Construcción de la Paz sostenible. Un Reto para Colombia. Informe de la conferencia realizada en Bogotá, Colombia, en mayo de 2000, organizada por el programa Paz Urbana y la Oficina de País del Banco Mundial en Colombia, con el apoyo de la Agencia Sueca para el Desarrollo Internacional (Asdi).

Murguialday, Clara, 1988: Ser mujer en Nicaragua. Diez años de lucha de AMLAE. Nueva Sociedad Nr. 94: 54-64.

Murguialday, Clara, 1990: Nicaragua, revolución y feminismo (1977-89). Madrid: Editorial Revolucion.

Nagl, Bettina, 2005: Chana – eine mexikanische Frau an der Pazifikküste Oaxacas. Investigaciones 7, Forschungen zu Lateinamerika. Frankfurt/Main: Brandes & Appelt.

Nikolić-Ristanović, Verena, 1996: War and Violence against women. S 195-210 In: Turpin, Jennifer, Lorentzen, Lois Ann (Hg), The Gendered New World Order. Militarism, Development and the Environment. New York: Routledge.

Olsson, Luise, 2005: The Namibian Peace Operation in a Gender Context. S. 168-182. In: Mazurana, Dyan; Raven-Roberts, Angela; Parpart, Jane (Hg.).: Gender, Conflict, and Peacebuilding. Lanham: Roman & Littlefield Publishers.

Otero Bahamón, Silvia, 2006a: Las mujeres en armas. Experiencias de Ingreso, Combate y Reinserción. Una Aproximación desde la Sociología de las Emociones. Bogotá: Tesis de Grado, Universidad de los Andes.

Otero Bahamón, Silvia, 2006b: Frieden und Krieg: Die Frauen in Krieg und Frieden – das Weibliche bei der FARC und bei den AUC. Actualidad Colombiana Boletín 425. Abrufbar über: http://www. actualidadcolombiana.org/boletin.shtml?x=1098 [Zugegriffen 08.04.2006]

Otero Bahamón, Silvia, 2006c: Kindersoldaten – Opfer oder Täter? Actualidad Colombiana Boletín 427. Abrufbar über: http://www.actualidadcolombiana.org/boletin.shtml?x=1212 [Zugegriffen 12.05.2006]

Pécaut, Daniel, 2004: Conflictos armados, guerras civiles y política: relación entre el conflicto colombiano y otras guerras internas contemporáneas. In: Castillo Gomez, Luis Carlos (Hg.), 2004: Colombia a comienzos del nuevo milenio. 8 Coloquio nacional de sociología. Santiago de Cali: Facultad de Ciencias Sociales y Económicas. Departamento de Ciencias Sociales. Universidad del Valle.

Pizarro Leongómez, Eduardo, 1992: Colombia: Hacia una Salida democratica a la crisis nacional. Análisis Politico Nr. 17, S. 37-55, Bogotá September – Dezember 1992

Pizarro Leongómez, Eduardo, 1989: Los orígenes del movimiento armado comunista en Colombia (1949-1966). Análisis Politico Nr. 7, S. 7-31, Bogotá Mai-August 1989.

Pizarro Leongómez, Eduardo, 1991: Elementos para una sociología de la guerrilla en Colombia. In: Análisis Politico Nr. 12, S. 7-23, Bogotá Jänner-April 1991.

Purkarthofer, Petra, 2006: Gender and Gender Mainstreaming in International Peacebuilding. Paper presented at the the annual meeting of the International Studies Association. San Diego. Abrufbar über: http://www.isanet.org/archive.html [Zugegriffen 13.04.2007]

Raven-Roberts, Angela, 2005: Gender Mainstreaming in United Nations Peacekeeping Operations: Talking the Talk, Tripping over the Walk. S. 43-63 In: Mazurana, Dean; Raven-Roberts, Angela; Parport, Jane (Hg.): Gender, Conflict, and Peacekeeping. Lanham: Rowman & Littlefield.

Rehn, Elisabeth; **Johnson Sirleaf**, Ellen, 2002: Women War Peace: The Independent Experts' Assessment on the impact of armed conflict on women and women's role in Peacebuilding. Progress of the World's Women 2002. Volume 1. UNIFEM.

Reif, Linda L., 1986: Women in Latin Amerika Guerrilla Movements: A Comparative Perspective. Comparative Politics Vol. 18, Nr. 2: 147-169. New York, City University.

Richards, Janet Radcliffe, 1990: Why the Pursuit of Peace is no part of feminism. S. 211-226. In: Elshtain, Jean Beathke; Tobias, Sheila (Hg.), Women, Militarism, and War. Essays in History, Politics and Social Theory. Savage, Maryland: Rowman & Littlefield.

Rousseau, Jean-Jacques, 1998: Emile und die Erziehung. F. Schöningh: UTB Wissenschaft.

Schamanek, Claudia, 1996: Frauenemanzipation in revolutionären und militärischen Kontexten. Aspekte der Geschlechterverhältnisse am Beispiel eritreischer EPLF-Kämpferinnen (1988-1992). Wien: Diplomarbeit, Universität Wien.

Seifert, Ruth; **Eifler**, Christine, 2003: Zur Einführung: Gender und Militär. S. 10-22. In: Seifert, Ruth; Eifler, Christine (Hg): Gender und Militär. Internationale Erfahrungen zu Frauen und Männern in den Streitkräften. Königstein/Taunus: Ulrike Helmer Verlag.

Seifert, Ruth, 2005: Weibliche Soldaten. Die Grenzen des Geschlechts und die Grenzen der Nation. S. 230-241 In: Ahrens, Jens-Rainer; Apelt, Maja; Bender, Christiane (Hg): Frauen im Militär. Empirische Befunde und Perspektiven zur Integration von Frauen in die Streitkräfte. Wiesbaden: VS Verlag für Sozialwissenschaften.

Shayne, Julie, 2004: The Revolution Question. Feminisms in El Salvador, Chile and Cuba. New Brunswick: Rutgers University Press.

Stoltz Chinchilla, Norma, 1994: Feminism, Revolution, and Democratic Transitions in Nicaragua. S. 177-197. In: Jaquette, Jane S. (Hg), 1994 : The Women's Movement in Latin America. Participation ad Democracy. 2. Auflage, Boulder/San Fransisco/Oxford: Westview Press.

Taylor, Diane, 2006: I wanted to take revenge. University for Peace. Peace and Conflict Monitor. Abgerufen über: http://www.monitor.upeace.org/innerpg.cfm?id_article=383 [Zugegriffen 07.10.2006]

UNDP, United Nations Development Program, 2003: El conflicto, callejón con salida. Informe National de Desarrollo Humano para Colombia – 2003. Bogotá, Colombia. Abrufbar über: http://indh.pnud.org.co/informe2003_.plx?pga=CO3tablaContenido&f=117669178 [Zugegriffen 02.04.2007]

UNHCR, United Nations High Commission for Refugees, 2008: UNHCR Global Appeal 2008 – 2009.

UNIFEM, United Nations Development Fund for Women, 2004: Getting it Right, Doing it Right: Gender and Disarmament, Demobilization and Reintegration. Abrufbar über: http://www.unifem.org/resources/item_detail.php?ProductID=21 [Zugegriffen 10.03.2006]

Wilkinson, Ray, 2005: Das größte Versäumnis der internationalen Gemeinschaft. Ein neuer Ansatz zur Unterstützung der Binnenvertriebenen auf der Welt. UNHCR, The Agency: Flüchtlinge Nr. 4, S. 4-19. Bonn 2005.

Wills Obregón, Maria Emma, 2005: Mujeres en armas – avance ciudadano o subyugación femenina? In: Analisis Politico No. 54, S. 63-80, Bogotá Mai-August 2005

Whitworth, Sandra, 2004: When the UN responds. A Critique of Gender Mainstreaming. In: Men, Militarism & UN Peacekeeping. A Gendered Analysis. Boulder/London: Lynne Rienner.

Young, Helen Praeger, 1999: Why we joined the revolution: Voices of Chinese Women Soldiers. S. 92-111 In: Dombrowski, Nicole Ann (Hg.), 1999: Women and War in the Twentieth Century. Enlisted with or without consent. New York/London: Garland Publishing, Inc.

Zelik, Raul; *Azzellini*, Dario N., 1999: Kolumbien – große Geschäfte, staatlicher Terror und Aufstandsbewegung. Köln: Neuer ISP-Verlag.

Zdunnek, Gabriele, 2002: Akteurinnen, Täterinnen und Opfer – Geschlechterverhältnisse in Bürgerkriegen und ethnisierten Konflikten. S. 144-161 In: Harders, Cilja, Roß, Bettina(Hg), Geschlechterverhältnisse in Krieg und Frieden. Perspektiven der feministischen Analyse internationaler Beziehungen. Opladen: Leske & Budrich.

Zwingel, Susanne, 2002: Was trennt Krieg und Frieden? Gewalt gegen Frauen aus feministischer und völkerrechtlicher Perspektive. S. 175 188 In: Harders, Cilja, Roß, Bettina (Hg), Geschlechterverhältnisse in Krieg und Frieden. Perspektiven der feministischen Analyse internationaler Beziehungen. Opladen. Leske & Budrich.

ZEITUNGEN/ZEITSCHRIFTEN

Der Standard, online-Ausgabe: »Ärzte ohne Grenzen. Größte humanitäre Katastrophen finden kaum Beachtung. 12.1.2006 www.derstandard.at

Dietrich, Luisa, 2006: Demobilisierung. Zwei Generationen von Kämpferinnen in Kolumbien im Vergleich. In: Frauensolidarität 2/2006: 18/19.

Hoyos, Soyara, 2000: Ecos de la Guerra. En Palabras de Mujer. In: Revista Numero 29. Abrufbar über: http://www.revistanumero.com/29ecos.htm [Zugriff: 07.02.2006]

Martinez, Margarita, 2002: Colombian Rebels Mix Genders, Not Opportunities. In: Women's eNews. Abrufbar über: http://www.womensnews.org/article.cfm/dyn/aid/784/context/archive [Zugriff 11.05.2006]

Revista Semana, 2006: Infamia. Edition 1261. 01/07/2006.

INTERNETQUELLEN

Ministerio de Defensa de Colombia: www.mindefensa.gov.co

Fundacion para la Reconciliacion: www.fundacionparalareconciliacion.org

International Migration Organisation Colombia: www.oim.org.co

Centro de Investigación y Educación Popular: www.cinep.org.co

Women's International League for Peace and Freedom: www.peacewomen.org

A Portal on Women, Peace and Security: www.womenwarpeace.org

Actualidad Colombiana: www.actualidadcolombiana.org

Centro de Recursos para el Análisis de Conflictos: www.cerac.org.co

Instituto Colombiano de Bienestar Familiar: www.icbf.gov.co

United Nations Development Fund for Women: www.unifem.org

Multimedia-Quellen

Piasecki Poulsen, Frank (Video), 2005: Guerilla Girl (La Guerrillera). Dänemark.

Londoño F., Luz Maria; *Nieto V.*, Yoana, (Video), 2005: Mujeres no contadas. Kolumbien.

Offizielle Dokumente

United Nations Security Council, Resolution 1325. New York: UNSC, 2000. Abrufbar über: http://www.un.orgwomenwatch/osagi/pdf/res1325.pdf [Zugriff: 10.03.2006]

Ministerio del Interior y de Justicia: Resolución 0513 del 31 de Marzo 2005.

Ministerio de Defensa Nacional: Decreto 128 de 22 de Enero 2003.

Anja Flach:
Frauen in der
kurdischen Guerilla

Motivation, Identität und Geschlechterverhältnis in der Frauenarmee der PKK

PapyRossa Hochschulschriften 71
Paperback; 172 Seiten; € 16,00 [D]
ISBN 978-3-89438-377-0

In Europa wird die PKK (ArbeiterInnenpartei Kurdistans) sehr kontrovers
diskutiert. Wenig Beachtung fand bisher die Frauenarmee, die Mitte der
1990er Jahre gegründet wurde. Tausende Frauen schlossen sich in Folge
der Serhildan (Volksaufstände) den Guerillakräften an. Zunehmend setzte
sich die kurdische Bewegung mit der Geschlechterfrage auseinander. Die
Frauen gründeten eine eigene Armee und 1998 eine eigene Partei. Aus
Sicht der feministischen Ethnologie untersucht Anja Flach vor allem die
Motivation und Identität der Kämpferinnen sowie die Geschlechterrollen
und Gender-Beziehungen innerhalb der kurdischen Guerilla.

Anja Flach, geboren 1964, ist Mitarbeiterin der
Informationsstelle Kurdistan (ISKU).

PapyRossa Verlag
Luxemburger Str. 202, 50937 Köln, Tel. (0221) 44 85 45, Fax 44 43 05
mail@papyrossa.de – www.papyrossa. de

 # Hochschulschriften

Alex Geller
Diskurs von Gewicht
Erste Schritte zu einer systematischen Kritik an Judith Butler
Hochschulschriften 63, 159 Seiten, EUR 16,00 [D]
ISBN 978-3-89438-330-5

Daniela Gottschlich/ Uwe Rolf/Rainer Werning/Elisabeth Wollek (Hg.)
Reale Utopien
Perspektiven für eine friedliche und gerechte Welt
Hochschulschriften 77, 295 Seiten, EUR 19,00 [D]
ISBN 978-3-89438-400-5

Wiebke Gröschler
Der Wandel eines Täterbildes
Von der ersten zur zweiten Wehrmachtsausstellung
Hochschulschriften 78, 167 Seiten, EUR 16,00 [D]
ISBN 978-3-89438-401-2

Marx-Engels-Stiftung (Hrsg.)
Konturen eines zukunftsfähigen Marxismus
Hochschulschriften 75, 206 Seiten, EUR 18,00 [D]
ISBN 978-3-89438-392-3

Rosemarie Ortner
**Der Homo oeconomicus
als Subjekt feministischer Bildung?**
Subjekt- und Ökonomiekritik in feministischen Bildungstheorien
Hochschulschriften 68, 127 Seiten, EUR 13,00 [D]
ISBN 978-3-89438-358-9

PapyRossa Verlag

Luxemburger Str. 202, 50937 Köln – Tel.: (02 21) 44 85 45, Fax: 44 43 05
mail@papyrossa.de – www.papyrossa.de